图 1：成长之路：一名凶残的英国军官手持佩剑，准备砍向年轻的安德鲁·杰克逊。这个男孩活了下来，伤痕累累，愤怒异常，35 年后，他在新奥尔良战役中再次抵抗了英国人的进攻

CURRIER & IVES, LIBRARY OF CONGRESS

图 2：托马斯·杰斐逊总统希望美国的领土能向西扩展，于是在 1803 年派遣詹姆斯·门罗到巴黎去协商路易斯安那购地案。在这幅画中，门罗（图左）和罗伯特·R. 利文斯顿（图中）同法国外交大臣塔列朗伯爵（Comte Talleyrand）商定了购地案。1812 年战争期间，门罗就任战争部长和国务卿，负责保卫美国领土

MPI/GETTY IMAGES

图 3：1807 年 6 月，美国“切萨皮克号”舰长詹姆斯·巴伦正式投降，将他的佩剑交给英国皇家海军“猎豹号”的舰长。英国战舰无故攻击美国护卫舰，成为 1812 年战争的导火索

UNIVERSAL HISTORY ARCHIVE/UIG VIA GETTY IMAGES

图 4：1812 年战争后，杰克逊因其出色的军事能力而闻名。在这幅画中，他紧握着自己的佩剑，目光对准敌人。安德鲁·杰克逊少将是一个自信的人，也是天生的军事领袖

JOHN VANDERLYN, THE HISTORIC NEW ORLEANS COLLECTION

图 5：杰克逊深爱的妻子，雷切尔·多纳尔森·杰克逊（1767—1828 年），是杰克逊可以吐露内心深处恐惧和疑虑的唯一对象。她生于纳什维尔一个久负盛誉的当地家庭，在杰克逊崛起的过程中，雷切尔是他的伴侣

JOHN CHESTER BUTTRE/THE HISTORIC NEW ORLEANS COLLECTION

图 6：1812 年，詹姆斯·麦迪逊（1751—1836 年）还是一位不受欢迎的总统，然而，当杰克逊在新奥尔良大获全胜之后，也就是 1817 年麦迪逊离任时，却广受欢迎。他有着令人生畏的脸庞，带领他的国家走向了第二次独立战争

THE WHITE HOUSE HISTORICAL ASSOCIATION/WHITE HOUSE COLLECTION

图 7：威廉·韦瑟福德（约 1781—1824 年）是个混血儿，他的父亲是苏格兰人，母亲是美国原住民，克里克部落称他为“红鹰”酋长。作为一位勇敢和足智多谋的对手，“红鹰”在投降时（即画作的图景）赢得了安德鲁·杰克逊的尊敬

J.R.CHAPIN，W.RIDGWAY，LIBRARY OF CONGRESS

图 8：1814 年圣诞夜签署的《根特和约》使 1812 年战争走向终结。约翰・昆西・亚当斯（左五））正和一位穿着制服的英国大臣握手，而艾伯特・加勒廷（左六）和亨利・克莱（右二）正注视着他们

SIR AMÉDÉE FORESTIER, SMITHSONIAN AMERICAN ART MUSEUM, WASHINGTON, DC/ART RESOURCE, NY

图 9：强大的英国皇家海军游弋在美国海岸，使得美国商品不得不堆积在码头上，在新奥尔良港，堆积了价值数百万美元的成捆的棉花

E.H.NEWTONG, JR., THE HISTORIC NEW ORLEANS COLLECTION

图 10：精神抖擞、危险的让·拉菲特（1780—1823 年）是一名海盗、走私犯和企业家。他和他的兄弟及其他很多巴拉塔里亚海盗都是出色的炮手，拉菲特熟知新奥尔良周边的水域，为拯救新奥尔良做出了贡献

UNIVERSAL HISTORY ARCHIVE/UIG VIA GETTY IMAGES

图11：出身名门的路易斯·达维扎克（1785—1860 年）嫁给了新奥尔良杰出的律师爱德华·利文斯顿（1764—1836 年）。作为利文斯顿夫人，她为移居而来的利文斯顿提供了进入新奥尔良社会的入场券。1814 年，利文斯顿被任命为杰克逊将军的副官，在城市保卫战中，他帮助杰克逊赢得了在新奥尔良有权有势的克里奥尔人的支持

BARD COLLEGE

图 12：在战争早期，托马斯·哈特·本顿（1782—1858 年）是备受杰克逊信任的副官。他在 1813 年纳什维尔发生的那场几乎杀死杰克逊将军的枪击中，扮演了重要的角色。之后，他作为来自密苏里州的强力参议员，成为杰克逊总统在国会中的盟友

THE PRINT COLLECTOR/PRINT COLLECTOR/GETTY IMAGES

图 13：约翰·科菲将军（1772—1833 年）是杰克逊忠诚的朋友，有时也是其生意伙伴。他一再证明了自己的军事技能，率领田纳西州骑兵旅的伙伴们对抗克里克人和英国人

LITHOGRAPH © GETTY IMAGES

图 14：1814 年 8 月 24 日，也许是美国历史上最黑暗的一天。当天，英国人点燃了华盛顿特区的公共建筑，让总统官邸和国会大厦变为一片冒着浓烟的废墟。那一刻的耻辱给了杰克逊和他的军队极大的动力来抵抗英军

LITHOGRAPH © LIBRARY OF CONGRESS

图 15：1813 年 9 月 13 日晚，英国人正在轰击巴尔的摩，这预示着美国的命运将被改写。英国人没能拿下马里兰州的这座城市，他们之后又在普拉茨堡、纽约和新奥尔良被打败，这确保了美国的独立地位

J.BOWER, GETTY IMAGERS

图 16：博恩湖上的五艘美国炮艇被一支英国小艇组成的舰队包围了，1814 年 12 月 14 日，不到两个小时的时间里，庞大的英国舰队俘获了由托马斯·艾普·凯茨比·琼斯中尉指挥的少量美国炮艇

THOMAS L.HORNBROOK, THE HISTORIC NEW ORLEANS COLLECTION

图 17：海军中校丹尼尔·托德·帕特森是一位和的黎波里海盗交战过的老兵，新奥尔良海军基地的高级军官。他和杰克逊合作，把自己有限的海军力量，投入新奥尔良保卫战

JOHN WESLEY JARVIS, CHRYSLER MUSEUM OF ART

图 18：早在杰克逊到达新奥尔良之前，威廉·C. C. 克莱伯恩（1775—1817 年）就在寻求其帮助。克莱伯恩被杰斐逊总统任命为路易斯安那领地的总督。1812 年，他被正式选为路易斯安那州州长

JAMES BARTON LONGACRE, THE HISTORIC NEW ORLEANS COLLECTION

图 19：年轻的塞缪尔·休斯顿（1793—1863 年）曾和他的田纳西州伙伴们抵抗克里克人；尽管他在马蹄湾战役中负伤，还是再次走上了战场。他是杰克逊的长期盟友，之后成为得克萨斯共和国的第一任总统

PHOTOGRAPH © LIBRARY OF CONGRESS

图 20：当英国人准备攻击新奥尔良时，他们的军官在杰克逊军营下游维勒尔种植园的宅邸建立了指挥部

ENGRAVING © THE HISTORIC NEW ORLEANS COLLECTION

图 21：杰克逊动用数千人，夜以继日地劳作，将罗德里格斯运河变成了一座高耸、密布炮台的防线。在那之前，这条运河不过是一条排水沟

ENGRAVING © THE HISTORIC NEW ORLEANS COLLECTION

图 22：爱德华·帕克南将军（1778—1815 年），绰号“坏蛋”，是一位享有极高声誉的英国老兵，在欧洲，在他的姐夫威灵顿公爵的统率下，他勇敢地进行战斗。他后来被派去美国，指挥新奥尔良那支庞大的军队。如果成功夺取新奥尔良，他将会成为这片领地的总督——但是杰克逊将军对此有不同的看法

GOUPIL & CO., THE HISTORIC NEW ORLEANS COLLECTION

图 23：亚历山大·福瑞斯特·英格利斯·科克伦中将（1758—1832 年）也是对法战争的老兵，他指挥着墨西哥湾的英国远征军。贪婪的科克伦既想提高自己的声望，又想替他在美国独立战争中死去的兄弟报仇

LIBRARY OF CONGRESS

图 24：在今亚拉巴马州的地界上，杰克逊准备和印第安人作战。无论他的敌人是印第安人还是英国人，他都毫不畏惧地策马冲入战斗

JOHN VANDERLYN, LIBRARY OF CONGRESS

图 25：参加过 1815 年 1 月 8 日战斗的路易斯安那州民兵让·雅辛托斯·德·拉克洛特所绘。这幅生动的画作是战役打响后，他绘制的战场写生

JEAN HYACINTHE DE LACLOTTE, NEW ORLEANS MUSEUM OF ART

图 26：星条旗仍在飘扬，同时，画中左侧，已战亡的帕克南将军从马上跌落

EUGENE LOUIS-LAMI, LOUISIANA STATE MUSEUM

图 27：根据历史上一种夸大的说法，这幅画描绘了在几乎全部由棉花捆构成的墙垛附近，杰克逊正与一名副官交谈

DENNIS MALONE CARTER, THE HISTORIC NEW ORLEANS COLLECTION

图 28：这幅纪念画大约完成于 1820 年，它将这场战役的很多要素整合在一起。在画面前方，和杰克逊将军在一起的，是威廉·卡罗尔将军和爱德华·利文斯顿，画中还有英军和美国步兵，海军的舰船停泊在河流的水平线上

SAMUEL SEYMOUR, THE HISTORIC NEW ORLEANS COLLECTION

图 29：对于爱德华·帕克南将军来说，死亡意味着他的战斗结束了。在起初的一个小时里，他多次受伤，之后霰弹撕裂了他的脊柱。他的人将他放在一棵巨大的橡树下。之后他因失血过多而死，他死后，双方还在继续战斗

FELIX OCTAVIUS CARR DARLEY, THE HISTORIC NEW ORLEANS COLLECTION

图 30：新奥尔良乌尔苏拉会的修女们为胜利进行祈祷，请求圣母（Our Lady of Prompt Succor，这是修女们对圣母玛利亚的尊称）从侵略者手中拯救她们的城市。在 19 世纪晚期，一幅画（图中右下）为纪念新奥尔良战役而作

F. CHAMPENOIS, THE HISTORIC NEW ORLEANS COLLECTION

图 31：杰克逊高大的形象给一代代美国学生留下了深刻的印象，正如 1922 年一份名为“年轻的伙伴”的儿童杂志插图所画的那样

LIBRARY OF CONGRESS

图 32：在 19 世纪中叶的一份画报上，一幅名为“杰克逊在新奥尔良大获全胜”的插画中，凯旋的杰克逊将军正在他的敞篷马车上向民众挥手示意

LOSSING & BARRITT, THE HISTORIC NEW ORLEANS COLLECTION

图 33：安德鲁·杰克逊生前的一张照片。看到照片时，杰克逊变得愤怒，他说自己不喜欢这张照片，因为照片上的他“看起来像一只猴子”

LIBRARY OF CONGRESS

Andrew Jackson
and the Miracle of New Orleans

★ *The Battle that Shaped America's Destiny* ★

安德鲁·杰克逊
与新奥尔良的奇迹

[美] 布莱恩·吉米德（Brian Kilmeade）
[美] 唐·耶格尔（Don Yaeger）

著

蔡晨

译

北京联合出版公司 · 楫音
Beijing United Publishing Co.,Ltd.

图书在版编目（CIP）数据

安德鲁·杰克逊与新奥尔良的奇迹 /（美）布莱恩·吉米德,（美）唐·耶格尔著；蔡晨译. -- 北京：北京联合出版公司, 2022.1

ISBN 978-7-5596-4034-5

Ⅰ. ①安… Ⅱ. ①布… ②唐… ③蔡… Ⅲ. ①杰克逊（Jackson, Andrew 1767-1845）- 生平事迹 ②美国1812年战争 - 史料 Ⅳ. ①K837.125.76 ②K712.42

中国版本图书馆CIP数据核字（2020）第039080号

Andrew Jackson And The Miracle Of New Orleans by Brian Kilmeade and Don Yaeger

This edition published by arrangement with Sentinel, an imprint of Penguin Publishing Group, a division of Penguin Random House LLC.

安德鲁·杰克逊与新奥尔良的奇迹

作　　者：[美] 布莱恩·吉米德（Brian Kilmeade）
　　　　　[美] 唐·耶格尔（Don Yaeger）
译　　者：蔡　晨
出 品 人：赵红仕
出版监制：刘　凯　赵鑫玮
选题策划：联合低音
责任编辑：刘　恒
封面设计：何　睦
内文排版：黄　婷

关注联合低音

北京联合出版公司出版
（北京市西城区德外大街83号楼9层　100088）
北京联合天畅文化传播公司发行
北京美图印务有限公司印刷　新华书店经销
字数182千字　710毫米 × 1000毫米　1/16　19印张
2022年1月第1版　2022年1月第1次印刷
ISBN 978-7-5596-4034-5
审图号：GS（2021）8048号
定价：58.00元

献给那些默默无闻的男人和女人，他们忠实的军事服务使我们自由，并使像杰克逊这样的将军出名。你们的名字和面孔可能不被世人所知，但我永远不会忘记你们。

——布莱恩·吉米德（本书作者）

我们的处境似乎让人很绝望。在遭到攻击的情况下，我们只能寄希望于一个奇迹，或者一个总司令的智慧和天才来拯救我们。因此，（杰克逊）一到任，立即得到了大家的信任，所有的希望都仰赖于他。我们将在书中看到，他所激发的信心是多么充足。

——阿尔塞纳·拉卡里埃·拉图尔少校

（Major Arsène Lacarrière Latour）

《1814—1815年西佛罗里达和路易斯安那战争回忆（附图集）》

（1816年）

书中地图系原文插附地图

目　录
CONTENTS

序言

PROLOGUE

1781 年的春天，英军来到卡罗来纳山地，恐惧也随之而来。他们在为寻找叛乱者而搜寻乡村时，把杰克逊家族居住的地区变成了一个武装军营。伊丽莎白·杰克逊最小的儿子安德鲁，虽然年仅 14 岁，却非常厌恶英军——很快他将知道为自由而奋斗所付出的代价是多么高昂。

4 月 9 日，安德鲁和比他大两岁的哥哥罗伯特，在参与防卫当地教堂、抵御一伙由英国龙骑兵支援的亲英派分子时，招致了入侵者的怒火。对美国人来说，战斗进行得很糟糕。杰克逊家的这两个男孩在战乱中设法逃脱，没有像他们的一位表亲那样在战斗中重伤被俘，已经够幸运的了。在灌木丛里藏了一个晚上之后，兄弟俩设法来到这位表亲的家里，向舅舅和舅母告知了表亲的遭遇。然而，在那里，他们的好运用完了，一个亲英派间谍发现了他们的马匹，然后将他们的下落告诉了英国人。

残酷的战争很快给两个男孩上了一课。当杰克逊兄弟无助地站在英国人的剑刃下时，敌人开始毁坏舅舅和舅母的房子。为了给这些“叛乱者”一个教训，英军摔碎餐具，把衣物撕成碎布，把家具砸得稀烂。房子沦为废墟后，指挥官还决定给他们一个更大的羞辱。他选中了安德鲁·杰克逊。

他命令又高又瘦的安德鲁·杰克逊跪在他面前，清理他靴子上的泥巴。但这个男孩拒绝了。

“先生，我是一个战俘，我要求像战俘一样被对待。”[1]

这位英国指挥官被这个美国年轻人的反抗激怒了，他举起剑向杰克逊的头砍去。如果安德鲁没有举起胳膊去挡的话，他的头骨可能已经被劈开了。事实上，剑刃还是深深砍进了他的前额，并在他的手上砍出了深可见骨的伤口。这位狂暴的军人看着鲜血直流的安德鲁仍不满足，转而朝向他的哥哥，在其头上猛砍数剑。罗伯特头晕目眩，血流不止。

没有人为他们包扎伤口。就这样，杰克逊兄弟在既没有食物也没有水的情况下行进了大约40英里[2]，被关进了卡姆登（Camden）的战俘营。那里拥挤不堪、天花肆虐，关押着200多名殖民地叛乱分子，只有变质的面包可以果腹。

他们的母亲，伊丽莎白·杰克逊，已经失去了太多。她的丈夫老安德鲁·杰克逊，在安德鲁出生前不久就去世了，将当时已经怀孕的伊丽莎白和两个（不久将会是三个）年幼的孩子留在了南卡罗来纳山地崎岖的荒原上。她尽最大的努力养活了三个孩子，并设法保护他们

---

[1] Parton, *Life of Andrew Jackson*, vol.1(1861), p.89.

[2] 1 英里约合 1.61 千米。——译者注

免受战争的危害，但是孩子们却不顾她的恳求，参加了战争。她的大儿子休，在一年前的一场战斗之后中暑衰竭而死，年仅 16 岁。伊丽莎白不愿意再失去剩下的两个儿子了。

她长途跋涉来到战俘营，成功说服看守将他们列入战俘交换名单中。但是重获自由并不意味着安全。罗伯特伤势很重，伤口感染已经令他神志不清，但他们仍有很长的路要走，且只有两匹马，重伤的罗伯特和筋疲力尽的伊丽莎白各骑一匹。

安德鲁只得步行。自从英国人拿走了他的靴子以后，他一直光着脚走路。他们三人冒着倾盆大雨终于回到家中，但罗伯特还是在两天后伤重离世。伊丽莎白没有时间悲伤，甚至没有时间照看她仅剩的儿子。当安德鲁高烧退去之后，她立刻启程去了查尔斯顿（Charleston），那里还有两个她曾抚养过的侄子，也被英军俘获。然而，伊丽莎白却再也回不来了。在走过了大部分由敌方占领的 160 英里路程后，她不幸染上霍乱死去。当母亲的一小包衣物被送回家时，安德鲁才知道，他成了一个孤儿。

安德鲁·杰克逊永远不会忘记这个夏天经历的痛苦和羞辱。他的父亲、母亲和兄弟们都去世了，他独自承受着英国人的暴行带来的痛苦回忆。英国军官的剑在他的前额和手上留下了永远的伤痕，这个残忍无情的符号是灭族的标记。

虽然母亲已经去世，却给安德鲁留下了让他受益终生的金玉良言。多年以后，他描述了母亲曾告诉过他的话：“以诚信交友并且坚定不移地维护友谊。永远不要说谎，不要拿走不属于你的东西，不要因为诽谤去法庭起诉——靠自己解决这些问题！”[1]

安德鲁不会忘记母亲的忠告，他要解决的远比诽谤这类事情严重得多。英国让他成了一个孤儿，总有一天，他要向英国报仇。

[1] 引自 Groom, *Patriotic Fire*, p.37.

CHAPTER 1

Freedoms at Risk

第一章

冒着风险的自由

现在正是一个好时机，从那些市政会议上的好事者和骑墙派中分清谁才是这个国家真正的朋友——真正的爱国者们已经做好准备，随时挺身而出。

——美国少将安德鲁·杰克逊

1812年6月1日，美国正式对英国宣战。在一场激烈的辩论后，詹姆斯·麦迪逊（James Madison）总统的战争决议在参议院中以19票赞成，13票反对，在众议院中以79票赞成，49票反对的结果获得通过。于是，美国这个新生国家再次与世界头号军事和经济强国——英国为敌。

殖民地人民在美国独立战争期间取得了不可思议的胜利，从那时算起，已经过去了29年。在这29年里，英国人未能尊重美国的主权。现在，麦迪逊总统领导下的美国已经忍无可忍。英国人对美国水手的劫持和煽动印第安人攻击西部边境移民的行为，让第二代美国人（包括那些向西开拓边疆的贫困男女）的生活变得无比艰难。

尽管麦迪逊总统不愿意拿国家的自由来冒险，但时至今日，他已经做好准备，向英国和全世界传递这样一条信息：美国将会对侵犯她的恶棍奋起反击。但不能确定的是：美国能赢吗？从独立战争到现在，还不到30年，在几乎没有国家常备军和法国援助的情况下，美国人准备好对抗英国、保卫家乡了吗？对此，世界将拭目以待。

事实上，大部分美国人反对这场战争，宣战给国家的统一带来了严重的威胁。联邦党（Federalist Party）主要代表着经济上依赖于与英国贸易的北方人，他们一致反对宣战。新英格兰地区的很多人想要与英国保持和平，有些人甚至愿意脱离联邦来避免战争。

尽管当时政府已经做了许多尝试，希望和平解决美英冲突，但那对美国的经济并没有什么帮助。5 年之前，一艘英国船只袭击了美国海军的“切萨皮克号”(Chesapeake)，杀死了 3 名水手，又强行征用另外 4 名水手为英国服役，时任美国总统托马斯·杰斐逊(Thomas Jefferson)曾试图反击。为了抗议这种公然的敌对行为，美国国会通过了《禁运法》，禁止对英国的海外贸易。但不幸的是，这条法令对美国造成的危害比对英国的还要大。在仅仅 15 个月的时间里，禁运就造成了美国全境经济萧条，无情地打击了商人和农民，但对于阻止英国皇家海军的肆意干涉却收效甚微，并加剧了新英格兰地区对冲突的抵抗。詹姆斯·麦迪逊出任总统之初试图进一步施加立法压力的尝试也未能见效，英国强行征用美国人民的暴行还在继续。到了 1812 年 6 月宣战之际，英国人从美国船只上抓捕水手的数量已经上升至 5000 余人。

对于很多像安德鲁·杰克逊一样年近 40 岁的人来说，英国对“切萨皮克号”的攻击行为，已经被视为一种对美国自尊心的侮辱，美国应该在军事上予以回应。在杰克逊得知“切萨皮克号”的命运之后，他在信中对一位弗吉尼亚州的朋友写道：“英国给我们的国家带来了耻辱，这已经足够唤醒每个美国人了，我们和英国的战争是不可避免的。”[1]

当美国按兵不动时，海上的损失却仍在增加。而姑息英国的尝试，导致美国在“西部”领土上的损失更为严重——那里地域广袤，南边直达墨西哥湾，北边与加拿大接壤，西部则以密西西比河(Mississippi River)为界。据说，英国特工在煽动印第安人向美国

[1] Andrew Jackson to Thomas Monteagle Bayly, June 27, 1807.

人发起攻击。多年以来，这一地区的五个开化部落，包括切罗基人（Cherokee）、奇克索人（Chickasaw）、乔克托人（Choctaw）、克里克人（Creek）和塞米诺尔人（Seminole），一直与欧洲移民维持着和平关系。但是，当越来越多的白人拥入原住民的领土时，双方关系日益紧张起来，公开的冲突也随之爆发。在一些地方，移民们不再确定他们遇到的原住民是否友好；对于边境的居民们来说，这意味着他们的日常生活将被恐惧氛围所笼罩。故事四下流传：父亲们在一天的狩猎后归来，发现他们的孩子被屠杀了；妻子们外出时碰巧发现她们的丈夫在田里被剥了头皮。

1811 年，在印第安纳领地上，发生了一场重大的肖尼人（Shawnee）的起义，加重了白人移民的恐慌情绪。当杀戮事件增多时，有人报告称英国人正在给印第安人提供武器，并向他们许诺土地，鼓动他们对美国移民进行更猛烈的进攻。1812 年春季，在距离杰克逊家 100 英里的地方发生了一个团伙抢劫杀人事件，几个克里克人杀死了 6 名移民，并劫走了 1 名妇女做人质。对于安德鲁·杰克逊来说，他感到威胁日益迫近，坐卧不安。杰克逊相信，英国人正是这起发生在达克河（Duck River）河口小定居地袭击事件的幕后黑手。

杰克逊这样的西部人对于政府的无力应对表示无比愤慨。但是他们在华盛顿的影响力非常有限，来自弗吉尼亚州和新英格兰地区的当权者们对他们这些内陆同胞毫无怜悯之心。与此同时，东部地区的报纸也嘲弄这些“落后的”山区居民，宣称阿巴拉契亚山脉以西的土地是荒凉和神秘的，甚至没有完善的公路系统和完整的地图。显然，西部人所面临的危险，东部人并不能感同身受；西部人迫切想要进行反击的要求，也被那些认为战争就是在损耗钱财的人所轻视和拒绝。

尽管很多政治家瞧不起他们在西部的“乡下”邻居，但最终华盛顿的政策还是随着国家人口的增长开始转变。在1810年和1811年的选举中，西部地区派出了一批意气风发的新议员前往国会。他们将英国对美国的态度视为对美国自由和独立的威胁；他们也注意到了西部扩张的必要性，这也正是英国所极力阻挠的。在一个叫亨利·克莱（Henry Clay）的肯塔基州年轻人的领导下，他们很快获得了“战鹰”的绰号，因为尽管危机重重，他们仍然奋不顾身地加入了战斗。

克莱成为众议院的议长，他和“战鹰”以及沿海各州的共和主义者们一道，给麦迪逊政府施加压力。在几年的抵制之后，麦迪逊终于转变态度——1812年，随着国会投票结果出炉，战争开始了。美国决定维护它的领海主权及其西部地区的领土安全。

身在华盛顿的“战鹰”们因宣战而欣喜若狂，远在田纳西州的杰克逊也是如此。他终于有了保卫祖国、保护亲友的机会，而仅就他个人而言，杰克逊终于有了向那个多年前让他变成孤儿、给他留下伤痕的国家复仇的机会。

成长之路

25年前，杰克逊暂时放下了怨恨。1783年的《巴黎条约》正式承认美国独立，于是，这个16岁的孤儿就把国家视作自己的家。

在母亲死后，亲戚收养了他。他成为一个马具商的学徒，之后，他雄心勃发，成了北卡罗来纳州律师事务所的一名职员。安德鲁·杰克逊这种破碎的成长环境，为他以后的人生奠定了基础，尽管他同时也是一个以嗜酒、爱好打牌和赛马而出名的年轻人。

在 20 岁的时候，他获准成为一名律师。一年之后，他被任命为北卡罗来纳州西部地区的检察官。这将他带到了州境之外，带到了阿巴拉契亚山脉的另一侧。不过，这一地区在几年之后成了田纳西州。

纳什维尔这个边境前哨站在 8 年之前刚刚建成，而杰克逊这个红头发、蓝眼睛、身高一米八五的年轻人给这里的居民留下了深刻的印象。杰克逊在纳什维尔安家落户，成为非常有声望的市民之一。这座城市的声望也在增长。在遇到雷切尔·多纳尔森（Rachel Donelson）后，杰克逊获得了崛起的动力。多纳尔森家族是纳什维尔的创始者之一，而黑眼睛的雷切尔是多纳尔森家中最小、最漂亮的女儿，充满活力。据说，她是“最棒的说书人、最棒的舞者……西部地区最时髦的女骑手”。[1] 杰克逊被她迷得神魂颠倒，在她从一场不幸的婚姻中解脱出来之后，他就娶了雷切尔为妻。

作为一名律师、贸易者和商人，杰克逊从事地产交易。在 1796 年田纳西加入联邦时，他已经赢得了邻里的尊重，并被推选为田纳西州制宪会议的代表。之后，杰克逊顺理成章地成为田纳西州的第一位联邦众议员，在一届任期结束后，他又成为联邦参议员。但是，他发现在华盛顿政治圈的生活是令人沮丧的，对于年轻果敢的杰克逊来说，能做的事情实在太少，于是他接受了田纳西州最高法院的任命。在 19 世纪初期，他将精力分别用于执法和开发他在纳什维尔 10 英里外的种植园，那里是他的隐居处。一位年轻的军官写道：“他的宅邸是热情好

---

[1] Parton, *Life of Andrew Jackson*, vol.1(1861), p.133.

客之地，朋友和熟人的度假胜地，所有外地人到访之地。”[1]

他在公共服务领域的第二个机遇更适合他：由于他有着良好的人际关系和过人的政治天赋，1802 年 2 月，他被选为田纳西州民兵部队的少将。民兵从当地人中征召，由州政府供养，而不是联邦政府。他们有自己的武器和制服，根据契约规定服役数月之久。领导民兵是非常符合杰克逊的风格的，因为这既能让他为深爱着的人民服务，也能给予他所需要的自由和他渴望已久的挑战。

杰克逊将军赢得了多次选举，也赢得了部下对他的忠诚。他们喜欢杰克逊说的话。杰克逊经常直言不讳，很多人支持他坚决保卫边区居民权利的主张。随着战争谣言四起，他已经准备好保卫他的人民，并且他正是那个能把西部人团结在美国独立事业周围的人。“公民们！”他以谴责的口吻写道，“你们的政府最终屈服于另一个国家的力量之下……我们是乔治三世的奴隶吗？我们是拿破仑大帝的应征士兵吗？还是说，我们是俄国沙皇的农奴？不，都不是！我们是生而自由的美国之子！当今世界上仅有的共和国的公民。”[2]

杰克逊明白战争存在风险，他仅从一个西部人的角度来考量战略。对于西部来说，至关重要的，就是邻近墨西哥湾沿岸的一座港口城市——新奥尔良。在 1812 年秋天，很快就会像杰克逊对他的部队所说的那样：“西部地区的每个人都本能地将他的目光对准了密西西比河口。”同时，他强调，“保卫密西西比河下游和新奥尔良，是我们与生俱来的使命”。[3]

---

[1] Benton, *Thirty Years' View*(1854), vol.1, p.736.

[2] Andrew Jackson, Proclamation to the Tennessee Militia, March 7, 1812.

[3] “Jackson's Announcement to His Soldiers,” November 14, 1802.

新奥尔良市

新奥尔良一直非常重要。事实上，托马斯·杰斐逊在十几年前就任总统时，就已经将获取新奥尔良作为关键目标。他意识到了这座城市对美国这个新生国家而言具有独特的战略意义，他写道：“在世界上只有一个地方，若谁占据了这个地方，谁自然而然就是我们的敌人——这就是新奥尔良。”[1]

拿破仑的美洲帝国扩张计划在加勒比地区遭到了失败，他的远征军在那里因黄热病而大量死亡，得知这一消息后，杰斐逊意识到这是一个机会。于是他派他的朋友詹姆斯·门罗前往巴黎，他给门罗的指示是——尝试购买新奥尔良。

门罗的任务顺利完成，甚至超出了杰斐逊大胆的计划。拿破仑意识到，在欧洲的争霸战已经耗尽了他的力量，于是他同意出售整个路易斯安那地区。这给了美国一片巨大的荒地，实际上让美国的领土面积扩大到了原来的两倍。路易斯安那的购地交易在 1803 年完成，美国以 1500 万美元的价格，购买了超过 80 万平方英里[2]的土地，这是一次令人瞠目结舌的交易（美国购买 1 英亩[3]土地的花费不到 3 美分）。

路易斯安那州的新奥尔良是美国腹地的重要出入口。美国内陆地区的航道——俄亥俄河、密苏里河以及其他众多河流都注入密西西比河，密西西比河实际上是上游地区农民、猎人和木材商人的经济命脉。在这些河流之上，平底船、龙骨船四处可见，它们载着从宾夕法

[1] Thomas Jefferson to Robert R.Livingston, April 18, 1802.

[2]1 平方英里约合 259.00 公顷。——译者注

[3]1 英亩约合 0.40 公顷。——译者注

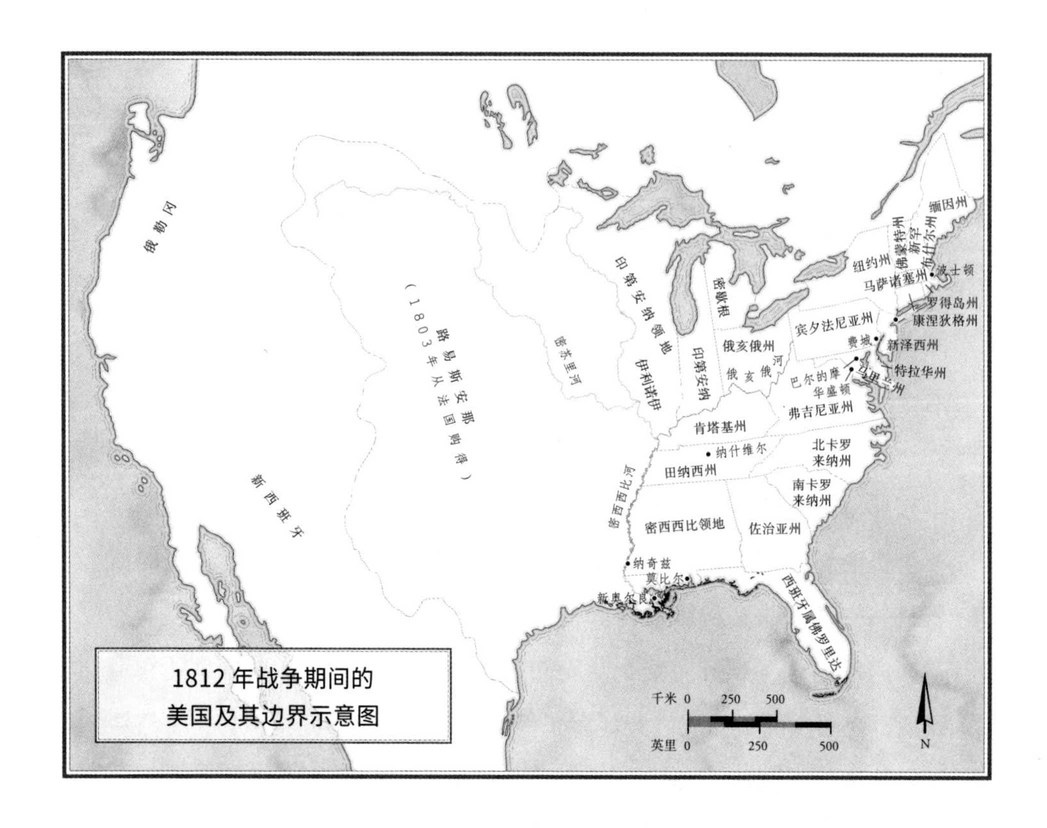

1812 年战争期间的
美国及其边界示意图

尼亚来的制成品，还有从俄亥俄山谷、坎伯兰山口和大雾山那些繁荣的农场和茂盛的森林里来的庄稼、毛皮和木材。在新奥尔良的仓库和码头，出口货物等待装载上船，运往世界各地。

尽管路易斯安那在 1812 年 4 月成了美国的一个州，但是英国仍然质疑美国对路易斯安那领地所有权的合法性——拿破仑从西班牙手中夺走了路易斯安那，一些欧洲人认为，它应当是西班牙王室的属地。杰克逊害怕这种想法会给英国提供干涉美国事务所需的借口——占领新奥尔良将会是阻挠美国向西扩张的最佳方法。

现在，美国终于走向了战争，但是在华盛顿，很多恼人的实际问题还悬而未决。谁来决定美国的军事战略？谁来领导这个国家进行战争？独立战争那一代的将领要么上了年纪，要么已经去世。13 年前，乔治·华盛顿的去世使得整个国家陷入悲痛，没有任何军事领袖能够接替他的位置。尽管 10 年前这个国家在北非巴巴里海岸（Barbary Coast）的战争中获胜，打败了攻击美国船只、绑架美国船员作为人质的海盗国家，但眼下将面临的是一场规模更大、风险更大的战斗。

在 1812 年 6 月，麦迪逊总统和国会议员们都不知道，保护西部的重任会落到安德鲁·杰克逊将军那瘦削而又坚韧的肩膀上，因为此时的杰克逊不仅鲜为人知，且不为外地人所喜爱。要实现这一目标，杰克逊首先必须毛遂自荐，说服华盛顿的决策者们，他这位来自边远地区的将军将是领导战争的合适人选。那可不是什么容易的事情。

CHAPTER 2

How to Lose a War

第二章

如何输掉一场战争

很明显，在现有的情况下，我们和英国之间的战争是不必要的、不明智的和毁灭性的。

——缅因州林肯县居民，1812 年 8 月 3 日

《波士顿晚报》(*The Boston Evening Post*)很快就将这场战争称为“麦迪逊先生的战争”。他是美国历史上第一个正式签署战争宣言的总统，此前绝无先例。而詹姆斯·麦迪逊基本上也只能独挑大梁。

谁也不像麦迪逊那样久经沙场。他体重可能只有大约 54 千克，说话轻声细语、言简意赅。61 岁的他虽然看上去面色苍白，脸上还有岁月留下的痕迹，但还是难掩他富有涵养、书生气十足的一面。在做军事决策时，他总是束手无策，只能仰仗顾问们的建议，与战略家乔治·华盛顿比相去甚远。

然而，那些顾问也没什么战争经验，他们的建议大多也不太靠谱。此时加拿大还是大英帝国的殖民地，他们一致认为进攻加拿大是发动对英反击的最佳方式，也能借此获得未来谈判的关键筹码。亨利·克莱就坚信，只要对美国这个北部邻国发动陆地战，就将会“把加拿大踩在脚下”[1]。

麦迪逊十分信赖的朋友托马斯·杰斐逊从蒙蒂塞洛(Monticello)传来消息，他认为占领加拿大是一件轻而易举的事情。他写道：“只要大军开拔，今年就能占领加拿大。”[2]这些话反映出，美国政治家们坚定地认为，加拿大也像美国一样渴望脱离英国的统治，并将欢迎从

[1] Henry Clay, speech to Senate, February 22, 1810.

[2] Thomas Jefferson to William Duane, August 4, 1812.

美国而来的自由之师；另一方面，没有人关心把美国军队送往北部侵略加拿大将会使美国漫长的海岸线变成不设防状态，更鲜有人考虑到南部边境的危险——如果英国人拿下了新奥尔良，他们会切断美国的经济命脉，并挤压美国这个新生国家的生存空间。

如果美国打算在加拿大的领土上战斗，就需要派遣足够多的部队才能取胜。因此，一些西部人，尤其是安德鲁·杰克逊，写信给麦迪逊，自愿请战。杰克逊建议在3个月内将他的2500人调往加拿大。但是华盛顿一直没有发出正式的调兵命令，杰克逊越来越确信，东海岸的那位麦迪逊先生在战争中的表现十分平庸。

指挥美军进攻加拿大的是麦迪逊的战争部长——威廉·尤斯蒂斯（William Eustis）。他在美国独立战争期间曾担任一个团的军医。尤斯蒂斯既不是战略家也不是军人，他缺乏战争经验，而这很快就显现了出来。还不到6个月，在华盛顿的每个人就都知道，尤斯蒂斯医生为指挥国家军事事务所做的准备还不如麦迪逊总统充分。

尤斯蒂斯的战略是让美国兵分三路进攻加拿大。第一支部队从底特律要塞（Fort Detroit）出发，由另一位独立战争时期的老兵威廉·胡尔（William Hull）将军指挥，但他已经30年没穿过制服了，他那一头浓密的白发让人想起自己年迈的爷爷。尽管美国政府命令他去进攻附近一座加拿大要塞里的英国驻军，但他的士兵和一群妇孺却遭到了英军火炮的袭击，他认输了。随后，胡尔在底特律要塞投降，整个美国西北部的军队向一支人数仅为其一半的英国、印第安军队投降了。

1812年10月，第二波进攻在尼亚加拉（Niagara）附近展开，情况也很糟糕。这次失利是因为美国军队力量分散，且缺乏组织纪律性。当纽约州民兵拒绝渡过尼亚加拉河到加拿大增援与英国人交战的俄亥俄州部队时，950 名俄亥俄民兵被俘。

由于极度渴望一场胜利，战争部长尤斯蒂斯将他所有希望都寄托于第三波进攻上。在一封写给另一位 30 年没见识过战争的退役老兵亨利·迪尔伯恩（Henry Dearborn）少将的信中，尤斯蒂斯警告他，在华盛顿 1 月份的会议上必须有捷报："如果没有喜讯可以宣布，国会就不会召开。"[1]但在尚普兰湖（Lake Champlain）附近的战斗中，迪尔伯恩和他的士兵们也失败了。迪尔伯恩统率的一些民兵拒绝越过边境。那些进入加拿大的士兵和敌人进行了短暂的接触战，结果随着黑暗来袭，他们发现自己竟对着自己人开火。这支民兵队伍随即在英国人和己方"友善的"火力袭击下撤退了，结束了 1812 年对加拿大的攻势。

弗吉尼亚州的约翰·伦道夫（John Randolph）告知与他共事的国会议员，这会是一场"节日攻势"。[2]1813 年到来时，詹姆斯·麦迪逊终于意识到，他的战略需要改变。

总统感到四面楚歌。国会和国家都存在着巨大的分歧。在国会辩论是否对英宣战时，麦迪逊所在的民主共和党称这场战争是不可避免的，是"第二次独立战争"。而在国会走廊的另一侧，联邦党人则认为开战是鲁莽的、不必要的，他们一致投票反对总统宣战。尽管"战鹰"们在国会中占据上风，但是随着前线的坏消息接踵而至，反对的声音越来越大。

实际上，只有很少的部队可以用于保卫美国的城市，尤其是那

---

[1] William Eustis to Henry Dearborn, July 9, 1812.

[2] John Randolph, speech to Congress, December 10, 1811, in Annals of Congress, 12th Congress, 1st Session, p.447.

些沿海城市，包括华盛顿。美国海军在海上表现得相对出色，击沉了一些英国船只，但那些胜利意义不大。相对于美国舰队的 24 艘战舰，英国皇家海军至少有 30∶1 的数量优势，而且有更多的敌舰正在赶来封锁美国港口。

分裂的国会还时常不愿意为军队提供资金。新英格兰地区的民兵拒绝进入加拿大作战，这表明北方人根本不愿意参加战争（身在远方的杰克逊倒是提出了一个解决士兵们拒绝作战问题的方法："我会把他们都吊起来。"[1]）。即使麦迪逊总统有了足够的资金和团结一心的军队，他的军事将领仍然不合格：他的将领们个个老态龙钟，战争部长是个无能之辈，而海军部长则经常喝得酩酊大醉。当 1812 年结束时，麦迪逊总统面临着一个令人痛苦的事实：那些军事史学家一定会对美国如此误打误撞地发动了"第二次独立战争"而感到惊叹不已。

背叛的滋味

田纳西州州长威利·布朗特（Willie Blount）和他的密友安德鲁·杰克逊将军都意识到，在西部，最直接的威胁是英国人支持的印第安人。1812 年 7 月 3 日，杰克逊告诉布朗特，他已经准备好，并且愿意"攻入克里克人的城镇……迫使克里克人投降"。[2] 杰克逊向华盛顿提出将他的 2500 名田纳西州民兵调往加拿大，但迟迟没有获

[1] 引自 Groom, *Patriotic Fire*, p.166.

[2] Andrew Jackson to Willie Blount, July 3, 1812.

得批准。

几个月以来，杰克逊都在等待战争部的命令。除了在种植园里等待时机和愤怒地抱怨那些在华盛顿的“老太婆”，他几乎无事可做。[1]1812 年 11 月，他终于从布朗特州长那里接到了总统的指示，命令杰克逊保护密西西比河谷的领土。华盛顿的决策者们终于认识到了西部的重要性！杰克逊打算召集一支武装力量，立刻前往新奥尔良，以防备英军有可能发动的入侵行动。

杰克逊发布了征兵令，一大批农民、种植园主和商人涌入了纳什维尔，他们大多是独立战争老兵的后代。这些志愿兵，正如“志愿”这个名字所表达的那样，愿意为他们的祖国而战，愿意为保卫家园而战，愿意听从杰克逊将军的号令。

在 1813 年 1 月他们启程去新奥尔良之前，杰克逊没有多少时间来组织和训练他的新兵。杰克逊带领 2000 多人，乘坐 30 只船，顺坎伯兰河而下，但是却遇到了麻烦。一股寒流冻结了河面，阻塞了航道，使他们延误了 4 天时间。异常的恶劣天气也带来了频繁的降雨、冰雹和降雪，令这支部队苦不堪言。杰克逊自己也生病了，“他的脖子和头非常疼”，好在他康复了。[2] 冰雪消融后，船队继续航行，但路上仍不太平。他们最终花了 5 个星期的时间才走完航程，损失了一艘船和 3 条人命。

到纳什维尔下游 800 英里密西西比的纳奇兹后，杰克逊和他的军官们扎营，开始操练士兵。但随着时间一天天的流逝，他们愈发感到

---

[1] Andrew Jackson, 引自 Remini, *Andrew Jackson and the Course of American Empire* (1977), p.170.

[2] “The Departure from Nashville, a Journal of the Trip Down the Mississippi,” in Jackson, *Correspondence of Andrew Jackson*, vol.1.(1926), pp.256-71.

不耐烦，因为根据指示，他们在得到命令之后才能向新奥尔良进发。

当扎营在纳奇兹外围时，杰克逊趁机与他的军官们建立了袍泽之情。他们中的领头人是约翰·科菲（John Coffee），他是杰克逊的老朋友，也是偶尔的生意伙伴。科菲体格健硕，与消瘦的杰克逊相比，可以称得上十分魁梧。他是杰克逊麾下理想的骑兵指挥官。在杰克逊的核心集团里，还有其他人才，包括他的首席副官托马斯·哈特·本顿（Thomas Hart Benton）——一位年轻的纳什维尔律师，曾经以勤勉给杰克逊留下深刻印象。还有约翰·里德（John Reid），他在弗吉尼亚州出生并接受教育，其卓越的写作技能让他成了杰克逊的秘书。杰克逊还任命威廉·卡罗尔（William Carroll）——一位来自宾夕法尼亚州的纳什维尔的店主作为他的旅监察长。

停驻期间，杰克逊开始将他这些缺乏经验的志愿兵训练为一支战旅。当士兵们清理和测试武器时，他和军官们就在旁监督。士兵们反复练习打包和拆卸装备，随时整装待发。无一例外，他们都渴望击败那些据说正在逼近新奥尔良的英国军队。

最终，在1813年3月15日，一封期待已久的信从战争部发来，却大大羞辱和激怒了杰克逊和他的手下——这些牺牲了自己的时间、金钱甚至是生命保卫新奥尔良的人。由于美国在战争初期屡战屡败，约翰·阿姆斯特朗（John Armstrong）将军在1月接替了威廉·尤斯蒂斯，成为战争部长，并决定推翻尤斯蒂斯的全部战略。阿姆斯特朗将军在给杰克逊的信中写道："一收到这封信，你就要让（你的部队）解除兵役。"[1]显然，阿姆斯特朗的关注点并不在南方，而是在东

[1] John Armstrong to Andrew Jackson, February 5, 1813.

海岸，他认为那里才是最危急的地方。

一开始，杰克逊对这封信中的指令感到困惑。难道阿姆斯特朗真的要让他遣散部队，然后回去吗？然而，新战争部长简单明了的命令让杰克逊无法另作他解——他让志愿军放弃保卫新奥尔良，就这么回去。杰克逊的疑惑随即转为震惊，然后是愤怒。尤斯蒂斯已经很糟糕了，但是新上任的阿姆斯特朗似乎并没有什么改进。

杰克逊并不是不愿意回家。他和雷切尔非常恩爱，两人已经结婚将近 20 年了，他随身还带着一幅她的小画像。他们很宠爱 4 岁的小安德鲁（Andrew Jr.）。1808 年，雷切尔的一个嫂子生下了一对双胞胎，而杰克逊和雷切尔又年龄渐长，膝下无子，于是这对夫妻收养了其中一个男孩作为自己的儿子。杰克逊将军非常渴望能与家人重聚。

但是新奥尔良怎么办？就像詹姆斯·麦迪逊总统自己几年前说的那样，新奥尔良是控制“密西西比以西地区”[1] 的关键。如果杰克逊将军回去了，谁来保卫这座重要的港口？

还有，墨西哥湾沿岸地区的其他军事目标怎么办？这几个月以来，杰克逊一直坚信，要打败英国，美国必须牢牢控制住佛罗里达的深水港。墨西哥湾沿岸的很多小城市仍在西班牙的统治之下，而英国为了控制海岸，已经和西班牙结盟。谁控制了这些堡垒，谁就会威胁到像莫比尔（Mobile）这样的港口城市，最终，将威胁到新奥尔良这座战略要塞。

对于杰克逊认为急需保护的墨西哥湾沿岸地区和密西西比河河口，战争部长阿姆斯特朗并没有发出任何战斗指令；还命令杰克

[1] James Madison to Robert R.Livingston and James Monroe, April 18, 1803.

逊将军和他的人返乡。不仅如此，阿姆斯特朗还特意申明，杰克逊要收缴部下的武器，并设法将其转交给詹姆斯·威尔金森（James Wilkinson），即美国西部军队的总司令。[1] 实际上，阿姆斯特朗是在要求杰克逊遣散部队，解除武装，让他们尽快回家。而他们既没有薪水可拿，也得不到任何补给品。

杰克逊现在进退两难：他必须服从命令，但是那么做会将他的部下置于巨大的危险之中。

像杰克逊一样，很多人都抱病在身；但不同于杰克逊的是，他的部下大多既年轻又缺乏经验。如果团结一致，由老练的将领统率，他们就能保卫自己，免受英国人和印第安人的侵袭，但是如果他们落单或者分散开，就很容易成为猎物。难道要抛弃他们吗？杰克逊是一个坚韧的人，但并非无情。是的，他会服从命令，带他们回家，但务必以他自己的方式。

他着手写回信。

“我们的民兵一定要在荒野中游荡，在印第安人的战斧和剥头皮刀下牺牲吗？一定要让我们的病员暴露在旷野中缺衣少食，毫无慰藉吗？”[2] 如果那样做的话，就是彻底毁灭他们。

他肯定是不会那么做的。如果他能自己选择的话，他会带领他的部下去保卫新奥尔良，因为他渴望“直面入侵者并将他们赶入大海”[3]，他也向他的新兵们承诺过，要并肩作战。但是当下他所关注的却是他麾下这支部队的安危。

[1] John Armstrong to Andrew Jackson, February 5, 1813.

[2] Andrew Jackson to John Armstrong, March 15, 1813.

[3] “Jackson’s Announcement to His Soldiers,” November 14, 1812.

荒谬的是，他不得不让他的人掉转马头，并将他们带回纳什维尔。

回家的漫漫长路

杰克逊 14 岁那年作为战俘走过的 40 英里，不再是他人生中走过的最长路程了。在没有汽船可以让他的军队逆流而上的情况下，杰克逊和他的田纳西州志愿兵们面临着一场漫长的行进，他们将要穿越 500 英里的崎岖土地，其中大部分是印第安人的领地。

1813 年 3 月 25 日，他们开始了长途跋涉，但在不久之前，杰克逊写信给国会议员们："只要我手里还有资金或者贷款，我就会和我的士兵们并肩作战。要么带领他们荣归故里，要么就马革裹尸，战死沙场。如果我死了，我知道，他们会埋葬我的。"[1]

他给战争部长阿姆斯特朗和威尔金森将军都写了抗议信。他不会也不能抛弃他的部队。"这些勇敢的人，应国家的号召，……跟着我来到战场，我要将他们安全带回家乡。"[2] 他甚至写信给总统："我不能相信您以保卫国家的名义将我们召集起来，……却又在远离我们家乡 800 英里的地方解散了我们，既不给我们薪水，也不给我们补给。"这一定是个"错误"。[3]

这些无精打采的人被他们的政府抛弃了，却没有被他们的将军抛弃，他们一路向北行进，疾病在队伍里蔓延开来。杰克逊的病员名单

[1] Andrew Jackson to Felix Grundy, March 15, 1813.

[2] Andrew Jackson to James Wilkinson, March 22, 1813.

[3] Andrew Jackson to James Madison, March 15, 1813.

上不久就有了150人，其中56个人病得很重，几乎无法日常自理。杰克逊设法征用马车来运送一些病员，但是他找到的11辆马车并不够用。于是他命令军官们把马匹让给病员。他对自己的要求更为严格，将他自己的3匹马都给了病员，自己则徒步行进，以便让得病的志愿兵能在途中更轻松些。

“这是……我的职责所在，”在给雷切尔的信中，他这样写道，“就像父亲那样，不论孩子生病与否，都陪在他们身边，直到我们一起回到纳什维尔为止。”[1] 他们一起徒步行进，每天要走18英里路程。他以身作则，严格遵循军规戒律，还避免表现出疲劳的样子。他鞭策部下们向家乡前进，而部下们也明白，这是杰克逊出于对他们安危的考虑。当他随着队列行进时，这个以暴躁、性急而出名的人，在他们看来就像父亲般仁慈和蔼。“队伍里没有一个人不尊敬、爱戴他。”一个士兵说道。[2]

46岁的杰克逊比他部队里的大多数人都老，他脸上长着皱纹，头发灰白，但是杰克逊在行进途中没有丝毫抱怨。尽管他体形清瘦，却因笔直的身姿而显得十分威严。他不需要金色的肩章和其他类似将军制服上的装饰品来显示自己的权威。人们说，他那敏锐的蓝眼睛，会在生气的时候咄咄逼人。但是杰克逊也是富有同情心的人，他竭尽全力带领士兵回乡，确保他们的安全。队伍中对他的钦佩之声日益高涨，有些人私下谈论，说他为了护送他们回家，不仅违背了军令，还自己掏腰包提供补给。士兵们都爱戴这位同甘共苦、一同跋涉的将军。

---

[1] Andrew Jackson to Rachel Jackson, March 15, 1813.

[2] Nashville Whig, 引自 Remini, *Andrew Jackson and the Course of American Empire*(1977), p.180.

路上，一个士兵谈论起杰克逊的坚忍不拔。

然后另一个人评论说，他“顽强得像胡桃树”。说起来，这个比喻很恰当。不久之后，大家都称呼他“胡桃树”，最终，叫他“老胡桃树”（Old Hickory）。[1]

这个称号跟随了他一生，足以体现其在新奥尔良战役中的英勇表现。麦迪逊政府此时已经断定，对新奥尔良安全的担忧完全是虚惊一场。但到1814年，新奥尔良还会危机再现，届时，杰克逊这位天生的领导人和他的士兵们，将会通过和万恶的英国人殊死搏斗来证明自己的实力。

与此同时，对于西部人来说，另一个威胁正在酝酿。正如杰克逊所担心的那样，这一地区的印第安人问题变得日益严重起来。一个叫作“红棍”（Red Sticks，因他们携带涂成红色、像战斧一样的棍棒而得名）的敌对克里克部落已经和英国人结盟。很快，安德鲁·杰克逊就会直面他们。

[1] Parton, *Life of Andrew Jackson*, vol.1(1861), p.382.

CHAPTER 3

The Making of a General

第三章

一位将军的养成

他们必须得到惩罚，我们的边境才能安全……因为我确信他们受到了英国特工的鼓动。

——安德鲁·杰克逊

把他的部队带回纳什维尔之后，安德鲁·杰克逊再次等待华盛顿的命令。尽管他的志愿兵的服役期还没有结束（很多人服役期是一年），但是由于没有接到战争部派他们去作战的命令，1813 年春天，杰克逊将军解除了民兵的兵役，让他们回家去照料各自的家庭和土地。然后，他自己也返回了家乡。

种植园有很多活计需要料理。作为一位有名的养马人，杰克逊还养了牛和骡子，拥有一间锯木厂和一台轧棉机。这些年来，他还经营着商店和酿酒厂，甚至还投资了一个造船厂。他还有数百英亩土地用于种植重要的经济作物——棉花。

1813 年春天，当杰克逊开始忙于自己的生意时，麦迪逊先生的战争聚焦于新奥尔良以北 1000 多英里的地方。终于在这一次，好消息从加拿大传来：5 月，美国军队已经占领了约克（York）、安大略（Ontario），尽管这些喝醉了的美国士兵违背了战争原则，掠夺了这些地方，还为了庆祝烧毁了约克的很多公共建筑。但其余的消息对美国人来说很糟糕。英国人继续劫掠海岸地带，并于 5 月烧毁了马里兰州（Maryland）的城市格雷斯港（Havre de Grace）。有报道流传，袭击者洗劫了城镇的教堂，妇女和孩子们纷纷逃亡。一个月后，命运多舛的“切萨皮克号”再次被英国皇家海军俘获。之后，总统因“胆汁热”而病倒了。在位于弗吉尼亚州中部蒙彼利埃（Montpelier）的家中，麦迪逊总统说着胡话，麦迪逊太太担心他可能会死掉。

然而在田纳西州，夏天就这么平静地过去了，直到八月结束九月来临，杰克逊的西部生活骤然改变。短短几天之内，两件事改变了他的人生。一件事几乎将他置于死地，另一件事则促使他成为一位真正的美国英雄。

身陷战火

若干年前，以暴躁的脾气而出名的杰克逊进行过几次决斗。作为一名暴躁的22岁青年，他因法庭上的一个小分歧而要求决斗。但是决斗双方都意识到，他们的争端不值得搭上各自的性命，于是都没有射中对方。[1] 更严重的事情发生在1803年，由于雷切尔·杰克逊的名誉受到诽谤，杰克逊和时任田纳西州州长的约翰·塞维尔（John Sevier）进行了面对面的持械决斗。然而，这一次，也没有任何人流血，这场决斗以一连串的互相污蔑而告终。在1806年的一场决斗中，他杀死了一个称他为“没用的流氓”和“懦夫”的人[2]，但一枚铅弹也嵌入了他的两根肋骨，深深地射入了他的左肺（枪伤无法痊愈，导致他从此以后一直周期性地肺出血）。在1813年，安德鲁·杰克逊最想与之决斗的是美国的敌人，而不是这些好斗的对手。

这年6月份，他的一个军官威廉·卡罗尔想让杰克逊做自己的决斗助手。卡罗尔打算和杰克逊手下的另一个军官托马斯·哈特·本顿

---

[1] Groom, *Patriotic Fire*(2006), p.38.

[2] Charles Dickinson, May 21, 1806, in *Correspondence of Andrew Jackson*, vol.1(1926), p.143.

的弟弟杰西·本顿（Jesse Benton）决斗；两个人之间的相互侮辱逐步升级，直到本顿认为他作为一位绅士的荣誉遭到了质疑，于是要求决斗。杰克逊试图置身事外，他既不想向别人证明什么，也没有太多东西可以失去。他告诉卡罗尔："我已经不是干这种事的人了，我年纪太大了。"[1]但是他尝试用和平协商的方式解决争端的努力失败了，两人还是在杰克逊将军的旁观下进行了决斗。

很不幸，对杰克逊来说，事情还远未结束。

在6月14日的决斗中，杰西·本顿臀部受伤，这被人视为一种怯懦，因为这意味着他转过身背对对手。不久，本顿兄弟都责怪杰克逊，指责他应该确保决斗中双方公平较量。兄弟二人公然指责杰克逊"以一种……野蛮的、不平等的、不公平的和卑鄙的方式监督决斗"。[2]杰克逊将军感到被深深地冒犯了，于是传话出去，说下次再见到托马斯·哈特·本顿中校，一定会用马鞭抽打他。

9月4日，杰克逊听说本顿兄弟在镇上，于是拿起马鞭，到纳什维尔的城市旅馆（Nashville's City Hotel）去找他们。事态很快升级，双方相互射击，从杰西·本顿的手枪里发射出的铅弹击穿了杰克逊的左肩，射入了他的上臂。杰克逊血流不止，浸透了两张床垫，医生认为除了截肢没有更好的办法。但杰克逊拒绝了。

他在昏过去前挣扎着说："我要保住我的胳膊。"人们对他敬畏有加，没有医生敢违抗他的命令。[3]

雷切尔从种植园赶回来照料她的丈夫，好几天里，"老胡桃树"

[1] Parton, *Life of And rew Jackson*, vol.1(1861), p.387.

[2] Thomas Hart Benton to Andrew Jackson, July 25, 1813.

[3] Parton, *Life of Andrew Jackson*, Vol.1(1861), p.394.

一直在生死之间徘徊。但是他拒不接受死亡。过了两个多星期，他才能从床上起来。

紧接着，一个信使带来了印第安人在距此地400多英里的米姆斯堡（Fort Mims）屠杀移民的消息。红棍克里克人是屠杀的元凶，他们由酋长红鹰（Chief Red Eagle）带领，他也被称为威廉·韦瑟福德（William Weatherford），他的母亲是原住民，父亲则是苏格兰商人。红鹰和他的克里克人队伍突袭了亚拉巴马河（Alabama River）附近一座简陋的小村庄。随之传来的消息令人十分震惊：尽管有民兵在场保护，1813年8月30日，大约300名居民中，除了一小部分人幸存，其余的人都被屠杀了（包括很多妇女和孩子）。几天后一位美军少校从现场传来报告称，场面是如此可怕，“在杂乱的废墟中……到处都是残骸：印第安人、黑人、白人，女人和孩子的残骸……村庄的主要建筑都被烧成灰烬，四周充斥着白骨。周边的旷野和树林死尸遍地”。[1]

此时，发着高烧、说着胡话的杰克逊渐渐清醒，他知道这一消息后，意识到必须采取行动：必须为米姆斯堡发生的事情报仇。不久后，布朗特州长和麦迪逊总统也确实下达了这样的指示（对于杰克逊来说，这并不是坏事，米姆斯堡位于墨西哥湾的范围内，这会将他带到离新奥尔良更近的地方，再次聚焦于英国人可能发起的入侵行动）。尽管刚刚才与死神擦肩而过，仍然躺在病床上，随时可能死去，但安德鲁·杰克逊少将还是于1813年9月24日发出命令，把他“勇敢的田纳西人”召集起来。两周之内，他那2000人组成的队伍就在田纳

[1] Griffith, *Mclntosh and Weatherford*(1988), p.111.

西州的费耶特维尔（Fayetteville）集合完毕。

由于之前的枪伤，杰克逊的左臂和肩膀还不能动弹，但他向他的士兵们做出承诺。他告诉他们："你们的将军已经痊愈，他会亲自挂帅出征。"[1]

即使是几乎致命的枪伤，也无法阻止杰克逊将军履行他的职责。

投入战斗

在那场城市旅馆枪战之后仅一个月，第一批田纳西州志愿兵就向南进发。已是准将的约翰·科菲骑马走在队伍的前面。而安德鲁·杰克逊没有一同出发，尽管已经有了些体力，但他的身体仍在恢复中。"老胡桃树"给士兵们写了一封信，信被当众读给士兵们听。"近来，我们的妇孺惨死于米姆斯堡，他们正呼唤我们为其复仇，"他激励大家，"我们必须应召前往。"[2]

杰克逊并没有落后科菲多远，3 天后他就骑上了自己的坐骑。他脸色苍白，憔悴不堪，尽管左臂还吊在吊带上，他仍然强打着精神。杰西·本顿射出的子弹还卡在他的骨头里。临近 11 月时，他赶上了他的志愿兵，然后他们进入克里克人的地区。由于深入腹地，远离城镇，补给将会是一个持续性的问题，但是杰克逊绝不会被吓倒。

尽管杰克逊很不耐烦，他还是仔细斟酌友好的克里克人、乔克托

[1] Andrew Jackson to the Tennessee Volunteers, September 24, 1813.

[2] Reid and Eaton, *Life*(1817), p.33.

人和切罗基人提供的关于敌人的情报。尽管对印第安人极度不信任，但他还是敦促他的指挥官们和那些不加入红棍部落暴动的原住民结盟。他几乎没受过什么军事训练，这样做是出于直觉，而不是军事训练，杰克逊明白，敌人的情报是无价的。

当谍报说一大批敌军在库萨河（Coosa River）营地以南12英里的地方时，杰克逊命令约翰·科菲将军率领由900名骑兵组成的旅，攻击名为塔拉卢什奇的红棍克里克人岛屿部落。

杰克逊不在战场，但是一名叫戴维·克罗克特（David Crockett）的年轻士兵见证了这场战斗。“我看见一些敌人闯进一座房子，”几年后，他回忆道，“我们一直追赶他们直到房子附近，我们看见一个原住民女人坐在门口，将她的脚搭在她手中的弓上，然后拿起一支箭，接着她抬起脚，竭尽全力向我们射击，然后杀死了一个人……战友的死激怒了我们所有人，我们向她射击，至少20颗子弹穿透了她。这位战友是我见过的第一个被弓箭所杀的人。”[1]

美国军队相对于塔拉卢什奇的抵抗者，人数有5倍于对方的优势，按照杰克逊的命令，他们杀死了大部分红棍克里克人。在清点了186名阵亡的战士之后，科菲报告说，“没有人……逃出去送信”。[2]

杰克逊到达战场检查塔拉卢什奇冒着硝烟的废墟，没有发生大规模的家族屠杀，科菲的部下抓获了84名俘虏，都是女人和孩子。杰克逊的翻译是一位精通克里克语的印第安商人，给杰克逊将军带来了一个原住民婴儿。这个男孩是在他死去的母亲怀里被发现的。当杰克

---

[1] Crockett, *Narrative of the Life of David Crockett*(1834), p.88.

[2] John Coffee, Official Report, November 3, 1813, in Parton, *Life of Andrew Jackson*, vol.1 (1861), p.437.

逊催促给这个孩子喂些食物的时候，幸存的克里克女人们拒绝了。据她们说，“他所有的亲人都死了，也杀了他吧”。[1]

杰克逊在战争期间失去了他的母亲，这个孤儿让他大为感触。在下令攻击印第安营地几小时后，他在水中加了几粒红糖，哄着小孩喝了下去。

他在写给雷切尔的信中这样写道：“上帝之爱和基督教教义认为这个男孩应该受到抚养。”[2]这个名叫林科雅（Lyncoya）的男孩，后来被杰克逊一家收养，他在种植园里生活和学习，就像是杰克逊夫妇的亲生骨肉那样。

杰克逊受命报了米姆斯堡大屠杀之仇。虽然作为战士的杰克逊很无情，但是在塔拉卢什奇的战后重建中，杰克逊不仅在他的士兵面前展现出了父亲的强烈本能，在被征服者面前也是如此。

杰克逊拿下塔拉迪加

6 天后，杰克逊面临着一次对他坚韧品格的考验。

并不是所有的克里克人都拿起武器来对抗美国人，而且杰克逊承诺保护包括切罗基人和乔克托人在内的、友好的印第安人。如同他向一个原住民盟友保证的那样，“如果伤到你们的一根头发，我会百倍偿还”。[3]

---

[1] Parton, *Life of Andrew Jackson*, vol.1(1861), p.439.

[2] Andrew Jackson to Rachel Jackson, November 4, 1813.

[3] 引自 Remini, *Andrew Jackson and the Course of American Empire*(1977), p.193.

1813年11月7日傍晚，随着一名驿马信使的到来，他获得了履行诺言的机会。信使披着一张连着猪头和猪蹄的猪皮做伪装，一边发出咕噜声一边拱着，穿过了红棍部落的阵地。他带来消息说，估计有1000名敌军包围了塔拉迪加（Talladega）那里友好的克里克人部落的定居地。威廉·韦瑟福德——红鹰——和他的红棍部落准备像对付米姆斯堡的移民那样，把和敌人结盟的同族们赶尽杀绝。

但是安德鲁·杰克逊对此爱莫能助。他的左臂还是不好用——他仍需要别人帮他上马，就连折叠一份地图都是个艰难的挑战。而且，痢疾还折磨着他。这些年来，他几乎一直忍受着从腹泻到便秘的各种肠道问题的困扰，现在更加严重，他连正经坐好都很困难。尽管如此，病痛依然不能阻止他，他斜倚在一棵树上，很快便构想出一个计划。杰克逊和他的士兵们将在午夜行军。

当骑马逼近位于塔拉迪加的印第安定居点时，他在马鞍上倾身向前，几乎抱着马脖子，试图去缓解腹部的疼痛。骑行路程超过了25英里，到了第二天傍晚，杰克逊那支由1200名步兵和800名骑兵组成的部队，在目的地范围内扎营。杰克逊这次又没有睡觉，而是在询问侦察兵有关地形的情况，以便制订作战计划。凌晨4点，他命令熟睡的士兵们起床。正如他在一封给布朗特州长的信中写的那样，他命令士兵们从“三条战线上前进——民兵在左翼，志愿兵在右翼，骑兵组成了最靠外的两翼，呈曲线阵型前进”。[1]

当大部分兵力进入指定位置时，他命令装备来复枪和滑膛枪的3个骑兵连前进。杰克逊希望印第安人攻击他的先头部队，然后先头部

[1] Andrew Jackson to Willie Blount, Novenmber 11, 1813.

队佯装败退。这样追击的印第安人就会进入他的大部队的射程之内，他的骑兵会将对手引入致命的交叉火力范围内。

随着印第安人一声枪响，战斗开始了，韦瑟福德的红棍克里克人，赤裸着身子，身上涂着红色颜料，从浓密的灌木丛中冲出。他们"就像一大群埃及蝗虫，"戴维·克罗克特记载道，"他们就像年轻的恶魔被释放出来那样尖叫着，老恶魔冲在他们的前面。"[1]

计划按照设想的那样展开，红棍克里克人直接冲入了杰克逊的陷阱。美国人的一阵弹雨造成了大量伤亡，只有少量印第安人用枪反击，而大部分印第安人则用弓箭反击。本来不应该有人逃走的——但是韦瑟福德和一支克里克人部队通过战线上的一个缺口突围了出去。尽管杰克逊的一些部下前去追赶他们，但还是有700名敌军逃进了小山。

死者清点完毕，韦瑟福德损失了299人，杰克逊损失了15人。并且杰克逊因此获得一个新绰号：对于红棍克里克人来说，他成了"利刃"（Sharp Knife）。

尽管左臂还不能动弹，身体也被痢疾所折磨，但这位缺乏经验的将军策划了他的第一场大战役，并带领他的士兵们走向了胜利。尽管杰克逊还想一如既往地继续进行荣耀之战，但是塔拉迪加大捷是未来几周内的最后一个好消息。

---

[1] Crockett, *Narrative of the Life of David Crokett*(1834), p.92.

CHAPTER 4

A River Dyed Red

第四章

一条被染红的河流

我认为克里克人的力量已经被永远摧毁了。

——安德鲁·杰克逊

当1813—1814年的冬天临近时，安德鲁·杰克逊面临新的挑战。他心里担忧英国会向新奥尔良进发（事实上，早在一年前，一位英国海军上将就已经秘密提出了这样一个行动计划[1]），但是很多急需处理的事务吸引了杰克逊的注意力。

他的志愿兵几乎没有食物，也没有喂马的饲料。由于预期的补给船延误了，杰克逊注意到他这支饥饿之师日益焦躁不安。他意识到，尽管距离塔拉迪加战役胜利还不到一个月，他的部队却即将分崩离析——如果他的志愿兵逃跑了，他就既无法与印第安人作战，也无法抵抗英军入侵了。在几个月的劝诱之后，杰克逊最终不得不威胁他的士兵们恢复秩序。

12月初，当一群士气低落的志愿兵准备回家时，杰克逊展现了他的决心。他骑马挡在这群逃兵面前，他的左臂还绑着吊带，于是就把他的枪搁在马脖子上。

他俯视着枪管下这些叛乱的士兵警告道："你们说你们会进军，但是永恒的上帝说不应该在枪响的时候行进。"[2]

科菲将军和约翰·里德少校也来到杰克逊的两侧。几分钟的时间里，没人动弹——直到一些忠诚的士兵四散开来并聚集在他们三人身

---

[1] John Borlase Warren to Lord Melville, November 18, 1812.

[2] Matthew D.Cooper, 引自 Owsley, *Struggle for the Gulf Borderland*(1981), p.69.

后。出于对杰克逊将军的恐惧和尊敬，一些叛乱者朝营地方向移动，其他人跟在后面。那天，没有人返回田纳西州。

杰克逊也面临最后期限。他的第一支志愿兵已经服役一年了，他们希望在 12 月 10 日解除役务。很多人缺乏冬季作战的必要衣物，他们的农场和家人正等着他们回去。一位军官告诉杰克逊："如果不能很快回家，他们中的很多人真的会死。"[1]

指挥官同情士兵们的处境，却对服役期有着不同的看法。因为他们在夏季被解散过，因此杰克逊认为，这些士兵还需要再服役 12 个月。而且他们的任务还没有完成，危险的红棍克里克人仍然逍遥法外。

杰克逊不得不再次面对他的士兵们。他告诉他们只有"从他的尸体上踏过去"，[2] 才能离开。他试图让他们感到羞耻，从而留下来，说他们会因为"不光荣的退役"而成为"他们自己名声的玷污者"。[3] 他说他期望的援兵很快会到达，有些确实已经到了。但是在 1814 年 1 月 1 日和 1 月 14 日，其中一些团的服役期仍临近结束。最终，他意识到自己几乎没有能力再去挽留他们，于是没有延长他们的服役期，解散了他的大部分士兵。

同时，杰克逊的健康状况在恶化。他仍然不能在没人帮忙的情况下将左臂穿进袖子里。他的军队日益减少。他唯一能做的就是写信给田纳西州的家里。

"1813 年 12 月 29 日晚上 11 点半"，他对妻子雷切尔敞开心扉。

---

[1] Colonel William Martin to Andrew Jackson, December 4, 1813.

[2] Reid and Eaton, *Life*(1817), p.84.

[3] Andrew Jackson to the First Brigade, Tennessee Volunteer Infantry, December 13, 1813.

他哀叹道："志愿兵从他们的岗位上逃离……而州内那些夸夸其谈的炉边爱国者也无动于衷。"但是他的信也给了妻子以信心。"不要感到不安……如果我面对考验和危险，（上帝）会给予我勇气，坚定我的信念，让我在任何情况下履行我的职责。"[1]在接下来的一个小时，他给他的老朋友威利·布朗特州长写了一封措辞严厉的信，提醒对方这场战斗还要继续下去，保护人们免遭克里克人的袭击。杰克逊写道，印第安人需要被"消灭或征服"，他要求州长采取行动。"亲爱的朋友，你是在叉着手干坐着吗？"

杰克逊不断写信要求援助。他写道："你得从昏睡中苏醒过来，给我一支服役期为 6 个月的部队，那么毫无疑问……一切都会是安全的。如果你拒绝要求，那一切都完了。"[2]

在布朗特能做出反应之前，更多的部队服役期结束了，和杰克逊一起扎营的军队总计只剩下 130 名健全的士兵。而危险正在临近：杰克逊的间谍带来消息说，英国军队已经在彭萨科拉（Pensacola）登陆了。这只意味着一件事：正如以往所料，敌人正在准备攻击墨西哥湾沿岸地区——特别是它最重要的城市，新奥尔良。杰克逊知道他必须用某种方法将他的军队集结起来。他必须战胜第一个敌人——并且为迎接下一个敌人做好准备。

同时，红鹰的名声继续增长。12 月 23 日，当杰克逊正努力集结他的军队时，韦瑟福德遭遇了一支密西西比民兵。尽管红棍克里克人的部队占据数量优势，却逃跑了，红鹰骑着他宝贵的灰马"箭"，夺

[1] Andrew Jackson to Rachel Jackson, December 29, 1813.

[2] Andrew Jackson to Willie Blount, December 29, 1813.

路而逃。他逃到一处俯瞰亚拉巴马河的高耸悬崖，掉转马头直指悬崖的方向，然后把马刺踢入“箭”的肋部。

从大约 15 英尺高的地方，骑手和马匹都飞了起来。在落入水中之前，他们看起来就像飘浮在半空中。吃惊的密西西比民兵观察到：人和马都完全沉入水中，消失了。然后，韦瑟福德浮出水面，仍然骑在马上。他一只手抓着马的鬃毛，另一只手高举着枪。

当“箭”游向对岸的时候，民兵们开枪射击，尽管弹如雨下，人和马还是到达了对岸。安全到达射程之外后，红鹰下马检查坐骑是否受伤。马毫发无损，于是他骑马离去。[1]

克里克人的酋长又幸存了一天。对于安德鲁·杰克逊来说，他只能希望决战之日来临的时候，他们两个会最终在战场上直面对方。

战斗准备

新年伊始，新的志愿兵终于从纳什维尔赶来了。尽管这 850 人几乎没有作战经验，但杰克逊没有浪费时间，立刻命令部队深入敌人领地。

1814 年 1 月末，新兵们和敌人遭遇了，在两个红棍克里克人村庄，他们和红鹰的部下进行了小规模战斗。尽管杰克逊和他的人获得了胜利，战斗却进行得异常艰难，当杰克逊骑马径直加入战斗时，自己也差点儿被杀死。一名军官回忆道：“他似乎毫不在意自己处于枪

---

[1] See Pickett, *History of Alabama*, vol.2(1851), pp.324-25, and Griffith, *McIntosh and Weatherford*(1988), pp.129-31.

林弹雨之中，他将惊恐的部下重新集结，让逃跑的人停下来，组成纵队，并且以身作则，鼓舞他们。”[1]

在濒临崩溃之际，杰克逊下令撤退，继续训练他缺乏经验的士兵。他的军队人数继续增长，前来加入的不仅有田纳西州的新兵。杰克逊的声望也日益壮大，除了志愿兵，美国正规军也首次归他指挥，这使得杰克逊的军队人数增加至3500多人。

马蹄湾之役

不久以后，间谍报告说，威廉·韦瑟福德和1000名战士在大约100英里之外一个可俯瞰塔拉普萨河（Tallapoosa River）的小村庄待命。于是杰克逊决定让这里成为红棍克里克人的葬身之地。这些敌人造成了双重危险：他们不仅是边境生活的威胁，而且还选择和美国更大的敌人英国结盟。众所周知，英国给这些克里克人提供补给——几个月前，美国民兵拦截了克里克人和他们的货车，上面装载着英国人在彭萨科拉卸载的补给。

杰克逊的侦察兵之中，戴维·克罗克特告诉他印第安人在一个叫马蹄湾（Horseshoe Bend）的地方扎营。敌人利用河流巨大的U形曲线作为一道壕沟，以便从三个方向形成自我保护。克里克战士和数百名妇女孩子在一起，住在这座100英亩半岛最南端的一群小屋里。半岛北部狭窄的“颈部”提供了唯一的陆上入口，红棍克里克人在这里

[1] Reid and Eaton, *Life*(1817), p.136.

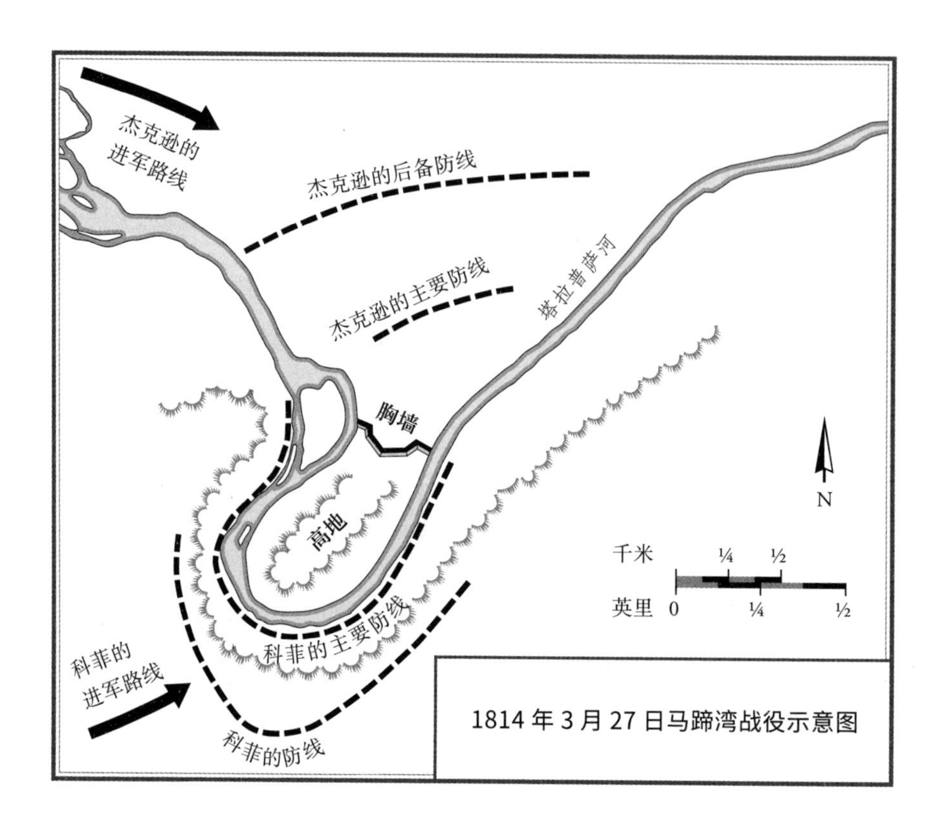

1814 年 3 月 27 日马蹄湾战役示意图

修筑了一道扼守入口的胸墙。这道由大量木头和泥土制成的要塞有 8 英尺高，350 码 [1] 宽。墙上开有射击孔，印第安人可以通过这里向进攻者射击。

马蹄湾的防御工事给杰克逊将军留下了深刻印象。他向布朗特州长报告："大自然中很少有天然的防御工事，而野蛮人修造的堡垒里，没有比这更安全的了。" [2] 尽管他在兵力上超过克里克人，但是攻克这

[1]1 码合 0.9144 米。——译者注

[2] "Report of Jackson to Governor Blount," March 31, 1814.

座堡垒可不是一个容易的任务。

尽管杰克逊在军事战略上缺乏经验，但是他无所畏惧。毕竟，他有一些先天的特质：无比的勇气，天生的领导能力，以及他在不久后发现的自己那神秘的战场直觉。他和他的顾问们一道制订了一个计划。

1814 年 3 月 27 日破晓，约翰·科菲将军的骑兵出发了，同行的还有一支由切罗基人和友好的克里克人组成的部队。按照杰克逊的命令，他们向敌人村庄以南进发，占据塔拉普萨河弯曲地带的对岸。从这里，他们可以射杀任何企图在杰克逊及其部队进攻下逃跑的克里克人。

同时，杰克逊命令其余部队径直向胸墙进发，之后停下待命，同时炮兵布置好了他们的两尊大炮。上午 10 点 30 分，得到科菲和他的人马就位的消息后，大炮开火了。

炮弹只造成了很小的伤害，有的炮弹从胸墙上弹开，有的砸在坚固的胸墙上，胸墙却毫发无损。任何露头的红棍克里克人很快就成了杰克逊阵线猛烈攻击的目标。但在土木工事之后，克里克人用呐喊声嘲弄着进攻者。

在半岛的另一端，一场不同的攻击行动开始了。当杰克逊的炮手开始对堡垒开火时，科菲统率的一些印第安人冲向河流。在敌人的火力打击下，他们跳入水中，游过河，然后夺取了对岸敌人的独木舟。[1] 将偷来的船划回去后，他们运送了 200 名印第安人和 30 名田纳西州民兵到克里克人那边，然后开始杀向红棍克里克人的村庄，仅

[1] John Coffe to Andrew Jackson, April 11, 1814.

仅 800 米之外，杰克逊的人正在发起进攻。他们很快点燃了小屋，然后加入杰克逊攻击印第安堡垒的行列中。

当杰克逊看见从村庄升起的滚滚浓烟时，他命令队伍发起冲锋。他已经让他的部队准备好了面对这一刻。杰克逊将军三天前命令道："在战斗时，你们必须保持冷静和镇定。当你们的军官命令你们开火的时候，你们必须慎重地瞄准目标，务必弹无虚发。"[1]

他的军队确实依照命令行事，尽管敌人射来阵阵子弹和箭矢，但第一批进攻者很快就到达了墙壁。在这里他们短兵相接，田纳西州民兵和印第安人冲着胸墙上的射击孔相互射击。

第一个爬上墙并翻墙而过的人是莱缪尔·蒙哥马利少校（Major Lemuel Montgomery），他被子弹击穿头部，了无生气地倒在了胸墙那里。一位名叫山姆·休斯顿（Sam Houston）的排长挥舞着他的剑继续带领冲锋。一支红棍克里克人的箭穿透了他的大腿上部，但是休斯顿并没有倒下。他跳到了胸墙里面的地上，其他人紧随其后。

红棍克里克人倚仗的胸墙被攻破后，这些防卫者撤退到附近的灌木丛和树林里。他们继续向入侵者射击，但是进攻者有充分的优势——更多的人，更多的枪支，更强的战斗力。即便如此，印第安人还在继续抵抗。

山姆·休斯顿也在继续战斗。另一名军官按照他的命令，从他的左腿上拔出了带倒钩的箭，导致伤口撕裂。当杰克逊召集人手去攻打附近克里克人守卫的一座堡垒时，休斯顿拿起一支火枪，继续领导进攻行动。这次他被两发子弹击中，一发射入他的右臂，一发射入他的

[1] Andrew Jackson, "General Order," March 24（？）, 1814.

右肩。

虽然战斗还在继续，但杰克逊的人马显然占了上风。即便如此，在下午早些时候，数量上占劣势的印第安人还是拒绝了杰克逊的劝降，并向杰克逊的信使和翻译射击，打伤了他们中的一人。比起投降，克里克人更喜欢战斗，于是战斗继续。“这场杀戮极为可怕。”杰克逊在之后给他妻子的信中这样写道。[1]

夜晚，一小部分克里克人逃走了，第二天一早共计清点出 557 具印第安人的尸体。还有更多的印第安人死在了逃跑的路上；塔拉普萨河被鲜血染红，河水冲走了大约 300 人。杰克逊这边，只有 43 名士兵死亡，他的印第安盟友损失了 23 人。

红鹰不再掌握一支有效的战斗力量了，而且在 4 月中旬，其他大多数克里克酋长以休战为名，来到了杰克逊的营地。他们承认自己无权签署和平条款。但是杰克逊将军在谈判开始前只提出了一个简单的要求：他想要米姆斯堡大屠杀的幕后黑手。只有把威廉 · 韦瑟福德交到他手上，克里克战争才能结束。

几天后，一位印第安人独自来到杰克逊的营地。这个陌生人在他的马屁股上绑了一只刚射死的鹿；他径直前往杰克逊将军的帐篷，就在杰克逊出现的时候，他也骑马赶到了。

“杰克逊将军？”

杰克逊惊讶地抬头看着这个骑在灰色骏马上的人。这位浅肤色的印第安人赤裸着上身，穿着鹿皮马裤和鹿皮鞋。

接下来他说的话更惊人：“我就是威廉 · 韦瑟福德。”

---

[1] Andrew Jackson to Rachel Jackson, April 1, 1814.

几个月以来，为米姆斯堡大屠杀复仇的欲望战胜了一切，而现在这场大屠杀的幕后黑手就手无寸铁地站在自己面前。

杰克逊的第一反应是对韦瑟福德的大胆感到愤怒。“在谋杀了米姆斯堡的妇孺之后，你还胆敢出现在我的帐篷里！”他喊道。

他的第二个反应是困惑。假如自己的人俘获了印第安人领袖，他会毫不迟疑地下令迅速处死对方。他从没想到韦瑟福德竟会投降。现在杰克逊不得不考虑如何对待韦瑟福德。

他告诉韦瑟福德：“我下令要把你控制住，带到我面前；如果你这样现身，我知道该怎么处置你。”

韦瑟福德回答道：“我在你的掌控之下，我任你处置。我是个战士。我倾尽全力对白人造成伤害；我和他们战斗，而且很勇敢；如果我有一支军队，我还会战斗，直至最后一刻；但是我什么都没有了，我的人民都离我而去。我现在什么也做不了了，只能为我的民族的不幸而哭泣。”[1]

令杰克逊的部下惊讶的是，“老胡桃树”并没有下令监禁或是处决韦瑟福德。相反，杰克逊和红鹰达成了一笔交易：如果红鹰前去劝降那些仍在战斗的克里克人，杰克逊会保证他的生命安全和自由。如果他选择再次战斗，“他的生命就应该为他的罪行付出代价”。如果他选择和平，“(那就)会受到保护”。[2]

---

[1] 杰克逊和韦瑟福德的会面场景有多个版本。罗亚尔的记述来源于1817年一位杰克逊的副官对安妮·罗亚尔讲述的内容，一些人认为罗亚尔是美国第一位女记者。Reid and Eaton,life（1817）, p165.Pickett *History of Alabana*, vol2(1851),pp.348—52.Royall, *letters From Albama*(1830), pp, 17—19.

[2] Reid and Eaton, *Life*(1817), p.166.

韦瑟福德接受了这笔交易，他告诉杰克逊：“那些坚持战斗的克里克人只是受到愤怒的复仇心理的影响；出于此，他们肯定不会，也不该牺牲他们国家的残存力量。你已经告诉我们可以迁往哪里，确保我们的安全。这是一场明智的谈判，我的族人应该接受谈判。”[1]

韦瑟福德的言行举止给里德少校留下了深刻印象。他写道：“韦瑟福德有着所有的男子气概——所有英雄主义的精神，所有成为出色的指挥官所具备的智慧……他的样貌和姿态——其中蕴含着谦逊和坚定。”[2]

韦瑟福德不只是看上去的那样，从他的身上，安德鲁·杰克逊看到了一种和自己相似的，“在他所见过的人中，最高尚且无畏的精神”。[3] 这是一个明白战争规则的人，一个知道克里克人和移民相互杀戮的时代已经一去不复返的人。而且他能帮助双方确保和平。

由于美国在马蹄湾的胜利，克里克战争实际上已经结束了。克里克人意识到他们唯一的选择就是谈判，在红鹰的帮助下，杰克逊和克里克人商定了《杰克逊堡条约》(*Treaty of Fort Jackson*)。1814 年 8 月 9 日，克里克酋长们签署了它，同意给予美国——和那位他们称为“利刃”的人 2200 多万英亩土地。美国移民现在安全了，还有了扩张的空间。

红鹰不再发动战争，转而帮助维护和平。但对于杰克逊来说，即使手握与印第安人签订的条约，也不能放松警惕。他已经听到了英国

---

[1] Ibid., pp.166-67.

[2] Major John Reid, 引自 James, *Life of Andrew Jackson*(1933), p.172.

[3] Attributed to Andrew Jackson in Woodward, *Woodward's Reminiscences of the Creek* (1939), p.102.

人向新奥尔良行进的脚步声。

杰克逊少将

杰克逊在战场上胜利的消息传到了战争部。

这个向来为他们所不信任的顽固、粗鲁的西部人，表现得比华盛顿的军事战略家和年迈的将军们更出色。

他的部队对他又爱又怕。令所有人吃惊的是，他已经把志愿民兵打造成一支有效的战斗力量。他知道什么时候该强硬，什么时候该用仁慈来缓和这种强硬。他在战斗中无所畏惧，但是并不鲁莽。实际上，他以极度的谨慎平衡他的勇气，而且以惊人的耐心收集情报、听取他人意见。他知道什么时候坚定他的信念，但也为妥协留有余地。最后，也是最重要的是，他在军事策略上有一种天生的直觉，这弥补了他缺乏正规训练的缺陷。

即使是在纳奇兹因命令和杰克逊争吵过的战争部长阿姆斯特朗，也认识到杰克逊的潜能。在首都因马蹄湾的胜利而欢欣鼓舞之后，阿姆斯特朗写信给麦迪逊总统，“应该为杰克逊将军做点儿事情”。首都的政治家们已经厌倦了这场使财政枯竭、胜少败多、比预想中持久得多的战争。[1] 但他们会为杰克逊做点儿什么，1814 年 6 月 18 日，民兵将军杰克逊被晋升为美国正规军的少将，这具有更高和更有力的指挥权。

这是杰克逊崛起为国家栋梁的最好时机。英法之间已经争斗了

[1] John Armstrong to James Madison, May 14, 1814.

20 年，当年 4 月，英国迫使拿破仑退位。这意味着皇家海军和凯旋的威灵顿公爵的大军可以投入在北美的战斗了。一支入侵力量已经在美国东海岸巡航，这让麦迪逊总统和他的内阁十分担心。其他地方会出现什么样的情况尚不清楚——但是，杰克逊掌控着第 7 军区，这包括路易斯安那州、田纳西州和密西西比的全部领地，杰克逊的职责就是考虑在他的辖区内会发生什么。

这也是他长久以来希望得到的责任。他在库萨河附近克里克地区的驻地给雷切尔写信："我欠英国一笔……复仇之债。"[1]

在杰克逊看来，英国人的最终目标很明确：想要新奥尔良。任何一个能看懂地图的人都知道，英国军队会通过占领这座城市，来加强对从墨西哥湾沿岸地区到加拿大的北美大陆的控制——那将会终结美国向西的扩张。对于杰克逊来说，那种前景是不可接受的。

在 1814 年 8 月的时候，他的军队规模还很小。在打败印第安人后，他的田纳西州志愿兵已经返回了他们的农场和作坊，他只有 531 名应征士兵了。但是杰克逊对于英国人的下一步行动所知更少。他既不知道英国战舰什么时候会登陆，也不知道他们会运送多少部队。他能确定的是，他和他的军队必须立刻向南行进。克里克人的骚扰已经处理妥当后，现在他能把注意力集中在保护海岸不受欧洲敌人的侵袭上。

和克里克人的条约签订两天后，杰克逊和他的小股军队就动身前往墨西哥湾，并以尽可能快的速度行进。英军的威胁已经成为新的事实，这助长了已有的恐惧：那些看过报纸的人已经知道英国人的残

[1] Andrew Jackson to Rachel Jackson, August 5, 1814.

忍。去年夏天，英国人在弗吉尼亚州乡下横冲直撞，犯下了可怕的暴行。据说一个正要逃跑的妇女被“追到及腰高的水中，被10个或12个英军兵痞拖上了岸，他们扒光了她的衣服、袜子、鞋子等，在她身上满足了他们的欲望”。[1]另一个消息声称一个病人在床上被谋杀了。根据一位国会议员所说，“汉普顿镇（Hampton）及周边地区遭到无法无天的士兵们的肆意掠夺，已经投降”。[2]这样的故事，往往与英国人正在逼近的传闻相联系，也促使在马鞍上坐了400英里的杰克逊将军绞尽脑汁地思考可行战略，阻止同样的事情发生在墨西哥湾沿岸地区的人们身上。

即使对于世界上最强大的军队来说，攻击新奥尔良也不是一件简单的事情。皇家海军会引导围攻，但是要拿下新奥尔良，它的舰队将不得不沿着密西西比河溯流而上100英里。沿途他们会面对美国的火炮、多变的潮汐和河流中的几个急转弯，在缓慢而又危险的行进中接近他们的目的地。尽管杰克逊没有海军经验，但他知道这些障碍，并推测英国人会避免从河上攻击。

杰克逊假定英国人会发动一场陆上攻势来夺取新奥尔良，并思考这种可能性。新奥尔良以南的密西西比三角洲是一个多沼泽的河口，实际上不可能被穿越。在北边，英国人也没有合适的陆地进军路线。因此，杰克逊和他的参谋们得出结论，敌人会从东边进攻。

如果英国人打算从东边派遣一支地面部队，那他们会在什么地方登陆？杰克逊认为，最有可能的地点是新奥尔良以东150英里、有着

---

[1] *American State Papers*, Military Affairs, vol.1, p.379.

[2] Ingersoll, *Historical Sketch of the Second War*, vol.1(1853), pp.197-200.

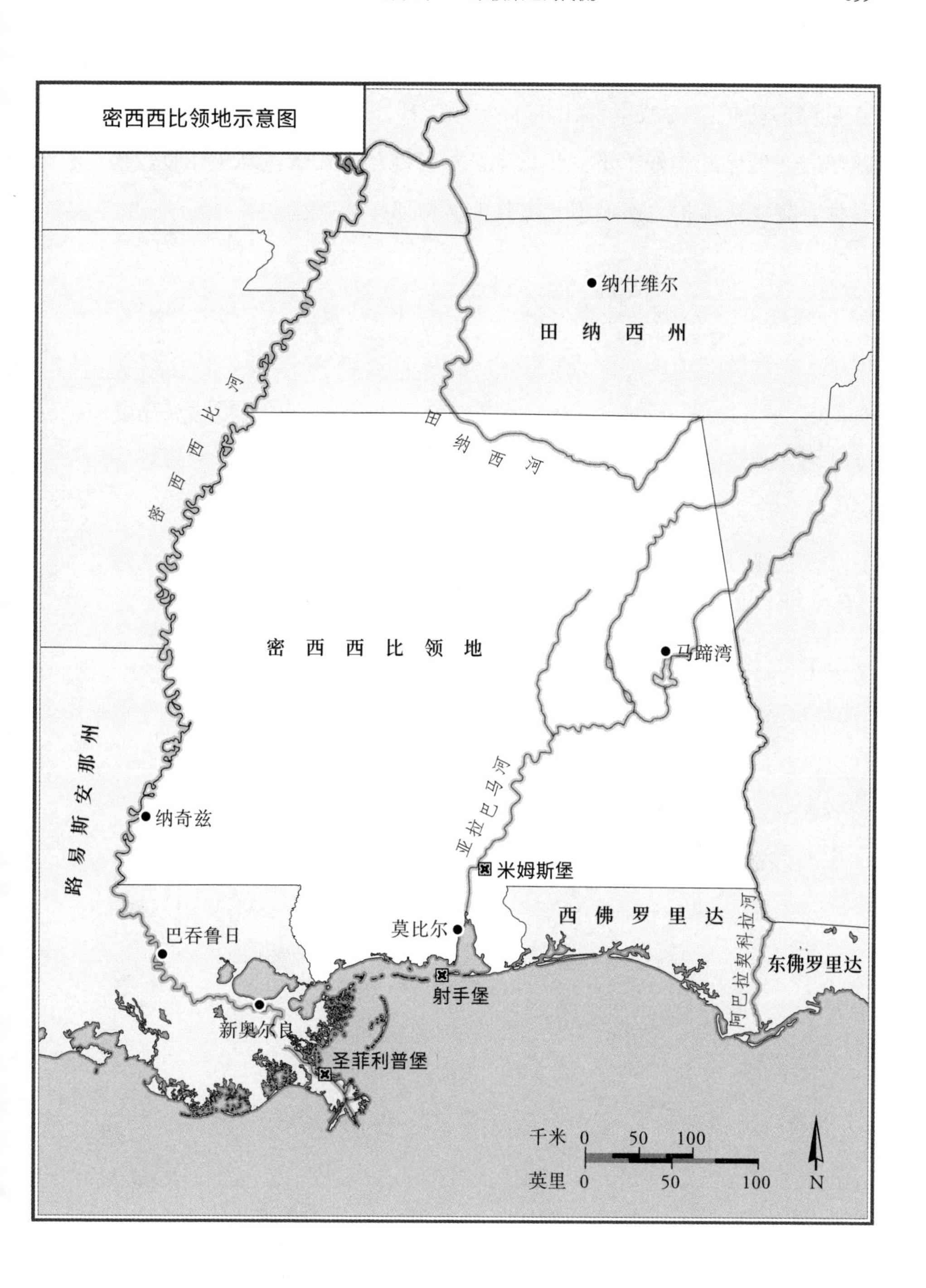
密西西比领地示意图
纳什维尔
田纳西州
密西西比河
田纳西河
密西西比领地
马蹄湾
路易斯安那州
纳奇兹
亚拉巴马河
米姆斯堡
西佛罗里达
阿巴拉契科拉河
巴吞鲁日
莫比尔
东佛罗里达
射手堡
新奥尔良
圣菲利普堡
千米 0 50 100
英里 0 50 100
N

它自己的防护湾的城市莫比尔。8 月 22 日，当他和他的军队赶到莫比尔时，他已经想好了下一步行动。尽管他从来没到过新奥尔良，但是他会想办法保护这座城市免遭其他城市那样的厄运。

CHAPTER 5

The British on Offense

第五章

英军进犯

在达成和平条约之前，我非常有信心彻底地击溃（美国人），我相信我们能将新奥尔良……从他们的密西西比指挥官手中夺走。

——英国海军中将亚历山大·科克伦致巴瑟斯特伯爵（Earl Bathurst），1814年7月14日

新奥尔良会欢迎美国军队的保护吗？这个问题的答案远不能确定。这座杰斐逊总统在路易斯安那购地中获得的最重要的城市正在变化。自 1803 年美国人占有路易斯安那以来，路易斯安那成为美国的一个州才不过两年，它对联邦的忠诚还未得到证明。

这座年轻和不稳定的美国城市也是一个矛盾之地。尽管新奥尔良被低洼的泥滩所隔离，时常有炙热的酷暑和猛烈的飓风来袭，但它却成了欧洲优雅和文化的中心。它是法律的前哨站和荒野中的秩序之地，也是不少法外之徒的家园。新奥尔良是这个最新加入美国的州中最重要的城市，有着法国人的精神内核，但也被英国人和西班牙人所占据；很多城市居民甚至不说他们政府所用的语言。在这次英国人入侵事件中，杰克逊不得不在由法裔居民、原住民、自由奴隶、美国樵夫和海盗组成的鱼龙混杂的人群中，塑造一种前所未有的团结精神。

新奥尔良是一个因地理位置而不断发生变化的地方。沿着蜿蜒曲折的密西西比河，形成了一条新月形的天然河岸或堤坝，几个世纪以前，原住民找到了这个位于墨西哥湾上游大约 100 英里的地点，这是一个通往内陆地区的便利位置。原住民的陆路把他们带到一条水流缓慢、和河流的水位不同的小溪上［安德鲁·杰克逊不久就会发现它是圣约翰河（Bayou St. John）］，接着，小溪注入被叫作庞恰特雷恩湖（Lake Pontchartrain）的浅水区域。那个巨大的湖流入博恩湖（Lake Borgne），最终注入墨西哥湾，北部和东部成了新奥尔良。

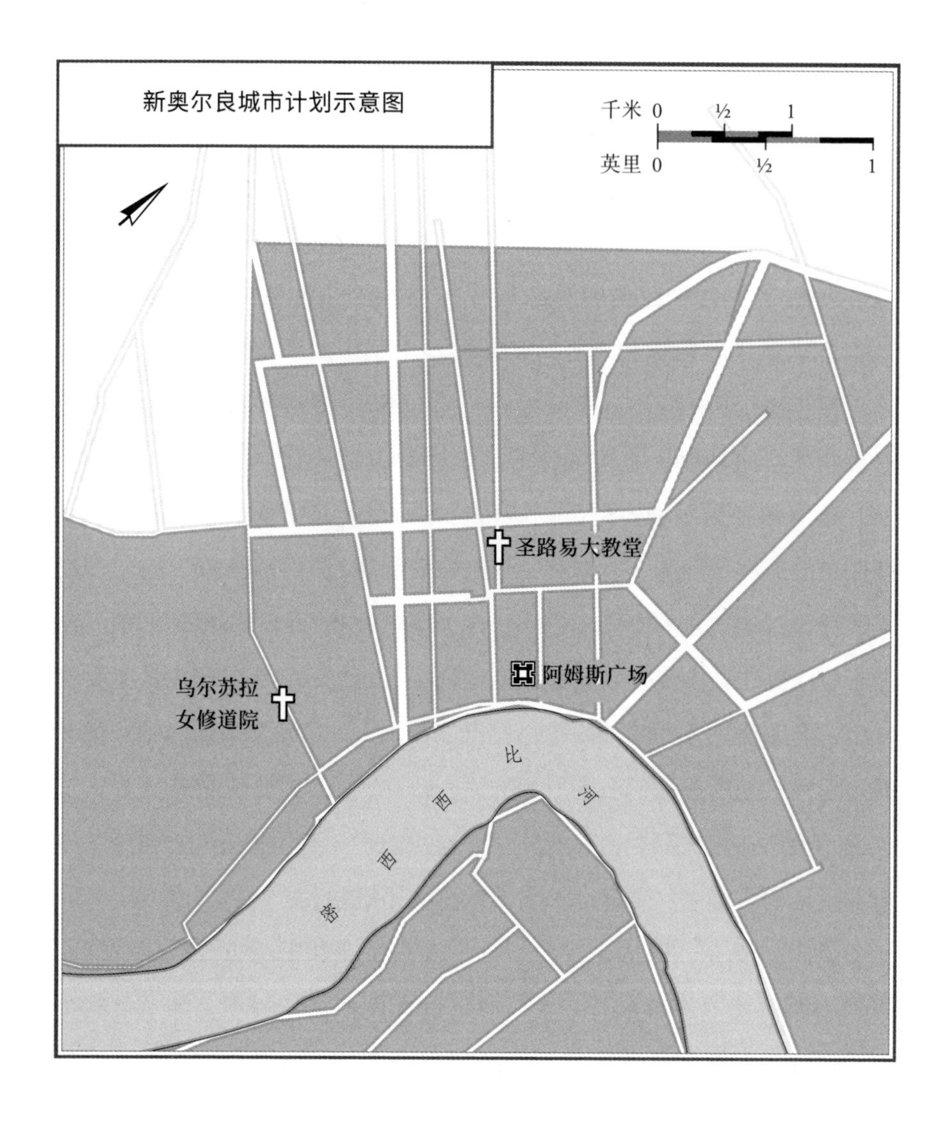

1718年，一个早期到达这里的欧洲移民，让-巴普蒂斯特·莫勒安·德·比安维尔先生（Jean-Baptiste Le Moyne, sieur de Bienville），为了向法国的统治者奥尔良公爵菲利普二世表示敬意，在水上十字路口建立了一个叫作新奥尔良（La Nouvelle-Orléans）的聚居地。定居

地开始不过是一系列的窝棚，1719 年，大多数窝棚被一场大洪水淹没。德·比安维尔指导了重建工作，他修建了更高、更坚固的堤坝来保护他的定居地在涨潮时不受危害，堤坝比密西西比河的高水位高出几英尺，定居地就坐落在这些土墙的后面。1722 年，日益繁荣的城镇成了法属路易斯安那的首府，但是同年晚些时候，一场飓风摧毁了新奥尔良的大部分建筑。

从塞内加尔（Senegal）带来的奴隶挖掘了排水渠，还修建了更高的堤坝，在他们打败洪水后，德·比安维尔的村庄发展为大型的城镇。随着移民的涌入，新奥尔良有了第一座大教堂和一座乌尔苏拉会修女（Ursuline nuns）的女修道院。乌尔苏拉会修女建造了一座女子学校和一座用于治疗该地区士兵和奴隶所患常见疾病（像疟疾和黄热病）的医院。欧洲的七年战争 [the Seven Years' War，1756—1763 年的战争，在美国常称为法国印第安人战争（the Frenchand Indian War）] 改变了政治版图 ，路易斯安那被割让给了西班牙。但在西班牙人管辖的那几十年中，他们的运气并不比法国人好。三场大型飓风席卷而过；1782 年，一场大洪水淹没了路易斯安那的大部分低地；1788 年和 1794 年的两场大火几乎将新奥尔良夷为平地。

然而，到了杰斐逊总统实行路易斯安那购地案时，新奥尔良已经成为一座有着欧洲风格的城市，当代游客将其描绘为“法国之省”[1]（French Ville de Province）。其最古老的地区是城中央的棋盘街，早在法国皇家工程师规划之前，老广场（the Vieux Carré）就形成了网格形状。在接下来的 10 年里，这里的人口增加了一倍多，达到 1.8 万人。

---

[1] Crete, *Daily Life in Louisiana*(1978), p.61.

在炎热和潮湿的海湾地区，南路易斯安那给混杂的文化提供了一个完美的熔炉。这里有奴隶和自由的有色人以及很多印第安人（这个地区曾经是乔克托人领地），在法国印第安人战争期间和之后，加拿大沿海省份说法语的阿卡迪亚人被英国人驱逐了，他们中的数千人在路易斯安那避难。这些卡津人（Cajuns，移居美国路易斯安那州的法国人后裔）在附近的流域建立了自己独特的文化。上游则建立了一个德国社区。在新奥尔良的街道和码头，到处说着西班牙语、荷兰语、瑞典语和法语。河流贸易吸引了很多从肯塔基州、田纳西州和俄亥俄州来的边疆居民，为这座城市增加了说英语的人口——以前他们人数很少。

当1812年战争爆发时，路易斯安那州对美国并没有长期的忠诚可言，但是英国对贸易的干涉愈演愈烈，使得商品在城市的码头上快速囤积，让所有人都无利可图。路易斯安那州州长威廉·查理·科尔·克莱伯恩（William Charles Cole Claiborne）是从华盛顿被派遣过来的，先是被总统任命了这个职位，然后在路易斯安那成为美国一个州后当选，但是城市里有权势的克里奥尔人（即西班牙裔或法国裔的新奥尔良白人）很不尊重他。事实上，在新奥尔良，没人能控制权力的杠杆，这个城市里有相互矛盾的利益共存，但是并没有合作的必要。

这种情况被一群粗鲁的私掠船船员——有些人叫他们海盗——在新奥尔良违背法律公开出售走私品所充分证明。他们用镂空的柏木独木舟和其他适应三角洲多沼泽水域的平底船向新奥尔良走私咖啡、亚麻、丝绸、铁、红木、香料和酒，不交任何关税。尽管他们从事的是非法交易，但是这些人对于地方经济发展来说是必要的，并且他们公开为自己的商品做广告。新奥尔良的上流社会很少有人愿意打击那些急需的走私商品的承办商。

说服这个城市里坚毅而独立的人们相互扶持、一起战斗，将会是杰克逊面临的第一个挑战：将一群富人和穷人，黑人和白人，那些讲多种语言的人、美国人和不同忠诚度的人整合起来，不是件容易的事情。

尚有一丝机会，冷静的头脑会取得胜利，美国人在新奥尔良及其附近和英国人发生对抗之前，这场战争会通过外交手段来解决。在大西洋的另一边，有很多美国人极为关心如何避免在路易斯安那州浮现的潜在军事灾难。

谈判：比利时根特

几个月前，麦迪逊总统已经派出了他的外交官去和英国代表磋商结束战争的问题。多次延期后，双方的使者终于在 1814 年 8 月齐聚一堂，磋商和约。如果美国人寄希望于英国对法战争的终结，会使英国人提出和平条件的话，那他们就大错特错了。甚至在会谈的第一天里，美国代表就比在华盛顿的任何一个人都更明白英国人对墨西哥湾造成的实际威胁。

他们中的一人是艾伯特·加勒廷（Albert Gallatin），他在去往根特的路上一直眼观六路，耳听八方，那里是和平谈判的地点，位于佛兰德斯（Flanders）。他是麦迪逊总统的老朋友，之前担任过财政部长。当年春天在伦敦停留期间，加勒廷听说了一些消息。

他获取的一些情报是街头巷尾的常识。伦敦《泰晤士报》（*Times*）在它的版面上阐明了很多英国人所持有的观点：“麦迪逊先生关于路易斯安那和佛罗里达的肮脏骗局仍要受到惩罚。”[1]英国议会中的一些议员甚至提议将新奥尔良交到英国手中。尽职的加勒廷记下了这些消息，写信回本国，并将它转交给国务卿詹姆斯·门罗。

“用他们自己的话说，”他警告道，“（英国人）想要给美国人以严厉的打击，这将让她明白，公然发起对抗英国的战争，是不能免受惩罚的。”[2]加勒廷很不吉利地补充道，他听到传闻说，一支 1.5 万到 2 万人的军队正在横跨大西洋。他们的目的显然是要给他们 31 年前丢掉的殖民地施以惩罚，而不是带去和平。

在从伦敦写信之后，加勒廷踏上了穿越海峡之路，并在那里与美国谈判队伍的其他人会合，包括牙尖嘴利的肯塔基州政治家亨利·克莱，和开国元勋约翰·亚当斯（John Adams）的儿子、最有经验的美国代表约翰·昆西·亚当斯（John Quincy Adams）。

作为众议院的议长，亨利·克莱说服他在国会的同事向英国宣战。宣称夺取加拿大会是一件轻而易举的事情。两年后，美国在加拿大和其他地方的军事失败使他威风扫地，克莱辞去了众议院议长一职，接受派驻欧洲的职务。在这里，他希望自己显著的谈判能力会帮助美国赢得一场体面的和平。

8 月，美国使团与英国代表进行会晤，但此时的克莱和加勒廷一样备感忧虑。尽管麦迪逊在 1 月就同意进行和平谈判，但是英国外交大臣卡斯尔雷勋爵（Lord Castlereagh）和他身边的人从那时起就一直拖延谈判。克莱不得不一再自问：为什么派遣一支和谈使团会如此一

[1] *Times*(London), April 27, 1814.

[2] Albert Gallatin to James Monroe, August 18, 1814.

再推延？

高大而温和的克莱是一个非常热情的人，生性嗜酒。他可以走进一间满是陌生人的屋子，然后和新朋友们一道离开。他有高超的打牌技巧，也设法从他们那里赢了一些钱。但现在，在根特，那种同样的赌博直觉使他不安。当遇到风险的时候，他能够察觉出来，他已经开始思考英国人放缓和平谈判的原因了：一支大军从英国出发进攻美国，局势一定会有利于强大的英国军队吗？他思考到。克莱相信英国的代表们正在等待北美战场上胜利的消息。同时，英国国王的政治家们缺乏谈判的动机。

这些都让克莱感到不安。他比大多数人都更明白，谈判时拥有更多的筹码就将更占优势。一旦英国人在战场上取得胜利，就会给他的敌人提供这种优势。

1814 年 8 月 8 日下午 1 点，当英国人终于坐下来提出他们的和平条件时，那种厄运降临的氛围使麦迪逊的外交官们一脸阴沉。外交大臣卡斯尔雷勋爵提出的要求十分苛刻，其中包括对大西洋捕鱼权不可接受的限制，以及在北美大陆中心地带划出一大片印第安人缓冲区。

美国的代表们意识到英国人的要求是以征服者的姿态提出的——但是美国绝不会被征服，至少现在还没有。

接下来的几天里，英美双方的谈判人员继续会晤并就可行的和约条款交换照会，但是进展甚微。就像克莱在和谈 10 天后写给本国国务卿门罗的信中写道的那样，“我倾向于认为……他们的策略是在目前的战事期间，消磨尽可能多的时间……希望他们的军队能给我们一些沉重的打击”。[1]

在根特的谈判双方都在等待前线传来的消息。

“流血的鼻子”

当谈判双方在大西洋对岸磋商时，一位专差到达莫比尔，给杰克逊带来了坏消息。他的预感是正确的：英国人确实计划沿新奥尔良以东的墨西哥湾沿岸地区登陆。杰克逊在 1814 年 8 月 27 日下午 5 点收到的信件表明，英国皇家海军的三艘战舰，“赫尔墨斯号”（the HMS Hermes）、“卡伦号”（the HMS Carron）和“索菲号”（the HMS Sophie），从百慕大（Bermuda）的皇家海军驻地出发，已经在西班牙属佛罗里达的彭萨科拉卸下了一小支军队和部分武器。

现在，英军在他的驻地以东仅 50 英里的地方，杰克逊很想知道接下来会发生什么。有可能是一场大规模入侵；从哈瓦那（Havana）来的另一个消息称，一名口风不紧的英国军官吹嘘他们将要夺取彭萨科拉，继而前往莫比尔，然后经由陆路进军新奥尔良。[2] 这个军官宣称，伦敦已经增派了另外 13 艘战舰，运载了 1 万人的部队，而且不久还会有更多的部队到达。[3]

---

[1] Henry Clay to James Monroe, August 18, 1814.

[2] Letter fragment of August 13, 1814, cited in James, *Lifes of Andrew Jackson*(1933), p.184.See also letter of August 8, 1814, 重印于，后文注释同此处 Latour, *Historical Memoir*(1816,1999), pp.184-85.

[3] Andrew Jackson to Robert Butler, August 27, 1814.

当杰克逊检视自己的军队时，发现他们似乎少得可笑。他和他那支仅有 500 人的第 3 步兵团到达莫比尔后，发现那里只配备了田纳西州第 39 团。在他管辖的广大西南地区（从田纳西州到墨西哥湾沿岸地区），分散驻扎着只有不到 2000 人的部队，而且只有第 3 团和第 39 团有战斗经验。

那天夜里杰克逊开始写信回田纳西州的家中，要求所有田纳西州民兵前来增援。他尤其期待科菲将军和其带领的骑兵。他还想要切罗基人和炮兵，以及运输工具和补给。

危险就在眼前，需要立即行动起来。他警告道："一个月之前，英国人……企图占有莫比尔和周边所有地区。"如果杰克逊没有获得自己所需要的支援，他不确定自己能否阻止英国人夺取这个关键港口，然后前往新奥尔良。

但是杰克逊不能安心坐等援军：他的首要任务是让射手堡（Fort Bowyer）进入战斗状态。因为射手堡位于莫比尔以南 30 英里、莫比尔湾的入口处，如果英国战舰向莫比尔进攻，它会是第一条防线。敌人的船只在穿越海湾入口的狭窄航道时，必将处于堡垒的大炮射程之内。但是对于杰克逊来说，这有利有弊：它固然处于战略上的有利位置，但是，由于几个月前缺少人手，这里逐渐荒弃，射手堡还远未准备好击退来犯之敌。

杰克逊需要一个能信得过的人让射手堡重回正轨。他选择威廉·劳伦斯中校（Lieutenant Colonel William Lawrence）去完成这个任务。劳伦斯是来自马里兰州的职业军官，他立即从莫比尔出发，前往海边的炮台。这位高个子、一脸严肃、满头棕色卷发的人，将他的 160 名士兵连同补给和他能搜集到的所有武器弹药装上了船。

到达射手堡以后，劳伦斯看到了他面前的重重挑战。这座半圆形的炮台实则只是一面由沙土制成的矮墙，墙内侧衬有涂有松脂的松木板，只要一颗瞄准的炮弹就可以把这座堡垒点燃。没有坚固的遮蔽物来保护堡垒中的弹药，最糟糕的是，20 尊大炮中的一半被安放在过时的西班牙炮架上，这导致他们很难操作大炮和进行瞄准。

因为英国人随时都有可能从他们在彭萨科拉的新基地到达这里，所以劳伦斯和他的部下全身心地投入到任务中，夜以继日地干活。他们用木头、石头、沙土和手头上的一切东西来加固沙嘴上的这座小堡垒。即使日落以后，美国人仍然枕戈待旦，总是期望着在地平线上能看见英国船只。他们都不知道自己已经准备了多少天。

回到莫比尔，杰克逊继续着他笔头上的战斗。他的通信人之一是威廉·克莱伯恩。杰克逊考虑的不只有射手堡和彭萨科拉，他还担心新奥尔良。

尽管克莱伯恩在弗吉尼亚州出生并接受教育，但年轻而又雄心勃勃的克莱伯恩在 25 岁的时候就拿到了法学学位，并迁居西部，成为一名联邦众议员（1797 年，他赢得了杰克逊空缺的席位）。在当了 10 年新奥尔良总督后，他身上有了那种被一些人看作是傲慢的自信品质；他享受着自己在路易斯安那的权力和影响力。尽管他因出色的行政能力而受人尊敬，但是却不受他治下民众的喜爱，因为他是一个弗吉尼亚人，和当地人几乎没有共同点。

杰克逊写给克莱伯恩的信是一个警告，他告诉自己前华盛顿的同事："目前英国的意图，是向（莫比尔）和新奥尔良进攻。一部分执行此任务的英国军队已经在彭萨科拉登陆，我每时每刻都在期待局势的平衡。"

这封信也是迫切的战争召唤："你必须召集你所有的力量，你的所有民兵必须立即到达战场，不得延误……这个国家必须得到保护，也必将得到保护。"[1]在莫比尔，杰克逊能做的最好的措施就是敦促克莱伯恩敲响警钟。不管怎样，杰克逊希望州长开始将克里奥尔人、英裔美国人、印第安人、自由人和其他人团结起来，共同作战。

英国人显然是想先拿下莫比尔，继而向新奥尔良进发。杰克逊的小股军队击退他们的可能性微乎其微。但是好斗的杰克逊将军，强压住心头即将爆发的怒火，随时准备好战斗。他给田纳西州的家中写信，记述了他对英国人拿下莫比尔的看法，他严肃地决定，"在他们攻下莫比尔之前，一定要让他们血流成河"。[2]

华盛顿的燃烧

当杰克逊写信给在华盛顿的战争部长时，他并不知道就在几天前，因为约翰·阿姆斯特朗的无能，美国的首都遭到了可怕的攻击。

回到 8 月 16 日，人们侦察到一支由 50 艘战舰组成的英国舰队出现在切萨皮克湾。尽管它们的出现很明显不是一个好兆头，但是美国人不确定会发生什么。与杰克逊在新奥尔良附近的情况惊人的相似，麦迪逊总统和他的顾问们只收集到了关于敌军的零散消息；他们无法确定英国人的战略，甚至连对方的最终目标也不确定。英国人的一个

[1] Andrew Jackson to William C.C.Claiborne, August 30, 1814.

[2] Andrew Jackson to Robert Butler, Augsut 27, 1814.

选择是攻击马里兰州的首府安纳波利斯。阿姆斯特朗将军认为那是不太可能的；他确信敌人会攻击巴尔的摩这座繁忙的商业城市。阿姆斯特朗向麦迪逊保证，华盛顿是安全的——他认为华盛顿几乎没有战略价值——但是其他人担心，如果英国舰队转向附近的帕塔克森特河（Patuxent River），英国人就可以让部队登陆并向首都进发。

8月20日，国务卿詹姆斯·门罗骑马去往附近一个能看到敌军舰队的山顶亲自侦察。在这里，在他到达马里兰州的本尼迪克特（Benedict）海岸之前，他看见英国人已经建立了一个兵营，士兵们正在上岸。他们的确切目标尚不清楚，但毫无疑问的是，一场入侵行动已经开始。

8月24日，英国人要了手段：在离华盛顿8英里的小镇布莱登斯堡（Bladensburg），发动了攻击。小镇的美国守军——是由华盛顿、巴尔的摩和安纳波利斯的民兵组成的混合部队，他们几乎都没有穿制服——完全不是身着鲜红制服的英国兵的对手。骑马的龙骑兵引导冲锋，穿过了波托马克河（Potomac River）东边支流上的桥，这座桥保卫着身后沉睡着的村庄。一群英国步兵紧随其后，他们举着的打磨过的刺刀，在太阳的照耀下闪闪发光。天空中火箭的爆炸声令人胆战心惊，随后，久经沙场的英国军队冲入了美军防线。阿姆斯特朗将军希望他的部队能挡住人数占劣势的英国人——英军大约有4000人，而美军有大概7000人——但是他错了。在罗伯特·罗斯将军（general Robert Ross）和急躁的皇家海军上将乔治·科伯恩爵士（Sir George Cockburn）的带领下，敌人攻破了心惊胆战的美国民兵组成的防线，占领了布莱登斯堡，然后直接开往华盛顿。

麦迪逊和其他政府官员在一处高地观看着战斗，之后不得不匆忙跑回华盛顿，及时加入大撤退的人流中。在逃跑之前，第一夫人和其他一些人已经拯救了一些珍贵的文物——一幅华盛顿的肖像画，国会图书馆里一份《独立宣言》的副本——几小时后，在停下来吃过下午一餐后，英国人进入了几乎是一座空城的华盛顿。接着，枪声响起，隐藏起来的狙击手向一支150人的英军队列开火。发怒的英国指挥官将狙击手的行为视为“卑鄙”和“挑衅”的行径，他立即命令将那座发射子弹的房屋点燃。

那是一系列大火的开端。接下来是总统官邸。当英国人到达这里的时候，他们发现麦迪逊先生和麦迪逊夫人的餐桌仍然摆在这里，烹饪食物的香味从刚刚被遗弃的厨房飘了过来。他们在房间起火前喝了总统的葡萄酒，吃了一顿丰厚的大餐，然后撤到街上看着府邸燃烧。晚上9点时，燃烧的热浪直达空中；首都已经成为地狱，第二天早晨，这里就变成了一座无屋顶的、冒烟的废墟，总统官邸的浅灰色石头已经被烧得发黑了。

英国人特意洗劫了华盛顿《国家报》（*National Intelligencer*）的办公室，还烧掉了它的打字机和印刷机。《国家报》因发布批判科伯恩的报道而广为人知，于是科伯恩决定给它的编辑和读者们一个教训。据说他告诉他的士兵们，“确保所有的东西都被毁掉了，这样他们就不能再辱骂我了”。

最终，并不是美国人勇敢地扑灭了大火或停止了破坏，而是因为下了一阵猛烈的暴风雨，奇迹般使城市的其他部分免受烈焰的破坏。雨点倾盆而下，狂风大作，根据一些报道，大风甚至将英国人的大炮吹离了地面。另一些人宣称，暴风形成了龙卷风，这在华盛顿非常罕见。无论如何，英国人都很气馁，扑灭这场火灾的不是人，而是上帝。

尽管几天后英国人返回了他们的战舰，但詹姆斯·麦迪逊总统和美国国会却变得无家可归。英国人的攻击行动还撕裂了国家的根基，签订和平协议的前景愈发暗淡。北部很多州拒绝参战；东海岸各州则装备不足，无力击退进攻者，因此在保护这个新生国家的首都时，几乎没有人加入战斗。美国也许比以往任何时候都更需要某些东西——或某个人——将这个国家团结在一起。

8 月 24 日的事件也意味着杰克逊的信件到达华盛顿时，并未送达约翰·阿姆斯特朗的办公桌上。那个办公桌消失了——战争部和财政部合用的办公大楼被付之一炬——约翰·阿姆斯特朗也被撤职了。在麦迪逊的要求下，詹姆斯·门罗在内阁中有了第二个职务，成为战争部长和国务卿。但即使是抱有善意的门罗，也不可能给他的田纳西州将军提供多少帮助，因为美国政府本身也在挣扎求生，寻求重建。

同时，第一批到达墨西哥湾的英国舰队正准备要让美国人尝尝他们的厉害。但是英国人的成功也带来了他们意想不到的影响。英国人的行为刺激了更多模棱两可的美国人，使得他们更倾向于支持战争，因为他们意识到，美国要面对的可能不仅仅是失败，而是被完全毁灭。

英国人的来信

1814 年 9 月 2 日早晨，英国的“索菲号”战舰驶入了美国人的视野。它直接航向新奥尔良以南通向巴拉塔里亚湾（Barataria Bay）的浅峡。这艘装备 18 尊大炮的双桅战舰，在离海岸几英里的地方抛锚。英国人的炮手开了一炮，但是岸上的人们意识到那并不是开战，而是一种致意。

自 1805 年以来，格朗特尔岛（Grand Terre）一直是那些自认为是海岸私掠船船员的人的家乡。在海地（Haiti）因奴隶起义而独立建国之后，这些人逃离了加勒比的圣多明各岛（Santo Domingo）[1]。他们在巴拉塔里亚的第二故乡，为他们提供了经由浅浅的小溪、海湾和航道构成的泥泞水域进入新奥尔良的通道，这些通道被芦苇和杂草隐藏起来。反过来，城市给缴获的商品提供一个便利的市场。在让·拉菲特（Jean Lafitte）和皮埃尔·拉菲特（Pierre Lafitte）兄弟的带领下，海盗们已经在格朗特尔岛海湾深处建立了很多仓库，他们还一直在城里维持生意，包括一个位于皇家大街（Royal Street）的商店（经常能在那儿找到让·拉菲特），还有一间位于圣菲利普街（St. Philip Street）的、由皮埃尔经营的铁匠铺。商店给新奥尔良的富裕人家提供多种多样的稀有商品，很快这家商店的规模就扩大了一倍，成为一座城里的仓库。

英国人来巴拉塔里亚湾寻求谈判。像杰克逊一样，英国人明白，要拿下新奥尔良，就需要熟悉新奥尔良情况的当地人做向导。他们期望先征服莫比尔，并对未来的胜利信心十足，皇家海军的“索菲号”抵达格朗特尔岛，就是希望找到他们所需要的向导。

谁是最好的向导？海盗们的舰队可能有 30 艘船，他们经常袭击墨西哥湾内的船只，从悬挂着英国和西班牙国旗的过往商船上劫掠战利品。在抓住“猎物”后——他们的大炮更多了，胆子也更大了——海盗们消失在海湾的避难所里，隐藏于布满西班牙苔藓的橡

[1] 即海地岛。——译者注

树树荫之下。这片死水中的掠夺者熟知新奥尔良周边那些不为人知的地形。

英国水手从“索菲号”甲板上放下了一艘悬挂有白旗的大划艇。两名穿制服的军官登上划艇——其中一人是“索菲号”的指挥官尼古拉斯·洛克耶船长（Captain Nicholas Lockyer）——一些水手划船和他一道上岸。

不久之后，第二艘船从海滩出发，划向这艘英国划艇。一个巴拉塔里亚人站在船头，四个海盗划着桨。

当两艘晃动的船到了能互相听到招呼的距离内，一个英国人用法语大声喊道：“我们在找让·拉菲特。”[1]

“跟我来。”那位站在船头、留着长胡子、身材瘦高的人喊道。

两艘船驶向海滩，越来越多的巴拉塔里亚人聚集在岸上迎接他们。一些人穿着靴子，一些人光着脚，海盗们穿着他们色彩鲜艳的马裤和上衣，与身着制服的皇家海军形成鲜明对比。他们腰带上挂着刀、短剑和手枪，脑袋上戴着色彩鲜艳的头巾。不久之后，安德鲁·杰克逊将其称为“非法的强盗”，这些人的确当之无愧。

当船只被拖到沙滩上时，海盗们向这几个英国造访者走过去。那位从海盗船上走下来的、高个子的人仅仅动了一下头，就让站在海岸上的人们明白，他们应该和英国人保持距离。然后他转向英国人的领头人洛克耶船长。

---

[1] 尽管拉菲特和洛克耶会面的故事在不同的书上（包括多年后拉菲特自己那不可靠的日记）出现过很多次，但是最好的、最权威的版本出现在新奥尔良战役后不久的 Latour, *Historical Memoir*(1816,1999), pp.24ff. 另见 James, *Life of Andrew Jackson*(1933)and “Napoleon, Junior” (1927).

令造访者惊讶的是，这位优雅的男士用他的母语法语做了自我介绍。

他说："先生，我就是拉菲特。"

他示意他们跟上。

英国人的提议

让·拉菲特舒适的房屋里有一条宽阔、有顶的走廊，这是一条加勒比风格的深邃门廊，从这里可以眺望海湾。在这里，拉菲特用鱼、游戏、西班牙葡萄酒和西印度水果招待他的英国客人。他还给他们提供了古巴雪茄。[1] 直到那时他才查看了造访者交给他的一捆信件。其中包含了英国人提议的条款。

拉菲特读道："我请求你和你英勇的追随者们，加入英国一方，你会被任命为船长，你的船只将听从这个驻地的指挥官的命令。"[2]那么，拉菲特和他的弟兄们是被邀请，还是被强迫加入英军的呢？

拉菲特看着他的客人，而他们也在端详着这位非凡的海盗。34岁的拉斐特从某种程度上来说是一个谜一般的人物。一些人说他出生在波尔多（Bordeaux）。或者说他的出生地是海地？他满头黑发，皮肤被晒得黝黑。谣言说他在英国海军和法国海军中都曾服役过，还在西班牙人的监狱里被囚禁过一段时间，但是没人清楚他的过去到底如何。

---

[1] Walker, *Jackson and New Orleans*(1856), p.41.

[2] Edward Nicholls to Jean Lafitte, August 31, 1814, in Latour, *Historical Memoir*(1816,1999), appendix III, pp.186-87.

显然，他不是一个轻易会被恐吓住的人，而且看起来还很精明，富有冒险精神。在战斗中，他是一名技艺娴熟的剑客，在社交场上，他是一名出色的舞者，这让他声名鹊起。他还有一种绅士般的优雅风度。

洛克耶通过他的翻译向拉菲特保证，他们的提议是很慷慨的。如果拉斐特与英国人合作，和美国作战，就会获得3万美元的现金。他和他的人还会被授予土地、前英国臣民的赦免状和其他保证。

接着，拉菲特证实了他之前听到的传闻：确实，新奥尔良将会遭到英国人的攻击。

但是，紧接着甜头之后就是一记大棒：如果拉菲特和巴拉塔里亚海盗们不选择和英国人站在一边，那么，一支庞大的舰队就会进攻格朗特尔岛。拒绝加入英方的提议会导致巴拉塔里亚的村庄和所有海盗船的毁灭。

信息很明确：加入我们，不然我们就摧毁你们。

当拉菲特讲话的时候，他的言语是十分慎重的。

他需要考虑在他面前的这个提议，他说道。当心口一致时，他习惯闭上一只眼睛；他解释说他不能即刻给出最终答复。他们是他的客人，但正如他们在海滩上所见的那样，他提醒他们，海盗都是凶恶的人，而且其中很多人对英国抱有敌意。在与任何一方结盟之前他都需要与手下们讨论。但是他向英国造访者承诺，他们会在早上安全返回他们的船只。由于他们的小船现在处于海盗的控制之下，所以这几位皇家海军官兵只能同意。

拉菲特履行了他的承诺，在第二天早上送走了他的造访者，在他们离开后，他草拟了一份正式的答复。

他以自己没能立刻给予英国人答复而感到抱歉为信的开头，但是海盗头领立场坚定：做出决定需要时间。在花费两周时间处理好自己的事务后，他会再次会见英国人并做出最终答复。写完这封信后，他命令把这封信送到“索菲号”。这天晚些时候，他看到这艘战舰扬起风帆。“索菲号”掉头航向海湾深水处，然后返回了彭萨科拉。

巴拉塔里亚人和英国人的确会再次相见的，但具体条件还未确定。

拉菲特写了第二封信，这封信写给他在新奥尔良一个可信的朋友。作为一个“真正的美国人”，拉菲特吐露道，他希望为他移居的国家效力。在记述了英国战舰到达格朗特尔岛的事后，他写道：“这是关乎我们国家安全的秘密，你一定要守口如瓶。”[1]

拉菲特决定扮演双面间谍，提前向美国人报告英国人的计划。

那天早上，他的第三封信写给了州长威廉·克莱伯恩，他告诉克莱伯恩：“我要为保卫路易斯安那州而效力，我是迷途的羔羊，渴望回到羊圈。”[2]

无论杰克逊将军是否想要这些“非法的强盗”的帮助，拉菲特都宣布他自己要投身于保卫新奥尔良的战斗。

[1] Jean Lafitte to Jean Blanque, September 4,1814, in ibid., appendix V, p.189.

[2] Jean Lafitte to William C.C.Claiborne, September 4, 1814, in ibid., p.191.

CHAPTER 6

Jackson Unleashed

第六章

杰克逊的爆发

我为暴风雨而生，不适应风平浪静。

——安德鲁·杰克逊

过了一个多星期，杰克逊才知道英国人造访巴拉塔里亚的消息。当时他正在 150 英里外的莫比尔——担心那个港口的安危。对他来说，风险是显而易见的：如果他没有守住莫比尔，英国人会长驱直入新奥尔良。

杰克逊意识到，射手堡是莫比尔的第一道防线，他想要确保自己能够保证城镇的安全和稳固。1814 年 9 月 13 日晚，杰克逊将军和一小队步兵，登上了一艘双桅纵帆船，向南朝射手堡航行，就在大约 23 点小船快到达它的目的地的时候，另一艘纵帆船航向杰克逊的船并致意。它带来了坏消息：杰克逊现在检查莫比尔的防卫情况，已经为时太晚了。“大量英国战舰……停泊在沙洲外，从它们的移动方向和测量水深的行为来看，大有攻击射手堡，或者越过它前往莫比尔之势。”[1]

杰克逊可不想被这支庞大的军队抓住，于是命令船员掉转船头，返回莫比尔。他没有办法和劳伦斯上校当面商议。此时此刻，他只能祈祷这小小的堡垒能抵挡得住英国人的进攻，如果它抵挡不住，那就在莫比尔准备好面对英国人的进攻。

杰克逊不知道的是，三天前，一支由 72 名皇家海军陆战队员和 130 名印第安雇佣兵组成的小分队已在射手堡以东 9 英里处登陆。他们装备了一尊加农炮和一尊榴弹炮，计划从堡垒后方发起攻击，同

[1] Tatum,“Major H.Tatum's Journal”(1922), p.55.

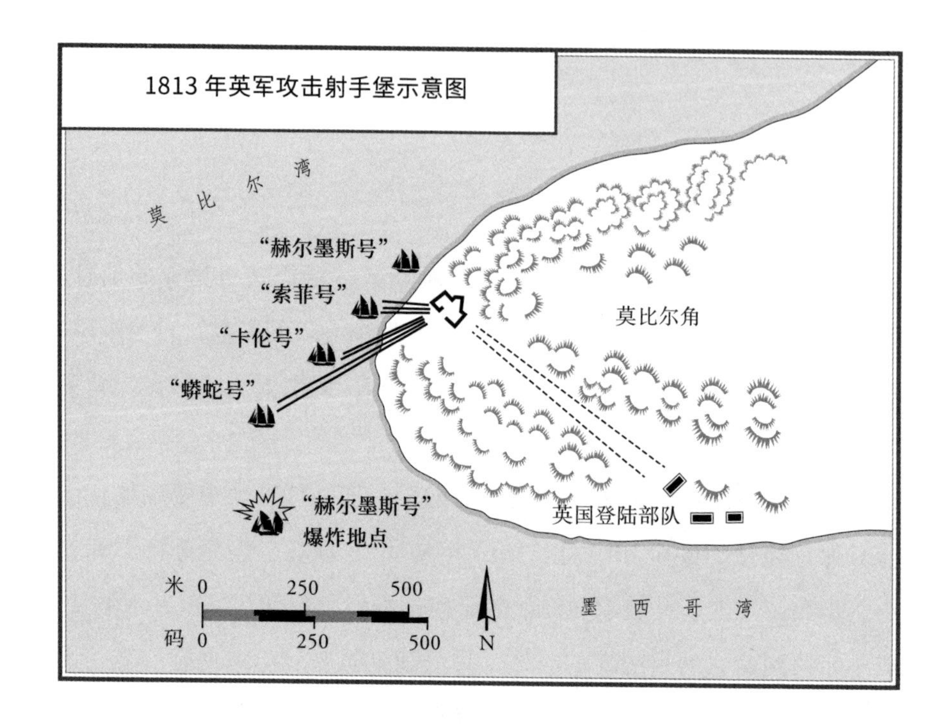

时 4 艘配备了 78 尊大炮的战舰从海上发起攻击。就在此刻，“赫尔墨斯号”“卡伦号”及单桅纵帆船“索菲号”和“蟒蛇号”（HMS Anaconda）正在莫比尔海岬周围航行，准备进入战斗位置。

到了 9 月 15 日下午，一切准备就绪。英国人在下午 4 点舰炮齐射，用大炮的吼声来宣告他们的到场。对美国人来说，幸运的是风向对英国人不利，因此只有“索菲号”和舰队的旗舰“赫尔墨斯号”两艘战舰成功进入了美国炮手的射程。

敌人的炮弹轰炸他们的堡垒，劳伦斯上校和他的属下开始反击。英国人同时从陆上发起的攻击，使得他们几乎没有时间对海上而来的攻击进行回击。

在逼近的英国陆上部队的中央，是英国人征募的克里克人和乔克托人盟军。他们光着腿，穿着英军红色制服，满怀信心。更多的人全副武装——他们是皇家海军陆战队。英国老兵希望射手堡像三个星期前的华盛顿那样轻易陷落。但是当这支联合部队勇敢地向射手堡行进的时候，劳伦斯的军队让他们的希望破灭了。一连串的火炮射击压制住了英国人的部队，迫使他们停止前进。当英国陆上部队四处寻找掩护和试图重整队列的时候，劳伦斯把注意力集中到海边的战斗。

沿着海堤，美国炮手看到敌军战舰进入了射程，然后弹无虚发，射中了"赫尔墨斯号"的船首斜桅。当炮火产生的浓雾遮蔽了堡垒和战舰时，似乎双方都没有占到上风。美国人坚守着他们的堡垒，但是毫无疑问，一旦美国人弹药耗尽，从海陆同时发动进攻的英国人就可以消耗他们并取得胜利。

一次幸运的射击，使美国人发射的炮弹撕裂了"赫尔墨斯号"战舰用于固定在开火位置的锚链。突然间船的锚链断裂，"赫尔墨斯号"无助地被水流带动，漂向堡垒。当水手们慌乱地试图让船帆迎风驶离美国大炮的射程时，炮弹砰砰地射入船体，撕碎了船帆和索具。

就在船员们试图掉转船头时，它的龙骨刮到了满是沙子的海底。"赫尔墨斯号"搁浅了。它在距离射手堡仅 500 多米的地方被困，这艘船现在成了一个易遭受攻击且静止的目标。

美军炮弹如雨点般落下，英国指挥官别无选择，只得下令弃船。到了晚上 7 点，弃船的水手点燃了失去活动能力的船只，然后逃往火炮射程之外安全等待的英国船只。随着夜幕降临，"赫尔墨斯号"上的熊熊烈焰直冲天际。在三个小时的时间里，这艘船缓慢而持续地燃烧着，一道亮光划破了暗无边际的大海。接着火焰烧到了底舱的火药。顷刻间，"赫尔墨斯号"爆炸了，碎片如雨点般落入大海和海岸。

等待和疑惑

30 英里外的大地都在颤抖。安德鲁·杰克逊在莫比尔感觉到了地面的震动，他向南眺望射手堡，看到了地平线上“赫尔墨斯号”直冲天际的火光。

他在远处无法确定莫比尔角（Mobile Point）到底发生了什么。他所知道的就是他昨天派出的增援部队折回了，他们的船被比它大得多的“赫尔墨斯号”所阻，无法到达堡垒。如果劳伦斯和他的部队打算坚守堡垒，对抗英国人，那么他们只能孤军奋战了，他没有办法提供任何援助。

当杰克逊将军看到第二天一早的日出时，他仍然不知道射手堡是否安全。紧张不安的几个小时过去了，一封劳伦斯上校寄来的信件终于到达，信中称“赫尔墨斯号”被毁，其他 3 艘英国战舰逃跑了。英国人遭受了严重的损失（32 人被杀，37 人受伤）。而堡垒的防御者报告他们只有 4 人死亡，7 人受伤。

尽管守卫射手堡的兵力和英军兵力相比，大概是 1 比 10，但是杰克逊的战略和劳伦斯的努力造就了胜利。劳伦斯麾下的 158 名士兵阻止了英国人占领滩头堡的行动，并且更重要的是，阻止了他们获得一个可用于从陆上入侵新奥尔良的海港。华盛顿或许已经陷落了，但是小小的射手堡仍然屹立着。美国人最终守住了它。

“胜利女神为我们英勇奋战的士兵们加冕。”杰克逊在给华盛顿的战争部长詹姆斯·门罗汇报好消息时写道。[1] 他打算让那种胜利的势

[1] Andrew Jackson to James Monroe, September 17, 1814.

头持续下去。

“保卫麦克亨利堡”

在远处，此地东北方向足足1000英里远的地方，英国人刚刚炮击了另一座堡垒，美国人打了大胜仗。这场在美国第三大城市发生的战斗会为美国的军事命运提供转机——弗朗西斯·斯科特·基（Francis Scott Key）为巴尔的摩港（Baltimore Harbor）发生的事件而作的诗歌响彻全国，这让美国国民士气高涨。

1814年9月12日黎明前，英国军队已经在巴尔的摩以东上岸，准备对城市进行陆上攻击。一场前哨战才刚打响几分钟，一名骑马的军官就迅速从先头部队中返回，寻找着军医，这令英国陆上部队感到十分震惊。步兵们认出了跟在后面那匹无人骑乘的马匹：它是主将罗伯特·罗斯的坐骑，它的主人正是火烧华盛顿的责任人。他从坐骑上摔了下来，一颗子弹击中了他的胸部，给他造成了致命的创伤。在独立战争期间，不能把军官作为攻击目标的古老的绅士法则已经被破坏了——这让英国人十分恼火——自从那时起，把军官作为攻击目标就成了一个可接受的战略。

虽说罗斯阵亡了，但是英国人并未被吓倒。第二天天一亮，巴尔的摩的人们就被空中臼炮炮弹的爆炸声惊醒了。一支英国护卫舰队和6艘炮艇正在向扼守巴尔的摩港入口的麦克亨利堡（Fort McHenry）开火。美国人在海峡凿沉了船只，以阻挡英国战舰驶入，希望它们远离城镇。臼炮连续密集的炮火从早到晚持续了一整天；这些中空的炮弹，有的重达200磅，在高空中划出一道弧线，可以在空中飞驰30秒。很多炮弹在半空中爆炸，向四周散落致命的弹片，还伴随着爆炸的火箭，它们像烟花一样照亮了天际。9月14日凌晨1点，英国运载部队的驳船在麦克亨利堡以西的地方登陆受阻，火炮攻击才短暂地停歇，但是炮击很快恢复。最终在黎明前夕，大炮停止了射击。

巴尔的摩港下游5英里的地方，被英国人扣押的弗朗西斯·斯科特·基目睹了这场大战。麦迪逊总统委派他去和英国人协商释放一位马里兰州的医生，这名医生在火烧华盛顿后被英国人扣留了。基在一艘英国船上等待战斗的结果。从船的甲板上望去，他看见了轰击造成的烟火，接着他在黑暗中等待，一边注视着，一边心存疑惑。他不知道这平静意味着什么，但是他担心：巴尔的摩已经沦陷了吗？他在船的甲板上来回踱步，时而透过望远镜观察麦克亨利堡，害怕自己看到的是英国国旗或者投降的白旗，而不是星条旗。

第二天早上浓雾散去后，一面美国国旗仍飘扬在堡垒上空，他的胸中顿时涌起一股自豪感。英国人的攻击失败了。

基在他的口袋里找到一个信封，于是开始在信封背面创作一首诗，以表达他此刻的宽慰之情。他脑子里有了一个旋律——之前他曾写过一首符合旋律的庆祝诗——他草草记下了自己的想法和感想，以及一首联句，在他未来几代同胞们的耳中，那都会是一首令人熟悉的诗。“这星条旗，哦！愿它永远飘扬 / 在这自由之地和勇士之乡。”[1]

那个早上，皇家海军撤退到了切萨皮克湾。基重获自由，在巴尔的摩登陆，并完成了他的民谣。9月17日，一位朋友将这首诗冠以

[1] Kouwenhoven and Patten, “New Light on ‘The Star Spangled Banner’” (1937), p.199.

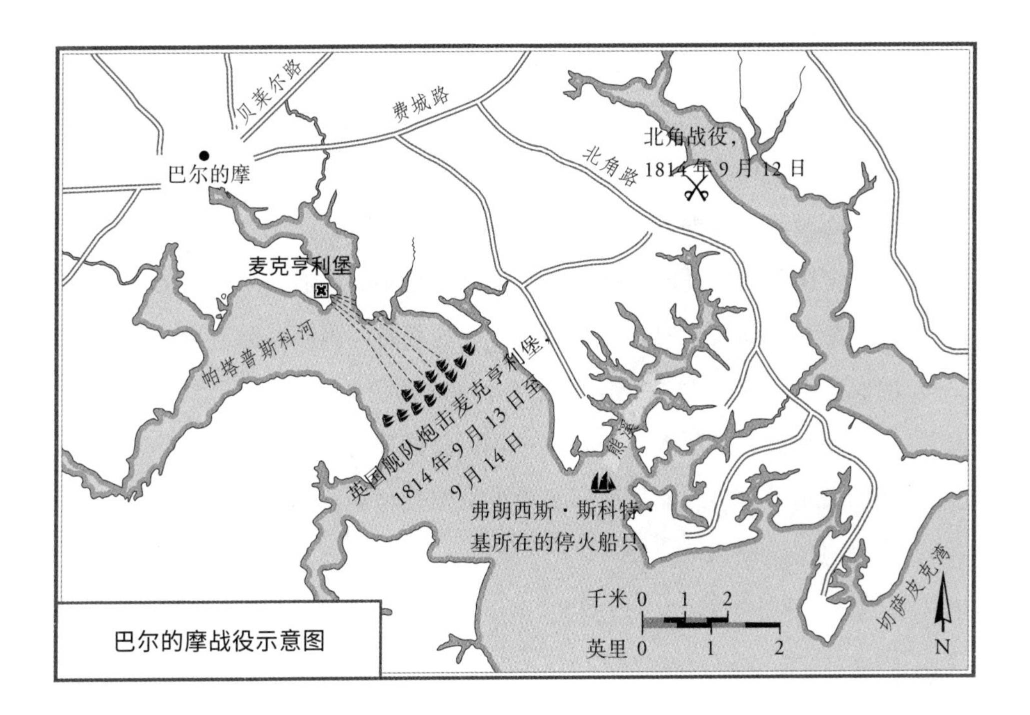

巴尔的摩战役示意图

“保卫麦克亨利堡”（The Defence of Fort McHenry）的标题，印刷成册，将其散发到巴尔的摩的街头。三天后，当《巴尔的摩爱国者及晚间广告》（*Baltimore Patriot and Evening Advertiser*）复刊时，把这首诗刊登在了版面上。

在战争早期，弗朗西斯·斯科特·基是一个联邦党人，反对开战的决定，但是近来发生的事情——火烧华盛顿、巴尔的摩之战，已经让他和麦迪逊总统结盟，麦迪逊在华盛顿被毁后号召国家的国民团结起来，恳请“所有善良的人们……为了保卫”国家而努力。[1] 尽管基的诗被匿名发表，但这有助于国家事业。在接下来的几个星期里，

[1] James Madison, “A Proclamation,” September 1, 1814.

它被重印在不少于17种报纸上，从佐治亚州到新罕布什尔州广为流传，甚至传到了乔治敦（Georgetown）的联邦共和国（the Federal Republican），那里长期以来一直毫不掩饰地对麦迪逊先生和他的战争持批判态度。[1] 弗朗西斯·斯科特·基的四节诗激发了爱国的热情，促使这个国家的国民团结在一起，而且在连年战败后，美国人的斗志也被唤醒了。华盛顿或许已经陷落了，但是英国国旗并没有飘扬在巴尔的摩上空。

即便如此，英国人还会再次进攻，他们理所当然地认为世界上最强大的海军力量最终能征服新奥尔良。挡在他们路上的唯一障碍，是安德鲁·杰克逊。

去彭萨科拉

在射手堡获胜后，杰克逊并没有得意多久。他知道英国人的下一次攻击只是时间早晚的问题。他知道自己没有充足的陆上部队来保卫整个海岸，他的首要任务是智取敌人，目前杰克逊自己还留在莫比尔。他会调动他的间谍网，监视从佛罗里达到路易斯安那，以及加勒比地区的英国人的军事动向。

英国人接下来会对哪里发动进攻？杰克逊的第一个推测是很有道理的：英国人对射手堡的攻击证实了敌人希望将莫比尔作为向路易斯安那州前进的基地。即便劳伦斯和他的大炮已经击退了他们，但谁又

---

[1] Latimer, 1812: *War with America*(2007), p.331.

能确保敌人不会在哪天率领更大规模的舰队，或许还率领更多皇家海军陆战队员和步兵重返莫比尔湾呢？

杰克逊力求万全。“我们会充分准备好迎接他们的下次到访。”他给一位在国会任职的田纳西州老朋友写道。[1] 当等待增援时，他着手继续完善射手堡的防御工事。他命令劳伦斯上校从“赫尔墨斯号”的残骸里打捞大炮。如果英国人回来了，他们会发现这座堡垒比以前更难攻破。

同时，杰克逊也策划着下一步行动：一旦射手堡安置好新来的大炮，他认为接下来最佳的方案是将英国人驱逐出彭萨科拉，那里是莫比尔以东约 50 英里的第二大港口城市。[2] 那似乎是显而易见的下一步行动。正如他的副官约翰·里德所说，除非能从英国人手中拿下彭萨科拉，“否则别想保卫这个国家”。[3]

彭萨科拉在西班牙的领地内，而且西班牙人对美国人并不友好。两个月前，西班牙总督唐·马蒂奥·冈萨雷斯·曼里克（Don Mateo González Manrique）已经授权英国皇家海军使用彭萨科拉的避风港。这意味着英国人可以让部队毫无阻碍地在这里登陆，对新奥尔良进行陆上攻击——只要英国人还控制着这个港口，这个年轻的国家就处于危险之中。夺取它并不容易，英国战舰能击退海上攻击，而任何尝试进行陆上攻击的部队都会遭遇不友好的红棍克里克人，他们就居住在彭萨科拉周围的沼泽里。

---

[1] Andrew Jackson to John Rhea, October 11, 1814.

[2] Andrew Jackson to James Monroe, October 10, 1814.

[3] Reid and Eaton, *Life*(1817), p.221.

杰克逊明白攻击彭萨科拉所冒的风险，但他仍决定这么做——不过他需要援军。当10月渐渐结束，11月快要到来的时候，加固射手堡的任务接近完工，然后杰克逊将军将这个地方交给劳伦斯上校，自己带领一支500人的正规军前往彭萨科拉。他和他的部队走了一条弯路，为了和科菲将军会合，他们向北绕道。10月25日，老朋友科菲加入了部队。科菲带来了1800名手持来复枪的骑兵。

将军们和他们的联合部队穿过了位于米姆斯堡渡口的亚拉巴马河。接下来的几天里，更多的田纳西州部队（包括田纳西州西部的骑兵巡逻队和田纳西州东部的民兵）加入了他们。这支军队又加入了750名乔克托人和奇克索人。

尽管杰克逊的军队人数现在超过了4000人，但是从政治角度来讲，杰克逊仍然孤军奋战。在官方通信中，国务卿詹姆斯·门罗警告杰克逊远离彭萨科拉。詹姆斯·麦迪逊总统的政府担心，美国已经和一个强大的欧洲敌人交战，如果他们威胁到彭萨科拉，就会有和西班牙交战的风险。但门罗也通过秘密渠道“坚定”地告知杰克逊：“关于西班牙人的事情，他会得到政府权限内的全力支持。”[1]门罗显然明白彭萨科拉在与英国人在墨西哥湾的交战中的战略重要性。另一方面，睿智的杰克逊也知道，如果他向彭萨科拉的进军不顺利，责难会归于他一人。

但是重任在肩，杰克逊不得不继续向彭萨科拉进军。

彭萨科拉紧靠在一个被保护起来的海湾北岸。尽管城镇本身仅由三条平行的街道和市中心的公共广场组成，但是彭萨科拉仍有几座防

[1] Charles Cassidy to Andrew Jackson, September 23, 1814.

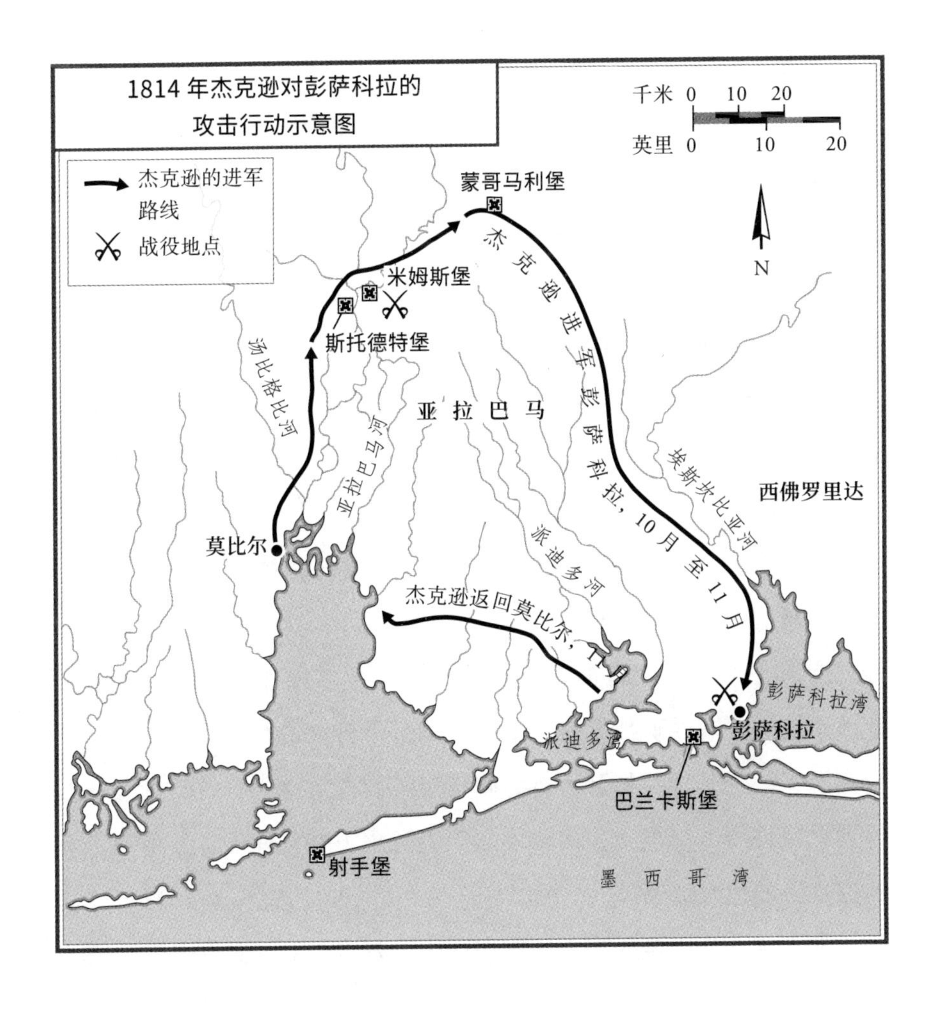

1814 年杰克逊对彭萨科拉的攻击行动示意图

护堡垒。杰克逊尤其关注巴兰卡斯堡（Fort Barrancas）。这座城堡已经被唐·曼里克交给了英国人。从战略上讲，巴兰卡斯堡十分重要，它坐落于彭萨科拉西南方 9 英里处，俯视着通向港口的水域，这意味着来往的船只都处在它的攻击范围内。控制了巴兰卡斯堡，就控制了墨西哥湾最优良的港口。

11 月 6 日，杰克逊的军队在彭萨科拉以西 2 英里的地方停下。

首先，杰克逊将军试图和平接近。

他派第 44 步兵团的亨利·B. 皮埃尔少校（Major Henry B. Piere）前去交涉。皮埃尔打算告诉西班牙司令官，他不是来宣战的，而是提议让对方保持中立。然后他会递交杰克逊的书面请求：美国想要彭萨科拉周围堡垒的控制权，尤其是巴兰卡斯堡的控制权，因为它在战略上能俯瞰彭萨科拉湾（Pensacola Bay）的入口。

但是，皮埃尔还没到达城市递交美国方面的条件，他和一小支护卫队就遭到了城市周边要塞的炮火袭击，于是他们撤回去和杰克逊商议对策。

杰克逊是一个性情急躁的人，但是必要的时候，他也能在混乱中表现得沉着冷静。这种情况下，他压抑住了怒火，再次尝试和平接近，这次他派了一个在前几天被俘的西班牙俘虏作为使者。通过使者，杰克逊要求西班牙人对之前向他的部下开火的行为做出解释。曼里克总督闪烁其词，将开火行为归咎于英国人。他声称，英国人在未得到总督许可的情况下，向皮埃尔等人开火，并且他保证，他一定会和杰克逊的代表商谈。

那天晚上，已经受到总督欢迎的皮埃尔少校到达彭萨科拉，去递交杰克逊的书面请求。总督读着杰克逊的照会："我不是作为西班牙的敌人而来；我不是来宣战的，而是来请求和平的。"尽管杰克逊措辞平和，但是他的照会中也暗示了，如果他的要求被置之不理，就会爆发战争。他强调，总督应该把巴兰卡斯堡交给他——他给了西班牙人 1 个小时做出回复。曼里克总督认为条款是不可接受的，且坚持认为他的职责不允许他应允杰克逊的要求。皮埃尔将消息带回美国营地。[1]

[1] Gonzlez Manrique to Andrew Jackson, November 6, 1814.

协商结束了，杰克逊坚定地策划了袭击城市的计划。曼里克让他别无选择：他只能采取严厉的手段。

同时，在根特

在欧洲的美国外交官们并不轻松，因为和平谈判的进展很慢。无论何时，只要美国人提出一个建议，英国官员都要写信给伦敦征求意见，这迫使美国代表团在香榭街（Rue des Champs）三层高的房子里等了数个星期之久。

美国代表团的成员们没什么共同点。约翰·昆西·亚当斯、亨利·克莱和艾伯特·加勒廷对英国人的要求所做的回应，在风格和语调上都不一致，在生活方式上，他们也不尽相同。随着日子一天天过去，亚当斯没法不注意到，当他在黎明前起床开始朗诵《圣经》的时候，能听到亨利·克莱在一整夜的抽烟、饮酒和打牌后，刚刚回房间就寝的声音。代表们唯一取得一致的是他们对华盛顿的回复："我们不得不说……目前为止并没有和平的希望。"[1]

10月1日，8月份火烧华盛顿的消息才传到约翰·昆西·亚当斯这里，他因为担心祖国的命运而彻夜未眠。他平常有写日记的习惯，但是他发现，当听到祖国首都陷落的消息后，他是如此的震惊，以至于"他都无从下笔了"。[2]

---

[1] "From Our Ministers at Ghent," *Niles' Weekly Register*, October 15, 1814.

[2] Adams, *Memoirs of John Quincy Adams*, vol.3(1874), p.45.

美国使团别无选择，只能继续谈判，直到英国人难以捉摸的行为再次震惊了他们。英国人要求和约必须包含两个拉丁单词：*uti possidetis*（占领地保有），意思是“占有你实际占领的”。这一条款规定，在和约批准之时，双方保留实际占有的土地。

加入这个简单而短小词语的确切目的尚不清楚，但是加勒廷认为他知道答案。这段时间以来，他一直怀疑英国人想要控制密西西比河口，早在6周前他就写信给门罗：“在我看来最有可能的是，他们的真实目标和直接目标是新奥尔良。”[1]既然他们已将这个条款纳入和约，他就更确信自己的猜想是正确的了。如果英国人能在和约签署之前征服新奥尔良，美国向西扩张的道路会被切断，美国的未来版图将任由英国人摆布。

但身在离新奥尔良5000英里的地方，外交官们几乎帮不上忙。他们只能警告杰克逊和他的部下，对方正处于巨大的危险之中；他们独立的祖国正处于危难之中，而他们只能干着急。（正如加勒廷写给美国驻法国公使的信中所说的那样，“据说人们相信继续战争会造成联邦分裂，还可能使新英格兰地区的各州重回母国的怀抱”。）[2]

加勒廷的担忧是正确的。1814年末，新英格兰地区各州的代表们举行了秘密集会。此次会议后来被称之为哈特福德会议（the Hartford Convention）。他们讨论对麦迪逊和他的战争的不满。在英国进军新奥尔良时，一些代表甚至推动脱离联邦。

现在，分裂的想法只是一个隐约可见的难题。而外交官们在考虑

---

[1] Albert Gallatin to James Monroe,August 20, 1814.

[2] Albert Gallatin to William Crawford, April 21, 1814.

到了所有的难题后，对谈判成功的可能性持不乐观的态度。克莱在信中对门罗坦率地说："最有可能的结果是……我们的任务会以失败而告终。"[1]

杰克逊和他的美国士兵无法得到来自根特的任何帮助——而且在接下来的几个星期里，加勒廷和克莱的预测被证明是非常准确的。

回到新奥尔良

杰克逊并不知道美英和谈前景的不利转变，他仍然义无反顾地去保卫新奥尔良。他没有等待任何在欧洲或在华盛顿的人——1814年11月7日，在夜幕的掩护下，他带领几乎全部人马，共计500人，行进至彭萨科拉市郊的森林中。彭萨科拉的西班牙守军认为美国人仍然待在他们原来的营地，仍用他们的大炮瞄准着几乎空无一人的营帐，与此同时，西班牙人的英国盟友重新布防，将大炮对准彭萨科拉西部的入口。

黎明时分，杰克逊象征性地留下的一小股军队从西部向彭萨科拉发动佯攻，同时杰克逊带领大部队在夜幕的掩护下绕过城市，从东北方向沿着狭窄的沙滩发动了攻击。

令西班牙人和英国人大吃一惊的是，乔克托人、杰克逊的步兵和科菲的旅组成的联合部队迅速击溃了第一批受惊的防御者。当美国人进入城市的时候，西班牙人从沿着中心街道的花园和房屋中用火枪子

[1] Henry Clay to James Monroe, October 26, 1814, in *Papers of Henry Clay*, vol.1(1959), p.996.

弹扫过攻击者，但是皇家海军却帮不上忙——他们毫无准备，他们的支援火力也来得太晚了。

战斗仅持续了几分钟，西班牙军队的人数少于500人，他们不是美军的对手。一个美军中尉降下了西班牙国旗，看上去老态龙钟、病病歪歪的曼里克总督，挥动着白旗出现在街道上，寻找美国军官。杰克逊将军被总督召来，他在一队龙骑兵的护卫下，骑马进入了城市，接受西班牙人的正式投降。

西班牙人同意将巴兰卡斯堡的控制权让与美国人，于是杰克逊派人去接管它，但是在他们到达那里前，撤退的英国人点燃了导火线，烧到了贮藏在弹药库的300桶火药。爆炸让堡垒变得毫无用处，他们看到敌军舰队启程航向大海。

英国人撤离了堡垒，尽管杰克逊没有赢得他所期望的完胜——他来这里是为了夺取巴兰卡斯堡的，但只看见它被毁于一旦——彭萨科拉已经失去了防卫能力。英国人不能再用它作为进攻的基地了，而杰克逊也不需要派人去驻守彭萨科拉或曾经的巴兰卡斯堡了，如今那里只剩断壁残垣。

杰克逊将军在彭萨科拉击退了英国人。他的军队在射手堡把一艘英国战舰送入海底，皇家海军第二次被迫放弃墨西哥湾的优良港口。英国人希望征募叛乱的克里克人到他们的军队里来，但杰克逊也已经征服了他的印第安敌人。

之前的几个月都证明了杰克逊是效命于美国事业最出色的将军。麦迪逊总统知道这一点。詹姆斯·门罗也知道这一点，他急忙跑到华盛顿的废墟附近，为杰克逊筹集钱款，以供给他的军饷。尽管国库空虚，门罗还是设法筹集了10万美元。而且战争部长还承诺将会有更多的部队调派给他的常胜将军。

但是杰克逊能感觉到日渐沉重的压力。他的身体状况远远谈不上健康，他的左肩几乎不能使用，而且经常腹痛难忍。他看到了自己不得不走的道路，尽量不过分消耗他这支没经验的部队，同时积极地挑战英国人。他不得不平衡怒火和理智，以承担自己的新任务：通过打乱英国人更大的计划——敌人的陆上部队不会再在彭萨科拉或莫比尔登陆了——他已经将新奥尔良直接置于火线之中。

忧心于日渐危急的新奥尔良，杰克逊极力敦促部下，迅速返回他们来的地方。仅仅 3 天半之后，即 1814 年 11 月 11 日，他们就回到了莫比尔。

杰克逊将军发现一堆信件正等待着他。一些从华盛顿寄来，信中詹姆斯·门罗的口吻满是惶恐。代表们从根特传来的消息使国务卿确信了英国人即将对新奥尔良发动攻击。忧心忡忡的门罗写信给田纳西州的将军说，他有着“充分的理由”认为英国人很快会尝试“占有那个阿勒格尼山脉（the Allegany mountains）以西所有州都必须倚仗的城市”。[1] 另一些信件从新奥尔良寄来，在信中，克莱伯恩州长害怕一波攻击即将到来。

3 个多月以来，杰克逊的秘密情报员——哈瓦那的一个商人、彭萨科拉的一个间谍、人脉广泛的印第安酋长们，和其他人——都警告美国人关于英国人入侵的计划。现在，如潮水般从华盛顿和新奥尔良寄来、比往常都紧急的信件，都意味着关于英国人进攻的报告不再像看上去的那么夸张了。

---

[1] James Monroe to Andrew Jackson, October 10, 1814.

1814年11月22日，星期二，安德鲁·杰克逊和他的军队开始了新的征程，这次是去路易斯安那州，以保卫美国的心脏地带免受日益迫近的敌人的侵袭。

CHAPTER 7
Target: New Orleans

第七章
目标：新奥尔良

这一刻，我希望美国的大多数大型海港城市……都化为灰烬；我们占据了新奥尔良，并且控制了密西西比流域的所有河流和湖泊，现在美国人在他们自己的国家里，境遇比囚犯好不了多少。

——英国外交大臣卡斯尔雷勋爵（Lord Castlereagh）

在牙买加（Jamaica）内格里尔湾（Negril Bay）出现的舰队看起来令人瞠目结舌。一大片高高的桅杆沿着一片绵延4英里多的原始白色海滩，在柔和热带微风的吹拂下前后摆动。在牙买加西岸和加勒比海的任何地方，在此之前都从未有人见过这样庞大的舰队。这支舰队有50艘大型船只，每艘船上都飘扬着英国国旗，这相当于西半球集结的、有史以来最庞大的海军力量。

1814年11月26日，一位坚毅的苏格兰老人视察了他所指挥的这支舰队，为他的舰队感到自豪。他仔细地盯着舰长们执行他的起航命令。历经几个月的筹划后，现在真是令人振奋的时刻。

“雷鸣号”（the HMS Tonnant）装备了80尊大炮，在它高高的船尾甲板上，站着56岁的海军中将亚历山大·福瑞斯特·英格利斯·科克伦爵士（Vice Admiral Sir Alexander Forrester Inglis Cochrane），渐白的头发使他看起来比实际年龄还要老。恭敬有礼的举止显露出了他的高贵血统：他是一位伯爵的幼子。尽管他因年龄渐长而变得祥和——腰部发胖，高高的衣领勒出双下巴——但科克伦也有着强硬的一面。正如他麾下一位将军所说的那样，科克伦是“一个粗野、残暴、傲慢无比的军官”。[1]

---

[1] Edward Codrington to his wife, November 12, December 10, 1814, 引自 Mahon, “British Command Decisions” (1965), p.54.

他从旗舰上望向队列中的其他5艘战舰，每艘都装备有74尊大炮；他的敌人美国海军，没有船只可相匹敌。这里有8艘护卫舰，装备了38尊或数量更多的大炮，还有小型的双桅横帆船和单桅纵帆船。在更浅的水域里，还停泊着单桅纵帆的战船和驳船，以及不计其数的运输船和其他小型船只。正如一位目击者所说的那样，这些船只“如此紧密地楔在一起，从稍远的距离望过去，从一艘船的甲板上跨到另一艘船的甲板上，似乎并不是什么不切实际的事情”。[1]

在拿破仑战争期间，科克伦就在军中崛起了。在埃及指挥“阿贾克斯号”（HMS Ajax）之后，又在马提尼克岛（Martinique）、圣多明各岛以及瓜德罗普岛（Guadeloupe）服役，并在瓜德罗普岛获得骑士头衔，被指派率军进攻美国。自从两年前美国对英宣战以来，亚历山大爵士一直在等待时机，现在他终于以坚定的决心接受了为祖国赢得胜利的任务。

他发誓要“将新奥尔良的控制权交到英国手上”。他早已承诺要“在实现和平以前，给美国人以一次彻底的打击”。他会把“密西西比的完全控制权”[2]交给国王。现在他终于有力量去完成这件事情了：在他周围，有超过1万名皇家海军的水手和军官参加这次大规模的远航，而这仅仅是科克伦不久后将投入战斗的一半力量。在船舱内，还有一支步兵部队正等待着英国水手升起风帆。

在科克伦到达牙买加9天前，他就看到了大量从爱尔兰和法国驶来的船只，以及像“雷鸣号”这样从切萨皮克湾而来的船只。在内格

---

[1] Carter, *Blaze of Glory*(1971), pp.87-88.

[2] Alexander F.I.Cochrane to Earl Bathurst, July 14, 1814, reprinted in Crawford, ed., *Naval War of 1812*(2002), p.131.

里尔湾抛锚后，战舰卸载了数以千计身着红色、绿色和苏格兰格子呢制服的士兵。这里有工兵、炮兵和火箭炮兵的分遣队。地面部队由约翰·基恩少将（Major General John Keane）指挥，地面部队还包括从西印度群岛调来的两个黑人团。

在这支两栖作战力量中，只有少数人知道他们此行的目的地。但是这一天消息传播开来，并且传到了第 85 轻步兵团的乔治·格雷格中尉（Lieutenant George Gleig）耳中。后来，格雷格帮忙记录科克伦和英国入侵的故事，他在日记里写道："不久整个舰队都会知道，征服新奥尔良是此行的明确目标。"[1]

到 1814 年为止，美国人都没有做出些什么，来让科克伦觉得他们是可敬的对手。他和他的船只将军队运往马里兰州，轻易攻克了华盛顿。确实，9 月份英军围攻巴尔的摩的行动因一名目光敏锐的狙击手杀死了科克伦的指挥官罗伯特·罗斯而最终失败，位于巴尔的摩港入口处的麦克亨利堡也比英国人想象中的更为顽强。但那只是激发了科克伦彻底战胜美国人的决心。

科克伦如此渴望击败美国人有其个人因素。多年前，他曾经参加过独立战争，但是他的哥哥查尔斯·科克伦（Charles Cochrane）死于叛乱的殖民地居民之手。1781 年，在弗吉尼亚州约克镇（Yorktown）发生的决定性战役中，一颗炮弹让查尔斯身首分离。据说，失去亲人的痛苦让亚历山大爵士对美国人深恶痛绝。他对"美国人的性格"极其蔑视。他认为这些前殖民地居民比狗好不了多少，他说："他们就像西班牙猎犬一样，我们必须严酷地对待他们。"[2]

---

[1] [Gleig], *Narrative of the Campaigns of the British Army*(1821), p.240.

[2] Adams, *War of 1812*, p.223.

科克伦还有另一个动机。在苏格兰，亚历山大爵士既没有继承家族财富，也没有继承世袭的头衔。那意味着新奥尔良对他来说是个极为有价值的战利品，正是他改变自己命运所必需的东西（船员则谈论着将从路易斯安那州的城市中获得的“美人和战利品”）。数百年来，海洋的法则允许军官和船员分享战争所获的战利品。因战争导致的出口停滞，新奥尔良的仓库中堆满了糖、香烟、大麻，特别是成捆的棉花。这批商品值一大笔钱，大约相当于400万美元。作为指挥官，科克伦将会分到最丰厚的那部分。

英国人信心十足。很多驶离内格里尔湾的船是携带着战利品的货船，其上还搭载着民政官员、律师、海事法官、海关官员和税务员。这是一支官僚大军，他们拖家带口，已经准备好接管他们要夺取的城市。科克伦已经向伦敦海军部的上司们承诺，他会给他们带来一场彻底的胜利。令人难以置信的是，这些美国暴发户能抵挡得住这支世上最强大的军事力量。

尽管科克伦的部队还未全部抵达，但舰队不会再耽搁了。更多的士兵不久即将在将军爱德华·帕克南爵士（General Sir Edward Pakenham）的指挥下到达。帕克南是这支入侵大军的指挥官。但是在他到达之前，英国军队就已经准备向新奥尔良进军了。

科克伦向他的士兵们发誓，他要在新奥尔良享受他的圣诞晚餐。

抵达新奥尔良

科克伦中将不知道的是，墨西哥湾沿岸地区以北1000英里的地方，另一位在战争中心存个人恩怨的人正前往新奥尔良阻止他。安德鲁·杰克逊出生在一个小木屋里，他确实和出身高贵、有权有势、世代居住在苏格兰大城堡中的科克伦不一样。杰克逊参加战争不是为了赢得声望或攫取财富，但和科克伦一样的是，他的哥哥也在战争中被敌军所杀。双方都知道这其中的风险。

杰克逊并不确定科克伦的军队是否已经从牙买加出发，正在前往新奥尔良的路上，但是他认为英国海军很快就会到达新奥尔良。因此，他选择从莫比尔陆路返回，希望能在路上搜集情报；正如他给门罗的信中所写的那样，他想“查看敌人可能登陆的地点”。[1]

在离开彭萨科拉前，杰克逊写信给雷切尔，向她吐露自己的身体是如何痛苦。他在上个月写给妻子的信中说，“8 天的时间里，我都没吃过东西”。他已经咨询了军医，军医给他服用了一些含汞的草药。杰克逊说泻药清空了他的身体，但是，不出意料的是，这让他本已瘦弱的身体变得“非常虚弱”。[2]

尽管杰克逊是一个极度强调使命感而不顾身体状况的人，但是他能对雷切尔放下戒心。在他们 25 年前初次相遇之时，他入住了雷切尔寡母经营的一处公寓，只为了找个栖身之所。而长期形单影只的杰克逊却在那里找到一个家，取代了自己那早已支离破碎的家庭。身材高大的杰克逊被刚刚摆脱了一桩暴力婚姻、年轻漂亮的雷切尔所吸引。两人在彼此身上找到了慰藉。

在婚后的 20 年里，当雷切尔和她的第一任丈夫离婚的事情公开

---

[1] Andrew Jackson to James Monroe, November 20, 1814.

[2] Andrew Jackson to Rachel Jackson,November 15, 1814. 药剂是氯化亚汞和墨西哥草药球根牵牛的混合物，像其他原始的泻药一样，会导致呕吐或腹泻。

后，杰克逊和雷切尔一起面对了令人尴尬的舆论压力。如今，她已经变得身材矮胖，而他则被痢疾和其他肠道问题所折磨，日益消瘦。但是安德鲁和雷切尔发展出一种亲密无间的关系。尽管两人都厌恶彼此分离，但在之前的 13 个月里，他们在一起的时间不超过 13 天。当英国人日益逼近之时，他意识到他需要和她在一起。

他写信给雷切尔，说他幻想返回隐居处，“回到她那充满爱意的怀抱里，在余下日子里和她共度宁静的家庭隐居生活”。[1] 但是杰克逊知道他不得不到新奥尔良去面对人生中最大的战役，于是他要求雷切尔到他身边来。他从莫比尔写信给雷切尔：“我希望，你能到我身边来……到新奥尔良来。”他会在 12 月初安排她乘坐内河船前往新奥尔良，与此同时，他则骑马向那里赶去。

杰克逊计划用 12 天的时间赶到新奥尔良。但是他的军队跋涉约 300 英里，艰难穿行于森林和旷野之中，突破重重困难，在第十天就到达了目的地。杰克逊的军队尽可能地沿着联邦公路（Federal Road）行进，但是他们经常不得不开拓其他路线。他的士兵们砍倒了很多树，以便马匹和马车通过洪水泛滥的河床。

在接近新奥尔良时，杰克逊和他的军官们渡过了庞恰特雷恩湖，在 11 月的最后一天天黑后登陆了。当大湖上的晨雾散尽时，他们沿着蜿蜒曲折的圣约翰河，向南走完了最后 6 英里路程。

据看到他们的人说，杰克逊非常显眼，因为他是骑手当中最老的，“他是一个高而瘦削、身姿笔直的人，脸上的表情十分严厉，且毫无畏惧，却因为忧虑和焦急而眉头紧锁”。在为了抵御寒冷清晨而

[1] Andrew Jackson to Rachel Jackson, February 21, 1814.

戴的皮帽之下，露出了他那铁灰色的头发。急需打磨的高帮马靴保护着他的腿，即使是披在他肩上的那件宽松的蓝斗篷，也无法遮掩他的消瘦。他的面色看起来“蜡黄且憔悴”，但是“他那令人生畏、炯炯有神的目光和鹰一般的灰眼睛显露出一种强大的灵魂和精神，战胜了他所有肉体的病痛”。[1]

1814 年 12 月 1 日早晨，杰克逊沿着圣约翰湾骑马而来时，看到他的邻家女士说他看起来像“一个丑陋、年迈的坎达克穷渔夫（Kaintuck flat-boatman）”。[2] 她是新奥尔良当地的克里奥尔人。她不会是最后一个对这位冲去保卫他们城市的将军侧目而视的人，最起码一开始是这样。

会见将军

当杰克逊接近城市时，州长派马车迎接他，他和他的副官们很感激地接受了州长派出的马车。他们坐在异常奢侈的马车里，好奇地注视着将要保卫的城市。

新奥尔良的鹅卵石街道上，人们议论纷纷，他们都渴望见到杰克逊，有些人已经称他为“新奥尔良救星”。当杰克逊的马车到达皇家大街 106 号那栋被选作指挥部的气派房屋时，戴着领带、手套和帽子的盛装打扮的人群欢迎了他。所有人都已经知道英军即将到来，但是

[1] Walker, *Jackson and New Orleans*(1856), p.13.

[2] Ibid., p.15.

首先他们要欢迎这位高个子的田纳西州人。

杰克逊从马车上下来，州长克莱伯恩和市长前来迎接，市长是个和蔼可亲的克里奥尔人，名叫尼古拉斯·吉罗德（Nicholas Giroud）。这时灰蒙蒙的天空下起了雨，聚集起来的市民们聆听克莱伯恩和吉罗德的演讲，内容是准备把保卫新奥尔良的重任交于杰克逊之手。但是大多数听众想听听这个消瘦憔悴的美国人的说法。新奥尔良是一座由商人、海盗、自由人、奴隶、樵夫和印第安人组成的城市，这里英语和法语混杂，人们甚至都不确定自己是否想成为美国公民。面对这样一座城市，这个从上游地区来的粗野军人会说些什么呢？

不幸的是，杰克逊根本不会说法语，但是他在国会的老同事爱德华·利文斯顿（Edward Livingston）救了他，利文斯顿能说一口流利的法语。杰克逊站在二楼的走廊上对人群讲话，利文斯顿将杰克逊的话翻译给他的朋友和邻居们。杰克逊向人们表达了自己的决心，承诺要“将敌人赶入大海，或努力消灭他们。”[1]

大家为杰克逊的话而欢呼雀跃，但是利文斯顿知道，新奥尔良上流社会很清楚，他的邻居们仍然不能确定，该如何看待这位饱经风霜的将军。作为一个从纽约来的移居者，利文斯顿知道如何赢得克里奥尔人上流社会的认可。他曾很努力地工作，以求自己能被上流社会接受，但是直到娶了来自法属圣多明各、出身名门的寡妇路易斯·达维扎克（Louise d'Avezac）之后，他才感到安心。有了路易斯在他怀里，他才得到了进入新奥尔良法国文化圈的入场券，在他们位于皇家大街

[1] Reilly, *British at the Gates*(1974), p.210.

的家中，利文斯顿夫妇成了新奥尔良社交圈的中心人物。[1]

利文斯顿决定邀请新奥尔良的上流人物和杰克逊共进晚餐，来帮助杰克逊将军获得城市精英们的信任。他的妻子对于这个主意的反应说明了这次引见活动是多么必要。当利文斯顿告诉路易斯，他已经邀请了那位田纳西州人来参加她和时尚朋友们的宴会时，路易斯有些恼火。当然，这个人的声望很高，但是他不应该是一个“林中野人——就像个印第安人那样吗”？

杰克逊或许的确曾是林中野人，但是他有一颗高傲的心。那天下午，当他进入利文斯顿的会客厅时，其他客人看到一个“笔直、沉着、极为泰然自若、英姿飒爽的”人。取代他那身脏旧旅行服的是一整套礼服，“这个站在他们面前的军人好像本来就是一位绅士”。当晚餐准备好时，他极有礼貌地挽住女主人的手走进餐厅，在晚餐期间，他证明了自己是讨人喜欢的同伴。利文斯顿先生——不久后将会成为杰克逊的副官——和杰克逊将军两人早早离席了。但是一位客人仍感到十分惊讶，且对杰克逊抱有好感，他评论道：“这就是你的林中野人吗？他简直就是位王子！”[2]

短短几个小时里，杰克逊就已经在新奥尔良居民们的脑海里留下了深刻的印象。同时，爱德华·利文斯顿也向将军证明了他自己必不可缺。利文斯顿拥有演说家和翻译家的技能，对克里奥尔人的社交圈有着深刻的了解。他还是一个律师，他关于戒严令的意见很快就会派上用场。杰克逊意识到这个人对自己很有帮助，于是将他

---

[1] Hatcher, *Edward Livingston*(1940), p.123.

[2] Hunt, *Memoir of Mrs.Edward Livingston*(1886), pp.52-53; James, *Life of Andrew Jackson* (1933), p.204.

提拔为上校。在接下来的几周里，利文斯顿会成为杰克逊的军事秘书和心腹。他对新奥尔良社会这一独特环境的深刻认识，将被证明是无比重要的。

调查周边

任何一个足智多谋的将军在准备作战前都会在他的脑中牢记当地的地形地貌。所以杰克逊先从地图着手，即便他根本不知道战斗将会在何时打响。

新奥尔良是美国的第七大城市。城中心密集的街景都挤在法国区与周边的几个郊区，这些郊区沿着密西西比河岸延伸，位于内陆蜿蜒的山脊上。

新奥尔良周围的沼泽地带和环绕杰克逊家乡纳什维尔的崎岖丘陵并无相似之处。新奥尔良类似一个被沼泽环绕的岛屿，在任何方向都只有少许的干燥地区。杰克逊就在这个巨大的湿地中央，高耸的柏树俯瞰着数百万英亩积水的沼泽。这是一片滋生蚊虫之地，相比人类而言，沼泽地显然为水蛇和短吻鳄提供了更好的生存环境。

得益于和上游地区的贸易，新奥尔良的居民日渐富裕。令杰克逊感到惊讶的是，他发现城市里的人对他们广大的周边地区所知甚少。他写道："当地居民们对周边众多河流和运河的了解，几乎和田纳西州的市民一样少。"[1]

---

[1] Andrew Jackson to James Brown, February 4, 1815.

显然，这是一个危险的城市，它经常遭受火灾、飓风和洪水的侵害。但是杰克逊的任务是透过重重的矛盾和谜团，想出阻止英国人进入新奥尔良的办法。正如杰克逊参谋部的工程师豪厄尔·塔图姆少校（Major Howell Tatum）在他的日志中记载的那样，“在杰克逊将军到达新奥尔良的最初几天里，就致力于获得这样的信息，从各个方面来讲，他认为这都是很有必要的，这使他能够在保卫路易斯安那时采取最有效的计划”。[1]

首先，那意味着确定——然后阻塞——英国人可能用来攻击城市的所有道路。为了帮助杰克逊加快阻塞道路的进程，爱德华·利文斯顿把建筑师阿尔塞纳·拉卡里埃·拉图尔带到了位于皇家大街的杰克逊指挥部。这个人和新奥尔良及周边地区的地图给杰克逊留下了深刻的印象。由于拉图尔具备杰克逊将军所需的知识，杰克逊立即任命他为美军第 7 军区的首席工程师。

宏观来看，杰克逊认为英国人会让他们的部队在城市东边登陆——就是说，在莫比尔登陆——然后向目标以北绕个大圈。杰克逊推断，当英国人到达新奥尔良上游的密西西比河流域时，会征用小艇和驳船；然后顺流而下，从水上发动攻击。这种想法促使杰克逊需要力保莫比尔和彭萨科拉的安全。

即便现在，在已经把他的军队调往新奥尔良之后，杰克逊认为英国人可能还会返回莫比尔湾并夺取射手堡，然后进行陆上攻击。为了阻止英国人，杰克逊已经派出了科菲将军；在向新奥尔良行进的路上，科菲和他的志愿骑兵在莫比尔离开杰克逊的大部队，前往巴吞鲁

[1] Tatum, “Major H.Tatum's Journal” (1922), pp.96—97.

日（Baton Rouge）。科菲的任务是阻止敌军从上游发动任何攻击，或者当情报证实英国人将通过另一条路线接近新奥尔良时，根据杰克逊的命令，他要火速救援新奥尔良。

还有其他 6 条道路可供英国人入侵之用。杰克逊无法得知敌人会选择哪条道路，但是无论敌人从何方而来，他都不得不采取措施阻塞敌人的前进道路。

这 6 条路中有 3 条道路是水路，最明显的是密西西比河本身。那

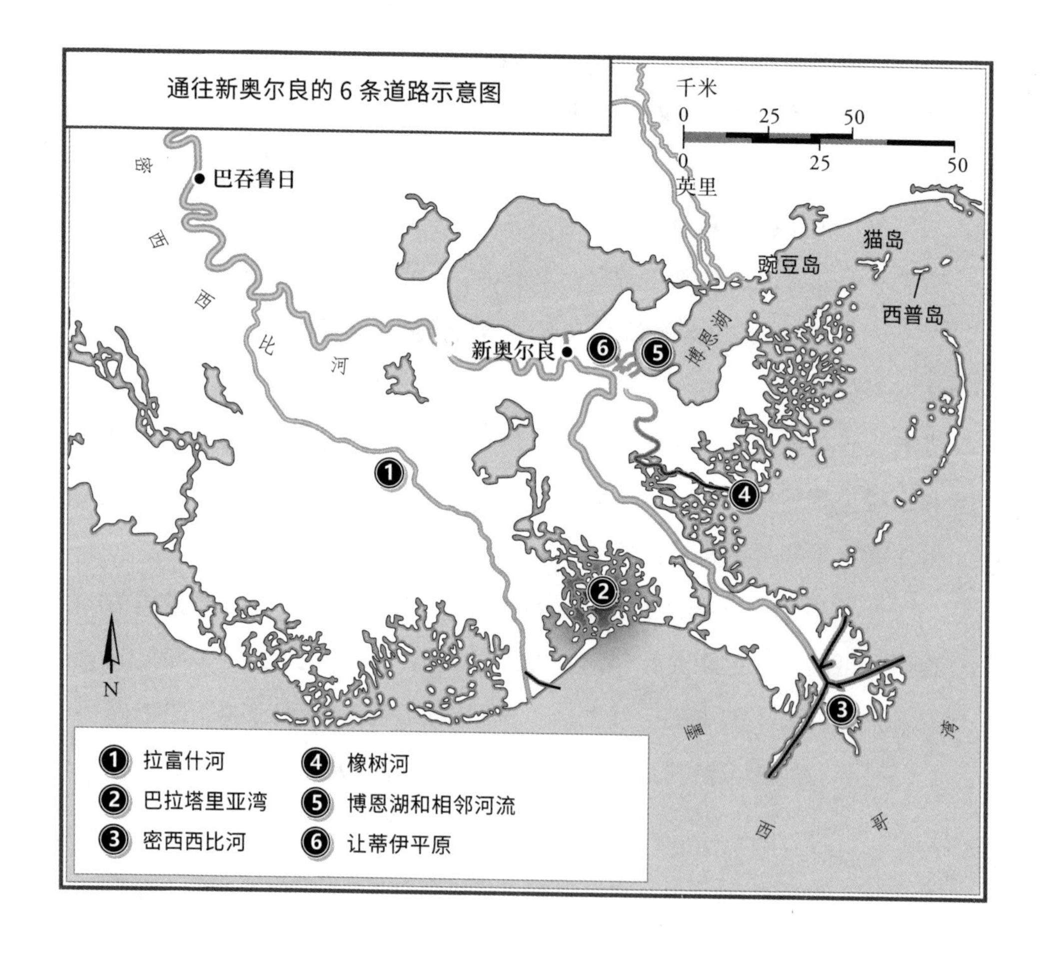

条道路被下游的堡垒很好地保护起来；但是他需要去亲自查看情况。一两天之内，他就会前去侦察那里。

拉富什河（Bayou Lafourche）坐落在西部，是英国人可利用的另一条道路。这条窄而深的河流从密西西比河中分流而出，在巴吞鲁日和新奥尔良之间突然转向南方，注入墨西哥湾。如果英国人能沿拉富什河逆流而上，到达密西西比河，就能从上游向新奥尔良发动攻击。然而，河流的宽度和变幻无常的水流让英国人从对岸发起攻击变得很困难。杰克逊和他的顾问们认为，英国人不大可能采取这一战略——尽管仍有一定的可能性。

城市东部的橡树河（River aux Chenes）与伯夫河（Bayou Terre aux Boeufs）相连。这些河道水流缓慢，并且适于小船航行。杰克逊也怀疑英国人会经由这些河道发起攻击。

另外 3 条攻击路线会经过大片水域。

城市南部的巴拉塔里亚湾和错综复杂的小型水道相连。尽管海盗们通常会利用这一水网将商品带到新奥尔良，但是登陆一支部队则是另一码事，尤其是在英国人没有优秀领航员的情况下——并且拉菲特和巴拉塔里亚的海盗们似乎拒绝了英国人的要求。因此英国人在这里登陆的可能性也很低。

城市以东的博恩湖提供了两条可行的攻击路线：如果英国人能够占据这巨大的水湾，就能经由“说谎的酋长”河（Bayou Chef Menteur），通向一块 1 英里宽的条状旱地，这里就是让蒂伊平原（Plain of Gentilly）。或者他们也可以将船只从大约 5 英里外的湖泊运到密西西比河。等行至最远端后，军队就能沿着毗邻河流的旱地行进，穿过一连串的种植园，到达城市。英国人最有可能选择这两条攻击路线。

在看过拉图尔提供的地图后，杰克逊掌握了新奥尔良周边的概况。12 月 2 日，杰克逊和州长克莱伯恩下达命令。杰克逊派哨兵前往英国人发动攻击可能性最小的那几条道路，让他们时刻关注道路，如果他判断失误，英国人真的从那几条道路而来，他们就会立即报告。雅克·维勒尔将军（General Jacques Villere）统率的路易斯安那州民兵分遣队向河流和巴拉塔里亚湾前进，他们不仅带着火枪，还带着斧头。他们的任务是用足够的圆木和其他废木料阻塞水道，来减缓运载英军的船只的行驶速度。如果敌人接近，哨兵们会迅速将消息传递给杰克逊。杰克逊不打算在这些攻击可能性很小的路线上派遣太多兵力，但是这些哨兵会成为他监视敌人活动的情报网的必要组成部分。

由于有一条路线可以让英国皇家海军的战船火力覆盖新奥尔良城，因此杰克逊次日就前往下游。正如工程师拉图尔描述的那样，杰克逊“坚持他事必躬亲的原则”，他让拉图尔担任向导，带他去巡视密西西比河岸的堡垒。[1]

圣菲利普堡（Fort St. Philip）在下游大约 65 英里的地方；那里配备了正规军和 24 尊火炮，这对英国人的攻击而言是巨大的障碍，但是杰克逊知道，来袭的舰队可能有更强大的火力来击败美国防御者。在前往下一个堡垒前，他下令建造新的炮台。

在接近城市的地方，他查看了圣里昂堡（Fort St. Leon）。从这里可以俯瞰密西西比河众多河湾中的一处。这处河湾被称为英国湾（English Turn）。1699 年，后来的新奥尔良建造者德·比安维尔先生成功地说服了一支英国探险队在此处折返，他告诉那支英国探险队，

---

[1] Latour, *Historical Memoir*(1816,1999), p.48.

法国人已经获得了这片土地的所有权，所以此地得名英国湾。杰克逊希望这次英国人也能在这里退却，并打算利用英国海军在拱形河湾难以航行的劣势。航行的船只需要借助风向的转变，才能通过河湾，这就意味着一支从河上而来的海军舰队会在这里耽误几个小时，暴露在圣里昂堡大炮的火力之下。为了增加在这里拖住英国人的可能性，杰克逊也下令在此建造更多的炮台。

这趟侦察之旅让杰克逊和他的军官们信心满满。他的副官、工程师塔图姆写道："入侵的敌军是不可能占领新奥尔良的，想要经由密西西比河溯流而上……在英国湾……重炮……会摧毁任何一艘胆敢溯流而上的武装船只。"[1]

在 6 天的密西西比河之旅后，杰克逊于 12 月 9 日返回了新奥尔良，向克莱伯恩报告说，有了这些新建的炮台，密西西比河被很好地保护起来了。

但是杰克逊仍然需要评估最后一条，也是英国人最有可能选择的一条路线，即经由博恩湖进入新奥尔良。对杰克逊来说，在这里击退敌人的进攻是个考验，但是他已经准备好了，而且斗志昂扬。他几乎仅凭一己之力将新奥尔良的士气提振起来。正如工程师拉图尔描述的那样，"市民们欢呼雀跃地准备战斗，就像聚会那样兴奋。每个人都用自己的语言唱着胜利之歌。街上到处回荡着《扬基歌》(*Yankee Doodle*)、《马赛曲》(*Marseilles Hymn*)、《出征曲》(*Chat du Depart*)和其他的战争曲调"。[2] 在不到两周的时间里，杰克逊给城市里的不

[1] Tatum, "Major H.Tatum's Journal" (1922), p.99.

[2] Latour, *Historical Memoir*(1816,1999), p.59.

同派系带来了一种新的团结感，将他们转变为一支可靠的爱国力量，无论步步紧逼的科克伦和他的入侵军队选择哪条路线，他们都渴望将其击退。

CHAPTER 8

Losing Lake Borgne

第八章

博恩湖失守

在炮艇防御战中，美国海军不得不面对如此压倒性的力量……而他们展现出来的勇气和技巧为美国海军再添荣光。

——美国海军中校丹尼尔·托德·帕特森致海军部长

天朗气清——当科克伦中将和他的舰队离开牙买加时，温度计显示当前气温 28.8 摄氏度。当安德鲁·杰克逊巡视密西西比河的各个防御工事时，英国人却在墨西哥湾遭遇了狂风暴雨。在过去几天的航行里，汹涌的海浪猛烈地摇晃着战船，船上的士兵不得不待在甲板下面。乔治·格雷格中尉写道："船晃得太厉害，我们完全不允许在舱内走动。"[1]

1814 年 12 月 9 日，在风暴平息后，天气放晴，随着能见度的提高，水手们发现了尚德卢尔群岛（Chandeleurs）。它由一连串的堰洲岛组成，看似荒无人烟。仅仅 30 英里之外，就是博恩湖的入口。英国人打算让地面部队从此处登陆，前往新奥尔良。

当舰队的旗舰——英国皇家海军"雷鸣号"和其他高桅横帆船在尚德卢尔群岛外的深水区域抛锚时，空气中浸满寒意。体形较小的战舰继续向海峡深处航行，当它们在猫岛（Cat Island）和西普岛（Ship Island）之间找到停泊处后，就收帆抛锚了。

小型战舰"索菲号"驶近附近的海岸时，遭遇了两艘美国小炮艇，但它们迅速驶离，可能是去向美军报告即将到来的敌袭。"索菲号"的船长尼古拉斯·洛克耶倒是希望追上它们，但是沿岸水域情况复杂。河口的沙洲静静地坐落在前方，保护着博恩湖的入口，而湖里

---

[1] [Gleig], *Narrative of the Campaigns of the British Army*(1821), p.247.

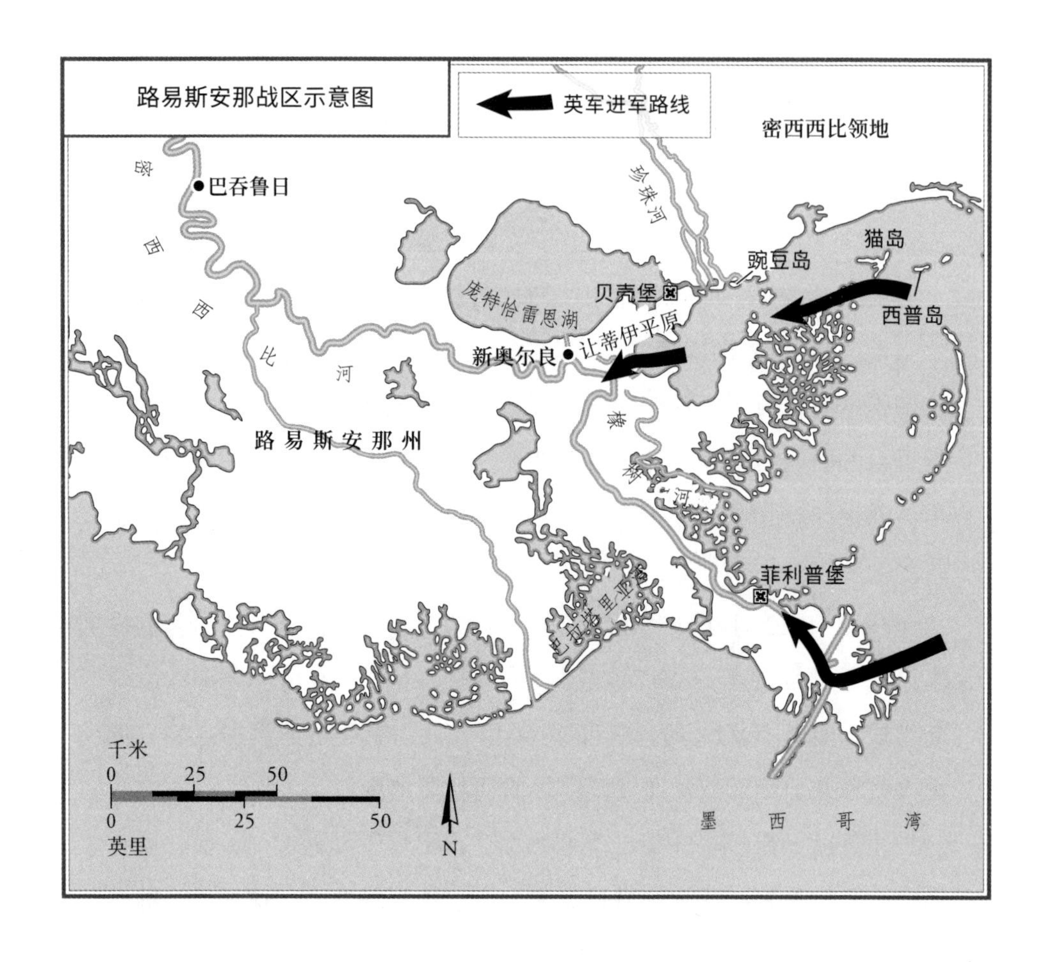

路易斯安那战区示意图

的浅滩对所有船只来说都很危险，哪怕是吃水浅的船。但美国人却很了解这里的水域，他们在英军的注视下毫发无伤地逃离了。但这些河道并不能阻止科克伦对他们发动奇袭。一两天内，杰克逊就会知道，他的恐惧变为了现实，一支庞大的英国侵略军正向博恩湖进发。

帕特森和琼斯，以及美国海军

安德鲁·杰克逊对战舰缺乏指挥经验，因此他别无选择，只能依靠美国海军。但是他完全不知道该如何看待丹尼尔·托德·帕特森。

帕特森才 28 岁，却已经在海军中服役了超过 15 个年头。他在西印度群岛（West Indies）服役了两年，之后，在美国和巴巴里海盗作战期间，又以海军候补军官的身份搭乘美国海军军舰“费城号”（USS Philadelphia）出海作战。由于这艘大型护卫舰在地中海的黎波里的港口不幸搁浅，他被关押了 8 个月。但即使这段成为战俘的岁月，也增长了他的海军知识，因为“费城号”的舰长明智地利用这段时间开办了一所非正式的海军学院，来教导他的年轻军官们。

帕特森也曾在密西西比河上服役过，后来晋升为海军上尉，指挥十几艘炮艇在密西西比领地的纳奇兹作战。到了 1813 年，他已被晋升为海军中校，掌管新奥尔良海军基地。他娶了新奥尔良当地人的女儿为妻，家庭日益兴旺。毫无疑问，他已将新奥尔良视为自己的家乡。

帕特森粗壮结实，自信十足，但正是他那种大胆鲁莽的个性使得杰克逊颇感忧虑。杰克逊 8 月份一到达莫比尔就给他写信，召集他协防莫比尔角，却遭到帕特森的断然拒绝。帕特森用最恭敬的言辞（信中他说自己“热切期盼”与美军合作）告诉杰克逊，他认为前往莫比尔是个愚蠢之举。依照他的判断，如果他去援救杰克逊，强大的英国皇家海军必然会将他的舰队封锁在莫比尔湾。显然，保卫新奥尔良才是更重要的任务，而他的炮艇则将因为被敌军封锁而毫无用武之地。

无论帕特森违抗军令的行为是否合理，严格地说，海军的军令体制要求帕特森向海军部长报告，而不是向杰克逊报告。

但杰克逊将军到达新奥尔良后，他们两人就不计前嫌，精诚合作。作为新奥尔良的海军指挥官，帕特森与杰克逊和他的工程师们一起沿着密西西比河进行侦察。帕森特表现得十分干练，为加强沿河的防御工事提供了很多真知灼见。在新奥尔良驻守近5年之后，帕特森熟知这座城市的周边地形，特别是对密西西比河、对众多湖泊及其周边海域都了如指掌，这使得杰克逊对他赞赏有加。

而且，杰克逊不得不承认，帕特森不是个唯唯诺诺的人，能够在上司面前坚持己见。杰克逊自己也知道，将在外，军令有所不受，但对于海军中校帕特森这种我行我素的做法，他也只得勉强接受。

帕特森在保卫新奥尔良的问题上想得更长远、更充分。他的一些想法此时看来无疑具有先见之明，因为他曾向海军部长请求了整整一年，为他增派更多的人手、物资和战舰。新奥尔良正处于危难之中，他警告道："这座西部地区的巨大补给站正向敌人敞开大门。"[1] 杰克逊意识到，几个月以来，他与帕特森的忧虑不谋而合。

回到皇家大街106号的指挥部，两人思考如何利用湖泊抵御来自东北方的袭击。杰克逊从未见过炮艇，他看向帕特森；作为一位前炮艇指挥官，帕特森很熟悉这些船舰。以海军战舰的标准来看，炮艇体形很小，一般只有50~60英尺长，18英尺宽，是一种吃水较浅、装配了桅杆和船帆的小型战船。但每艘炮艇都装备了一尊大口径的加农炮和许多小口径的火炮，这使得这些小炮艇有一个众所周知的弱点，头重脚轻，无法在波涛汹涌的海面上稳定航行。尽管如此，帕特森还

---

[1] Daniel Patterson to Andrew Jackson, 引自 McClellan, "Navy at the Battle of New Orleans" (1924), p.2044.

是认为，在墨西哥湾沿岸的浅水水域作战，这些炮艇足以胜任。

目前有 5 艘美国海军炮艇在博恩湖入口处附近水域定期巡逻。一艘名为“海马号”（Sea Horse）的纵帆船负责传送往来信件，一艘改装过的渔船“鳄鱼号”(Alligator）负责从海岸向船上运送人员和补给。这支小型舰队装备了总共 23 门大炮，配备了 182 名军官和水手。

舰队的指挥官是托马斯·艾普·凯茨比·琼斯上尉（Lieutenant Thomas ap Catesby Jones）。他和他的水手们是杰克逊的耳目，时刻注视着敌军舰队，并随时向帕特森汇报有关敌人的动向。如果他们遭到英军的挑衅，琼斯会按照指令退往莱戈特（the Rigolets）。那是一个从博恩湖到庞特恰雷恩湖之间的狭窄海峡。他打算在这里“等待敌人到来，将它们击沉，或者被它们击沉”。[1]

杰克逊同意帕特森那听起来很合理的计划。大湖的入口提供了有利的防御条件，两人相信琼斯和他那全副武装的舰队能够抵挡得住科克伦中将可能派来的任何小型船只。帕特森还向杰克逊保证，没有一艘吃水深的战船能够驶入博恩湖。

12 月 10 日，杰克逊写信给詹姆斯·门罗，信心十足地告诉战争部长：“湖上的炮艇会阻止英国人接近这一地区。”[2]

而没人能料到，正是那天早上，琼斯上尉和他的手下刚睡醒就看到一支停泊着的敌军舰队。随着时间的流逝，更多的战舰驶入他们的视野。琼斯唯一能做的就是和敌军保持安全距离，观察敌情，静待时机。

---

[1] Latour, *Historical Memoir*(1816,1999), p.50.

[2] Andrew Jackson to James Monroe, December 10, 1814.

猎杀炮艇

12 月 10 日早上，浓雾消散后，英国水手和军官们都好奇地望着这片生长在陌生海岸线上的高草丛。一个炮手注意到，这里的景色就像“令人战栗的大草原”，一眼望去，海滩尽被草丛淹没，在水陆相连的地方只有丛生的芦苇和浸湿的土地。[1] 显而易见的是：在这样的地形下，调动部队和拖运大炮都会相当困难。

但是科克伦中将有了一个战略。

尽管新任军团司令官帕克南将军不日就将从英格兰抵达这里，接替 9 月份在巴尔的摩战役中牺牲的前任远征军指挥官罗伯特·罗斯，但科克伦不会等帕克南到达才让部队下船并进入作战位置。他更倾向于让部队渡过博恩湖，寻找一个登陆点。在两个曾在新奥尔良居住过的西班牙人的建议下，科克伦认为远处的比安弗尼河（Bayou Bienvenue）是个合适的滩头阵地，据说大小适中的驳船在此处的水道上都可以航行。[2] 从这里再走几英里，侵略军就能到达新奥尔良的郊外。

然而，在登陆前，英军必须首先清除博恩湖上的敌军舰队。尽管湖上只有 5 艘美国小炮艇，但他们配备的大炮对英国人用来运送士兵上岸的敞舱船而言仍是一个巨大的威胁。科克伦不想让他的人暴露在那样的危险之下，他下了一个命令：“在这支强大的舰队被俘获或摧毁前，我军不得采取任何行动。”[3]

在博恩湖水域之外的舰队锚地，科克伦命令值得信赖的“索菲

---

[1] B.E.Hill, 引自 Latimer, *1812: War with America*(2007), p.376.

[2] Lossing, *Pictorial Field-Book of the War of 1812*(1868), p.1026.

[3] Alexander Cochrane, 引自 Carter, *Blaze of Glory*(1971), p.123.

号”船长尼古拉斯·洛克耶指挥消灭美国炮艇的行动。洛克耶曾经在巴拉塔里业湾造访过海盗拉菲特，在墨西哥湾进行过巡航，指挥过射手堡的进攻，因此可以称得上是对墨西哥湾沿岸地区的航道和海域最熟悉的英国人。

12月12日，星期一，夜晚，身穿蓝色外套的水手和身穿红色夹克的英国海军陆战队员登上了42艘驳船。另外还有3艘未经武装的渡船，和这些驳船一起，总共装载了1200人。

洛克耶的任务是摧毁美军炮艇。科克伦还下令：如果有可能的话，占领敌方战舰，因为这些吃水浅的炮艇以后还可能派上用场。但最重要的是，科克伦中将志在肃清这些炮艇，为他的登陆计划开道。

警戒

托马斯·艾普·凯茨比·琼斯上尉登上博恩湖上的一艘美国炮艇，侦察并等待着英军的袭击。过去三天里，这位24岁的指挥官一直在和敌人玩猫和老鼠的游戏。他冒险接近了西普岛附近的海峡，那里停泊着很多英国皇家海军的战船，随着潮汐来回摇晃。他靠得足够近，清楚地确认了这里的船只数量，然后便撤退了，派出一艘炮艇向帕特森报告情况。随着英国船只数量的增加，琼斯认为“继续待在博恩湖的这片区域，既不安全，也不明智”。[1] 于是，他撤退到了马勒

[1] Thomas ap Catesby Jones to Daniel T.Patterson, March 12, 1815, 重印于 Latour, *Historical Memoir* (1816, 1999), p.213.

勒岛（Malheureux Island）以北的博恩湖入口。

正是在这里，12 月 13 日上午 10 点，琼斯发现了那些英国驳船。当他看到这支舰队向西开进的时候，知道英国对新奥尔良的攻击行动开始了。科克伦会选择那条杰克逊认为最有可能的路线，穿过博恩湖，让部队就此登陆，接着向城市进发。

眼见英军舰队比他自己的舰队庞大得多，琼斯立刻采取行动。他推测英军很有可能要在附近登陆，以便获取重要补给，于是他派出纵帆船“海马号”去炸毁那些货物，以免它们落入敌人之手。除此之外，他也没有别的事情可做了；尽管能对那些驳船造成一定的损坏，但他的炮艇舰队规模实在太小，根本不可能完全阻挡敌人。

琼斯上尉看到英国舰队平稳而又艰难地穿过湖面。这支壮观的舰队从正面望去有足足半英里宽，尽管是逆风航行，它们还是坚持不懈地向西前进。时过正午，琼斯等待敌军转向南方的海岸，在那里卸载部队，然后前往新奥尔良。但这支舰队却并没有改变航向。

最后，直到下午 2 点，琼斯上尉才突然萌生一个可怕的念头：英军想要攻击他的炮艇！他们不是来卸载军队的。他和他的士兵才是英国人的目标。琼斯的反应很迅速。如果英军想要摧毁他的小型舰队——显然以对方的兵力轻而易举——那么现在是时候撤往博恩湖更深处了。按照帕特森的指令，琼斯准备让他寡不敌众的舰队撤往狭窄的莱戈特海峡。在那里他或许可以组织防御。如果他们失败了，还可以撤到庞特恰雷恩湖里。

在接到起锚出航的命令后，他的人很快发现，持续数天的大风和落潮让马勒勒岛之外的沼泽水域变得异常浅：三艘炮艇在沙地上搁浅了，琼斯的部下惊慌失措地为船只减重，把所有不重要的重物都扔下了船，但是这些炮艇依然一动不动。他们无助地停在那里，眼看英国舰队越来越近，最终，直到下午3点30分，涨潮才把他们解救出来。

仅仅几分钟后，琼斯就注意到，大部分英国驳船还在向他和他刚刚脱困的舰队驶来，有3只英国驳船却转而向北驶向海岸。对方的目标无疑是纵帆船“海马号”，它显然仍然在执行阻止陆上的补给品落入英军之手的任务。随着夜幕降临，“海马号”试图击退攻击者，向英国驳船发射了一波致命的葡萄弹。雨点般的铁球迫使英军暂时停止了攻击，为“海马号”赢得了靠岸的时间，但这喘息只是短暂的。正如琼斯所见，又有4艘英军驳船脱离主舰队，加入了攻击“海马号”的行列。

当7艘英国驳船围住“海马号”帆船时，它已经停靠在了岸边，船上的一些船员已经登陆，正准备用他们那两尊6磅炮向进攻者开火。日暮西垂，在逐渐漆黑的夜晚中，炮火的隆隆声划过湖面，远处的琼斯只能在一边焦急地观望，想知道那边发生了什么。寡不敌众的美国人能够坚持住吗?

好在琼斯苦等的时间并不长。不到半个小时，英国人就发现这艘落单的美国炮艇比他们想象中要顽强得多。尽管英军占据数量优势，却损失了一艘驳船，且在撤退前遭受了很多伤亡。

但是英军的撤退对于琼斯一方来说并不算是胜利。尽管“海马号”上的美军击退了敌方的第一轮进攻，他们仍然被困于此——并且他们也明白，自己抵挡不住第二轮进攻。他们不愿意看到船只落入敌手，于是做出了痛苦的决定——晚上7点30分，一声巨响划破天空，火焰直冲天际。美国人炸毁了“海马号”和补给品，现在不论是船还是物资，英国人都用不上了。

就在“海马号”葬身火海之际，在另外5艘炮艇上的琼斯和其他人则继续向北行驶，试图避免与英军的众多驳船交战。他们顺利地向北行驶了几个小时，但随着午夜临近，海面却变得风平浪静，坏了他们的大事。此时他们距离马勒勒岛以北的浅水海峡已经不远了，穿过这条海峡，他们就安全了，但就在这紧要当口，却风停帆落，船根本无法行进。但英军的驳船却是靠桨手划动的，静谧的海风对其毫无影响。尽管敌人由于夜幕降临，停在了他们后面将近10英里处，但黎明时分就能重新起航，轻而易举地抓住他们。凌晨1点，琼斯意识到，他和他的舰队只有一个选择：必须回击。

琼斯召集了5艘炮艇的指挥官，布置作战计划。此时他们停泊的这条浅水水域有1英里宽，他们要在此处排成一排，在船尾下锚，固定住船身。博恩湖的退潮会让船首的方位保持不变——因此炮口位置也将不变——对准来犯的英国人。琼斯解释道，他的目的是将自己“置于最有利的位置，给敌人以尽可能热情的招待”。[1]

炮艇的舰长们在下锚前依令行事，艰难地将炮艇驶入战斗位置。作战前，他们急需休息，因为第二天早晨，他们即将迎来生死存亡之战。

12月14日早晨

这一天开始得很早。凌晨4点，英国水手就开始划船。随着第一道曙光的来临，尼古拉斯·洛克耶船长看到了那支美国舰队。就在

[1] Ibid., p.214.

前方不到10英里的地方，5艘炮艇并排排列，很明显是在维持阵线，准备抵抗英国人的进攻。

洛克耶接到的命令是，无论付出多大代价，捕获或摧毁他所看见的任何一艘美国船只。头天晚上被困且孤立无援的“海马号”就是第一个受害者。现在，洛克耶发现了第二个猎物——“鳄鱼号”把琼斯的信送给海军准将帕特森后，正在返回舰队，尽管海面上只有微风，它还是试图从英国驳船边驶过去。洛克耶下令捕获这只小船，他的驳船随即快速向其驶去，“鳄鱼号”根本无法逃脱。尽管美军试图用他们的大炮阻击英国人，但是炮弹却纷纷落入湖中，并没有给英国人造成损失。英方的兵力数以百计，而“鳄鱼号”上却只有8名船员，在意识到自己很快就会被打败后，这艘炮艇选择了投降。洛克耶现在能在他的日志上记下一笔了，“鳄鱼号”上再也不会飘扬着星条旗了，从今以后，它将成为科克伦舰队的一员。

随着“鳄鱼号”被俘，洛克耶的驳船继续朝着琼斯的5艘炮艇前进。它们此时已经排好阵列。海水即将退潮，而这意味着洛克耶麾下疲惫的桨手必须要和水流相抗衡。但这位老练的船长知道，涌向己方的潮水也意味着他的对手今早必定不会撤退，因为源源不断的潮水把他们推向海峡之外，又没有海风能让他们逆流航行，琼斯别无选择，只能等待敌人靠近，然后开火。

45艘英国驳船继续向美国人靠近。当他们接近这5艘炮艇时，看到了美国人战斗到底的决心：琼斯的人已经在船身周围布下了船网。网由粗绳编成，就像粗糙的蜘蛛网，一旦发生近距离的接舷战，这些网能阻碍英国海军陆战队员登上美国炮艇。

此时，英国舰队快要进入美国炮艇的攻击范围，洛克耶却命令

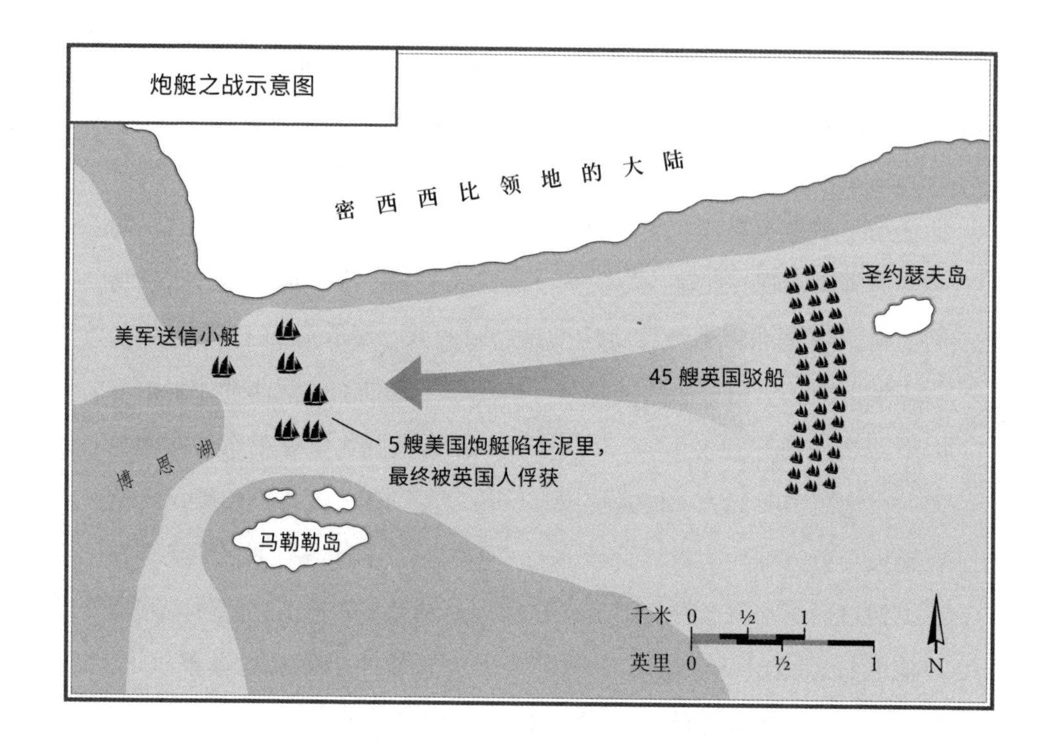

舰队暂时停泊在美国舰炮的射程之外。此刻是上午 10 点，他的船员已经划了 6 个小时的船。美国人紧张地注视和等待英国人的进攻，洛克耶却给他的部下们 30 分钟的时间，用于吃早餐和稍事休息。显然，英军对胜利充满信心，他们毫不着急，如果他们精力恢复过来，会更加轻松地打败这些不幸的对手。

战斗

尽管琼斯的人尽了最大的努力，美国炮艇还是不能排成整齐的一排。昨天晚上，从博恩湖来的强烈水流将两艘炮艇带到了原定防御线100码之外的地方。琼斯所在的炮艇位于舰队中央，这也意味着他会是英军炮火的首要目标。

英国人饱餐之后就开始向琼斯的舰队逼近，美国海军率先开炮。他们配备的长管大炮相比英国大炮的射程更远，但双方相距超过1英里，大炮很难瞄准驳船。英国舰队并未遭到损失，也没有被吓住，桨手们的每一次划桨，都使他们更加接近美国舰队。

很快，美国炮艇进入了英军的大炮射程，洛克耶下令炮手开火。随着震耳欲聋的轰鸣声，英军的大口径短炮一起发射。琼斯的部下给予回击，随着英国驳船越来越近，船上的英国海军陆战队员也举起火枪，瞄准了这支小舰队。

相比下锚固定着的美国炮艇，英国驳船显然更具机动性。洛克耶带领3艘英国驳船迅速靠近了他们的第一个目标——琼斯所在的炮艇。这将会是一场指挥官之间的战斗。

琼斯的炮手击中了其中两艘进攻的驳船，海水从船体的窟窿中不断涌入，英国驳船开始下沉。但是未遭损坏的第三艘驳船很快停靠在了琼斯所在的炮艇旁边，英国皇家海军陆战队试图登上这只美国炮艇。船上41名美国海军手持手枪和长剑，击退了英军的进攻，打死打伤了大部分英国军官。洛克耶自己也受伤了，但是他重整人马，同时，他舰队中的另外4艘驳船也加入了战斗。

美国人英勇地战斗着，看上去他们还能再挡住一轮英国人的进攻，但是一颗子弹猛烈地击中了琼斯上尉的左肩，他跌倒在甲板上。

当部下们把他抬下去时，他还命令道："继续战斗！继续战斗！"[1]他的副官接过防御的指挥权，但是进攻者已经突破了炮艇的防护网，英国海军陆战队很快就爬上了美国炮艇的船舷。在几分钟血腥的白刃战后，英国人占领了炮艇的甲板。

洛克耶在战斗中又一次受伤，他躺在甲板上，下令将琼斯炮艇上的大炮掉转炮口，对准其余的美国炮艇。此时琼斯的炮艇正好漂到了其他炮艇前面，所以这些炮艇恰好在它的攻击范围内。于是，琼斯炮艇上的星条旗还没来得及降下来，就立刻向其余的美国海军炮艇发射了雨点般的炮弹。

战斗临近结束。根据琼斯的报告，"直到12点40分战斗结束之前，双方一直都在激战"。[2]最后，所有的炮艇都落入了英军之手。

在这场持续不到两个小时的战斗中，英国人胜利了。尽管英方的兵力几乎是美方的7倍，但是美国人仍然奋勇作战。英国的伤亡数字是至少17人阵亡，77人受伤。而美国这边，据报告说有10人死亡，35人受伤。

英国军医开始治疗伤患，包括洛克耶船长和被英军俘虏的美国指挥官琼斯上尉。他们二人都无法继续参加新奥尔良战役的下一步行动了。但是洛克耶船长出色地完成了科克伦中将交给他的肃清湖中航道的重要任务。

尽管琼斯损失了炮艇和兵力，他自己也沦为战俘——但这位美国海军上尉已经为杰克逊立下了大功：正因为琼斯和他的部队英勇作

---

[1] Carter, *Blaze of Glory*(1971), p.126.

[2] Thomas ap Catesby Jones to Daniel T.Patterson, March 12, 1815, 重印于 Latour, *Historical Memoir* (1816, 1999), p.214.

战，才为杰克逊赢得了至关重要的时间。早在一个星期前，美军就已经侦察到墨西哥湾沿岸地区出现了英国战舰；当他们在博恩湖取胜的时候，只有不到一个排的英国军队登陆。的确，少量的美国炮艇悉数被俘获（琼斯立刻上了英国皇家海军的已消灭名单）。尽管琼斯和他的部下成了俘虏，但是他们仍继续效忠国家，面对审问他们的英军，他们大大虚报了杰克逊的兵力。现在科克伦中将可以毫无阻碍地进入博恩湖，卸载军队，向新奥尔良进军了，但对于新奥尔良，他还没有获得任何准确的情报。

CHAPTER 9

The Armies Assemble

第九章

召集军队

我们的湖泊向逼近的敌人敞开，但我和我那支疲弱的军队将与其奋战至死，除非跨过我们的尸骨，否则他们别想攻入新奥尔良。

——安德鲁·杰克逊，1814 年 12 月 16 日

几个小时后，琼斯上尉战败的消息传到了新奥尔良，居民们惊恐不已。杰克逊将军此时并不在城里，所以没有收到这个消息。直到一天后，杰克逊才得知，美军在博恩湖的防线，就像那些美国海军炮艇的船帆一样，被撕得粉碎。

琼斯被俘期间，杰克逊前往城市北面侦察地形，他相信博恩湖水域防卫严密。如果英国人从北面进攻——即使在不知道琼斯战败的情况下，科克伦舰队在密西西比河上的位置也暗示了他，英国人可能会从北方进攻——杰克逊将军必须对这一地区的地理形势有一个清晰的认识。

尽管痢疾再度复发，让杰克逊在马上痛苦不堪，他还是冒险前往博恩湖的源头。在那里，他侦察了博恩湖的另一端，就在琼斯和洛克耶遭遇的地方对面。接下来他向西去察看庞特恰雷恩湖的宽阔湖面，然后沿着“说谎的酋长”大道前进。在他看来，这似乎是英国人对新奥尔良发动进攻的绝佳路线，也是最有可能的路线。他下达了许多命令，堵塞侦察过的小溪、加强防御工事、派遣守卫扎营。一系列哨兵也被动员起来，一旦发现英军，他们就会传消息给他。

然后，在 12 月 15 日，他收到了琼斯战败的坏消息。几天前，他刚向现任战争部长詹姆斯·门罗保证过，博恩湖仍然安全，但他现在清楚，事实恰恰相反，博恩湖已经失守了 。琼斯的舰队现在属于英国人了，这个美国上尉成了敌军的俘虏。

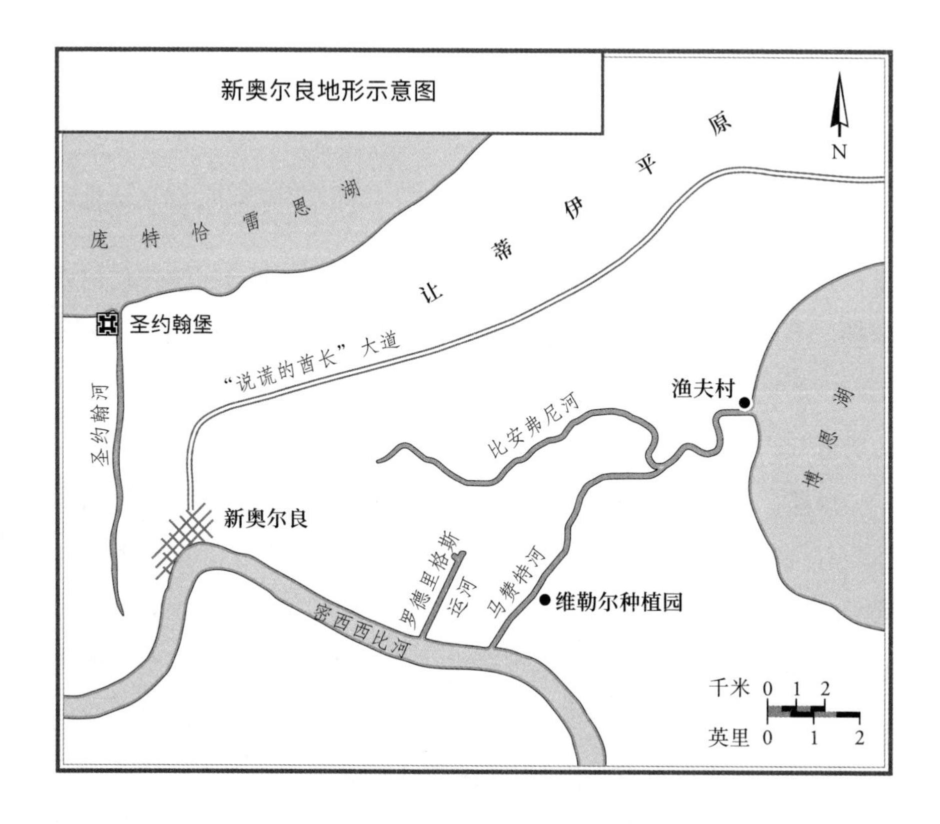

得知这一消息后，杰克逊策马疾驰回到他在新奥尔良的指挥部，他清楚，自己必须在一夜之间，将军队调动起来，保卫新奥尔良。这趟旅程给他的身体带来很大损害，他病得站不起来了，只能躺在沙发上，给他的副官发号施令，靠喝白兰地给自己提神。

仅有1000名正规军归他指挥，于是他写信给他的“右手”[1]科菲将军。他的命令更像是恳求：“在你到达我这里，或者进入攻击距离

[1] Walker, *Jackson and New Orleans*(1856), p.153.

之前，请务必日夜兼程。”[1]他又写了一封信送往纳奇兹，希望能送达另一位田纳西州民兵将军威廉·卡罗尔那里。卡罗尔正在前往下游的路上，带了1400名全副武装的士兵。

杰克逊还盼望着约翰·托马斯将军麾下的肯塔基州民兵也能到达。这支部队大约有2500人。此外，他还对一批自11月3日起从匹兹堡运来的枪支弹药感到忧心忡忡。[2]它们会按时送达吗？

正当杰克逊将军万分焦急之时，他得到了一些精神上的安慰。在一座可以俯瞰乌尔苏拉街和沙特尔街的女修道院里，4位修女给杰克逊写了一封信。她们想尽自己的一分力量，志愿收留伤患。一得知英军已经到达这一地区的消息，她们就做了预防措施，将她们照看的寄宿学生和孤儿们送到了新奥尔良之外，因此修道院中有了足够的空间。[3]但最重要的是，她们提出要为杰克逊和他的部队，以及她们所深爱的城市祈祷。

新奥尔良的人们非常需要祈祷——面对那支曾经击败过拿破仑的敌军，他们不仅需要祈求弹药和援兵。最为迫切的是，似乎只有发生奇迹，才能将这座城市里的不同派系联合起来。市民们为杰克逊的回归而欢欣鼓舞，但他尝试联合市民们反抗英国人的一项措施，几乎毁掉了他在新奥尔良的几周时间里所促成的脆弱的团结。他不顾一些路易斯安那州人的反对意见，将两个营的自由有色人种编入了他的军队。尽管他任命白人为这两个营的军官，但也下令要给予那些非洲裔士兵与白人志愿兵同等的待遇，在那个对有色人种的人权和信任都充

[1] 引自 Parton, *Life of Andrew Jackson*, vol.2(1861), p.56.

[2] Tatum, “Major H.Tatum's Journel” (1922), p.106.

[3] Heaney, Century of Pioneering(1993), p.380n16.

满质疑的年代，这是非常令人震惊的。当一位军需官对此表示反对时，杰克逊摆明了自己的立场。他需要他手下的每一个人都无须为白人的种族歧视而担忧："你可以保留你自己的意见……但不要管部队里有白人、黑人还是混血。"[1]

新奥尔良的人，无论他们的肤色，无论他们是法国人还是美国人，是男人还是女人，年轻人还是老人，虔诚或者不虔诚，如果他们希望这座城市击败入侵者，就必须在安德鲁·杰克逊将军的旗帜下团结起来。他们在人数和武器装备上都处于极大劣势，即使团结一心，也未必能打败英国人，而分裂，则意味着必败无疑。

大游行

杰克逊将他的注意力转向平息人们的恐慌情绪，促使大家团结一致。

新奥尔良是一座热爱游行的城市，杰克逊认为，没有比这更好的方式来振奋和鼓舞紧张的民众了。他宣布 12 月 18 日星期日在市中心的阿姆斯广场（Place d'Armes）举行列队游行。

到了游行那天，新奥尔良的人们挤满了广场附近的门窗。更多的市民站在阳台和屋顶上，周围的街道挤满了水手、工人和自由民。

高耸的西班牙圣路易大教堂（Cathedral of St. Louis）成为游行的背景。伴随着隆隆的鼓声和人群的欢呼声，两个路易斯安那州民兵团

---

[1] Andrew Jackson to W.Allen, 引自 Remini, *Andrew Jackson and the Course of American Empire* (1977), p.254.

走来了，他们大多穿着便服。不是所有人都带着枪，而那些带着枪的人，肩上扛着各种来复枪、滑膛枪和鸟枪。在民兵之后入场的是身着制服的连队，他们穿着华丽的全套礼服。让·巴普蒂斯特·普劳彻少校（Major Jean Baptiste Plauché）是一位因使命感而自愿参军的棉花代理商，他带领着一个 287 人的营，他们由当地的两代商人、种植园主和律师组成。城市里的女人们为爱国的热情所鼓舞，当她们的丈夫和儿子走过来时，她们挥舞着围巾和手帕向他们致意。

但是她们会为下一波游行者欢呼吗？当军乐响起的时候，法国部队之后紧随而来的是训练有素的自由民营队。他们由 210 人组成，大多是海地人，归曾经的面包店店主让·达坎少校（Major Jean Daquin）指挥。乔克托人也走过来了，他们归皮埃尔·朱吉特（Pierre Jugeat）指挥。他曾经是一个商人，通过婚姻加入了乔克托人的部落。杰克逊希望这次游行能检验民众是否团结。市民们已经为他们自己的人庆祝过了；而其余这些保卫城市的人，长得和市民们判然有别，市民们也时常对其抱有疑虑，他们会为这些人欢呼吗？可能欢呼声中断了，但这短暂的静默并没有长到值得被记录下来。无论那一刻的动机是什么，是出于对英国人的恐惧，或是内心的改变，还是激昂的情绪，新奥尔良人都为这些最近还怀疑过的部队欢呼起来。

紧随海地人和乔克托人而来的是城市上流社会的代表们。托马斯·比尔（Thomas Beale）是来自弗吉尼亚州的绅士，就在几天前，他说服了他的几十个朋友——一些商人和新奥尔良的专业人士——穿上蓝色的狩猎衫，戴上宽边的黑帽子，扛起他们的肯塔基长步枪。[1]

[1] Tatum, "Major H.Tatum's Journal" (1922), p.105.

这些神枪手称自己为比尔的来复枪队（Beale's Rifles）。他们很多人肩上别着小花束，这是他们的妻子和母亲给他们的平安符。

这支大约1500人的军队挤满了广场，他们看起来十分强大，给人留下了深刻的印象。加上正在赶来的民兵，杰克逊在到达新奥尔良16天后，使保卫新奥尔良的部队数量增加了一倍。这些部队不仅在几周内顺利抵达，更为重要的是，这支混杂着不同社会阶层的力量正准备携手拯救他们的城市。这或许是修女们的祈祷之功，或许也归功于杰克逊的领导天赋。

尽管军队数量不多，但杰克逊还是很重视让每支队伍都派出自己的代表。除了利文斯顿和克莱伯恩，商人、法国人和其他当地人也拥有了新颁发的军官头衔。现在，由于杰克逊谨慎的委任和他对市民情绪的精准解读，曾经分裂的新奥尔良被此刻的热情整合起来了，当人们亲眼看到他们被精良的部队所保护时，顿时斗志昂扬。这次游行是天才之举，让这支由自由奴隶、印第安人、海盗、樵夫、民兵和法裔殖民地居民组成的战斗力量为之一振。

但是杰克逊将军不只是在展示他日益壮大的军事实力。他还希望借此传递一个关于他自己的信息。骑着自己最喜爱的名为公爵的马，杰克逊威风凛凛地进入广场中心。他再次委托爱德华·利文斯顿将他要说的话翻译成法语。在欢呼声停息后，利文斯顿开始了翻译。

首先，杰克逊赞美了新奥尔良人的勇气，并劝说他们发扬更高层次的英雄主义精神："国家会称赞你们的勇气，就像你们的将军现在赞美你们的热情一样。"杰克逊向他们承诺一定会取得胜利："保持你们已有的力量，你们不仅能保障自身的安全，还会获得胜利。”[1]接着他向各派系发表演说，对民兵、克里奥尔人（the Creoles）和黑人尤其重视。

为了团结这座城市，杰克逊还采取了一项措施。他让他那心怀感激的听众消除疑虑，并且备受鼓舞——但是他也在前一天发布了戒严令的声明。从今天起，任何进入城市的人都要向将军办公室报告；那些想离开城市的人必须得到杰克逊或他的职员的书面许可。晚上 9 点，街道就会熄灯。每个身体健全的人都应该加入战斗，年老体弱的人则要上街维持治安。这一声明是否合法尚不明晰，但是杰克逊会不惜一切代价击退英国人。

戒严令的发布也意味着城中的居民，无论其肤色和国籍，都能立即被征募为水手——海军准将帕特森决定立即行使这一新的权力。由于博恩湖上的失败，现在他的舰队只剩下密西西比河上的一艘纵帆船“卡罗来纳号”（USS Carolina）和一艘改装的商船“路易斯安那号”（USS Louisiana）。据说“路易斯安那号”在装配 16 尊大炮之前是一艘行驶迅捷的快船，只可惜没有船员，但现在，经杰克逊将军的授权，帕特森和他的军官们能够为这艘 30 多米长的单桅纵帆船征募到最强壮的水手。才过了几个小时，“路易斯安那号”的新水手就在甲板上进行操练了。

杰克逊在阿姆斯广场的演讲给了城市一剂定心丸；自从市民们亲眼看到他的准备和领导能力后，就镇定了下来，且少有怨言。在利文斯顿的翻译结束时，人群中响起阵阵欢呼声和掌声，当阿姆斯广场的

[1] “Jackson’s Address to the Troops in New Orleans,” December 18, 1814.

部队解散之后，他们也融入充满祝福的人群当中。每个人都清楚，这可能是他们在参战前逗留在家的最后机会。

保卫家人朋友的急切需求，是美国人为数不多的几个有利条件之一。尽管杰克逊和他的部队比英国人更缺乏战斗经验，但是他们有为自己的家园和自己所爱的人战斗的动力。如果他们战败了，将无处可去，不像格雷格和他的部下，还可以回到在英国的家。

战争的重担压在杰克逊的肩上，他疾病缠身，焦虑难安，当他返回住处时，抗击英国人入侵的决心也比以往更加坚定了。但他不知道的是，入侵者已经在来的路上了。

行动中的人们

在杰克逊的游行开始前的早晨，英国人就开始前进了。由于吃水深的战舰不能穿过博恩湖，英国人再次登上驳船。伴随着令人厌烦的划桨声，桨手们将第一批英国士兵从密西西比河湾的停泊处带入了博恩湖。

尽管美国炮艇的威胁已经被消除，但是穿越博恩湖对英国人来说仍不是件容易的事情。士兵们坐得挤挤挨挨，连换个位置几乎都不可能，而湖上席卷而来的暴风雨很快就让这趟耗时 10 个小时、共计 30 英里的航程痛苦不堪。步兵军官格雷格中尉记载道，他和他的部队被“英国居民难以想象的那种滂沱大雨所击打，并且他们没有斗篷来遮蔽自己”。[1] 敞开的小艇尤其让非裔加勒比人吃尽苦头，他们穿着很

[1] [Gleig], *Narrative of the Campaigns of the British Army*(1821), p.260.

薄的衣服，不习惯这里的低气温，以至于他们中的很多人之后都因为此次寒冷的暴雨而生病死去了。[1]

在划越湖面数个小时之后，入侵者们才看到他们的第一个目的地。克里奥尔人称它为波伊斯岛（Isle aux Pois），英国人则称它为豌豆岛（Pea Island），其实就是一座满是沼泽的土丘，比一块沙洲大不了多少，可以作为攻击行动的中转站。士兵们在此下船，空着的船只则转而返回了舰队。把全部入侵军运往豌豆岛需要三个来回，这意味着水手们还要再划 5 个 30 英里，之后还要返回舰队，运送补给品和大炮。

即便如此，渡运科克伦部队的任务也只是完成了一半：充斥着野鸭和鳄鱼的豌豆岛位于博恩湖的北端，而这里到滩头还有一半的距离，部队要从滩头登陆后才能向城市进军。也就是说，在进军新奥尔良之前，还有另一段大约 30 英里的必经之路。

豌豆岛既没有建筑物也没有树木可以用来遮风挡雨。士兵们在渡运的过程中浑身湿漉漉的，几乎被冻僵，他们也没有携带帐篷，只能继续被这坏天气所摧残。在雨渐渐停歇后，条件仍然没有改变，夜晚气温骤降，刺骨的寒风吹干了他们身上的水，士兵们的制服上结了冰，被冻得硬邦邦的。晚餐的食物并不可口，是“腌制的肉和硬饼干……有少量朗姆酒用来解渴……即使是那样，我们也不向我们所遭受的寒冷和潮湿屈服”，一位军官记载道。[2] 即使是科克伦中将和陆军指挥官约翰·基恩将军，在远离“雷鸣号”上舒适的环境后，也不

[1] Aitchison, *British Eyewitness at the Battle of New Orleans*(2004), p.61.

[2] [Gleig], *Narrative of the Campaigns of the British Army*(1821), pp.261-62.

得不适应他们在岛上那座由茅草临时搭建的指挥部。

将共计数千人的第一批部队运往豌豆岛花了整整5天的时间，但是他们仍然士气高涨。“上到将军，下到最年轻的鼓手，对胜利深信不疑的情绪遍布全军；一想到新奥尔良的仓库里还有富足的战利品在等着他们，他们就把途中的辛劳和不满全抛到脑后了。”[1]在部队集结之时，很多人都在兴奋地谈论一场“快速且残酷的征服”，他们还在谈论富足的战利品，因为在瓜分新奥尔良的财富时，即使是级别最低的船上侍者，也期待着能分一杯羹。

尽管他们在旅途中十分辛劳，而且还在赶赴战场的路上，但这支世界上最出色的军队毫不怀疑，新奥尔良很快就会是他们的了。

英国人登陆

当英国人向岸边来回运送部队时，杰克逊却在盲目地等待着。他知道现在敌人已经控制了博恩湖，但是他们会沿着哪条路线而来呢？

在一位名叫布朗（Brown）的纵帆船船长的问候中，一条线索浮出水面。他和他的黑人领航员米肖（Michaud）驾船在博恩湖上一起航行，布朗船长看到了令人惊恐的一幕：“总共有348艘驳船，每艘驳船上都装载着四五十人，包括步兵、骑兵和两个黑人组成的团。”这是布朗带给杰克逊的消息。

杰克逊将军问道，你们在哪里看到这支舰队的？

[1] Ibid., p.262.

“他们在豌豆岛下船了。”布朗回答道。[1] 杰克逊希望了解更多，但这位纵帆船船长没能再提供更多的信息。

杰克逊陷入沉思，正如他向战争部长提出的忠告，敌人会“选择他们的攻击地点”。[2] 杰克逊根据自己的侦察情况得知，从豌豆岛而来的最佳路线是沿着让蒂伊平原行进，于是他派遣了包括一个路易斯安那州民兵团和一个自由黑人营在内的部队到那里驻守。但英国士兵也有可能取道让蒂伊平原以南，于是杰克逊命令另一个在下游地区的路易斯安那州的团驻扎在朱蒙维尔（Jumonville）。他还派了一支警戒部队驻扎在下游的维勒尔种植园（Villeré plantation），监视着那条路上的情况，与此同时，另一个民兵师则向英国湾前进，以防英国人从那里过来。附近的每一处要塞都进入了战备状态，每个人都如临大敌。

现在，最直接的路线都覆盖了兵力，但是杰克逊仍然要面对两个问题。首先，他的人没有足够的弹药。其次，他缺乏对河流的充分认知，无法真正谋划作战方略，以便击退英国人每一次可能的进攻。他已经尽其所能察看过了当地的地理形势，但是这还不够。要保证城市的安全，他还需要将另一个团体拉入他那混杂的联合部队中去。

与海盗合作

几个月以来，杰克逊一直在抗拒和恶魔做交易。9 月份的时候，州长克莱伯恩向杰克逊转寄了让·拉菲特写来的警告信，信中说英国

---

[1] Walker, *Jackson and New Orleans*(1856), pp.138-39n.

[2] Andrew Jackson to James Monroe, December 27, 1814.

人打算征募巴拉塔里亚湾的海盗。杰克逊在回信中愤怒地将拉菲特兄弟和他们的海盗同伙称为“可恶的强盗。”克莱伯恩的态度与杰克逊一致：路易斯安那州州长是海盗的死敌，9月，他还下令对巴拉塔里亚湾发动过一次突袭，把这些不法之徒赶到了城市以南沼泽地带的其他藏身处。

但是拉菲特在新奥尔良还有一些有权有势的朋友，而且随着英国人入侵的危险日益迫近，他们对让·拉菲特的态度也缓和下来，因为这个海盗自己冒着巨大风险，向他们传递英国人逼近的消息。海盗们的动机是难以捉摸的——他们真的是亲美派？还是说拉菲特在为过去的罪行而乞求原谅？——但是在如此绝望的情况下，很多克里奥尔人都想得到他们的帮助。在12月14日，路易斯安那州议会通过了一项决议，如果拉菲特和他的团伙协助对英作战，就赦免他们的海盗罪行。

英国人即将到来，杰克逊和爱德华·利文斯顿进行商议。3年以来，利文斯顿一直是让·拉菲特的法律顾问。直到现在，杰克逊一直都听从威廉·克莱伯恩的领导，将巴拉塔里亚人视为臭名昭著的强盗。但是杰克逊的军队缺乏物资——他听说拉菲特夸下海口，说自己的物资足够装备一支3万人的军队。

拉菲特先生与杰克逊将军会面的时刻到来了。

在从一位联邦法官那里得到入城的许可证后——此前法院曾对他签发过逮捕令——让·拉菲特来到了位于皇家大街的这座三层砖房。拉图尔少校现在已是杰克逊智囊团里一位可靠的成员，他主动提出，由自己带他的朋友拉菲特过来。他为双方做了引见，还帮助解决双方语言不通的问题。

杰克逊听着拉菲特先生的提议，他“请求让他和所有巴拉塔里亚人，获得在杰克逊麾下服役的荣耀……来保卫国家，对敌作战”。[1]杰克逊有他自己的疑虑——他不止一次将拉菲特和其手下的人称为“海盗和强盗”。尽管如此，拉菲特的这种提议确实显得有些道理。

拉菲特解释说，他还能提供忠诚之外的东西。他声称自己手下有1000人，都渴望战斗。对杰克逊来说同等重要的是他的火药、子弹和必要的燧石储备——他说他们有大约7000枚燧石——用来为前装燧发滑膛枪和手枪点火。

杰克逊将军和海盗拉菲特相互注视着对方，虽然两人在生活经历上几乎完全不同，但是两人都有一种领导天赋：他们都是那种能让周围的人团结起来的人。也许他们的道德准则不同，但是都对所谓的公平和自然法予以尊重。红棍克里克人酋长韦瑟福德曾经冒着巨大风险来面见自己，寻求双方的共同事业，现在杰克逊也开始以同样的眼光看待拉菲特。这个海盗可能会是一个关键的盟友。

拉菲特熟知这一地区的水流情况。

站在杰克逊面前的这个人向杰克逊承诺提供人员和弹药。

而且他团伙里的炮手技术精准，远近闻名。

他储藏的火药也将派上大用。

一笔交易达成了，杰克逊通过口述留下一张便笺：“让・拉菲特已经为我提供了帮助，来加入我们，还给我们提供了他掌握的所有情报。请你们为他提供必要的保护，使他免受侮辱和伤害，在你们获得你们所需要的情报后，应给予他返回的许可证，如果我想要他来这

[1] Latour, *Historical Memoir*(1816), p.71.

里，请你们尽快让他返回，因为我这里很需要他。”[1]

拉菲特的情报至关重要。他的一些海盗将被派去协防城市以北的圣约翰河，以及增援密西西比河下游的圣菲利普堡。其他人会被编入两个炮兵连。海盗们积累的弹药储备会移入杰克逊的弹药库中。拉菲特自己不久后也成为杰克逊麾下的一名军官。

他们将一起拯救新奥尔良。

大洋彼岸的根特

跨过大西洋，一场无声的对抗正在酝酿。美英双方的谈判代表们在根特逐渐达成一致，随着 12 月的来临，美国人开始认为可以和英国达成一个和约。在讨论新英格兰海岸外的捕鱼权和密西西比河的航行权时，不同政党的代表之间的分歧似乎有所缓和。

这些讨论揭示了美国谈判代表们的地域性分裂。约翰·昆西·亚当斯认为卖掉密西西比河的入海口不会对美国造成多大损失，对他而言，家乡沿海地区的捕鱼权才是一项基本和不可置疑的权利。他认为自己有义务保护这一权利，这其中有他父亲的原因，在美国独立战争结束之时，他父亲也在《巴黎条约》中商定了类似的条款。然而，对于肯塔基州的亨利·克莱来说，密西西比河的航行权能确定美国最西端边界的合法性，捕鱼权在航行权面前相形见绌。对于他来说，密西西比河才是国家中部地区发展的关键，他绝不会在这项权利面前让步。

---

[1] Andrew Jackson to Major Reynolds, December 22, 1814.

在这些令人心烦意乱的事情当中，美国代表们对英国人在商谈中提出的一个新条款紧皱眉头。

在 12 月初，英国外交官再次回到了关于战争中双方领土占有的言辞问题。一开始，重新开启的谈判看起来仅是早先关于拉丁语词 *uti possidetis*（占领地保有）和以和平方式恢复领土议题的简单延续。但是在这言辞背后的争辩，让一向心思缜密的约翰·昆西·亚当斯感到困惑。他考量着英国人所坚持的这些关于谁占有什么、何时占有的言辞细节——这在实际条款中意味着什么？

他很清楚，在路易斯安那州，一场争夺新奥尔良的大战即将来临。如果是这样的话，这座城市会成功地捍卫自己的独立，或是沦陷于英国人之手。无论是他还是其他任何人，无论他们在欧洲还是北美，都会知道结果是什么。

这个结果可能牵扯到一笔巨大的交易：在公文中的外交和法律用语中隐含着巨大的危险——尽管亚当斯对此起了疑心，但是他和其他谈判代表还没有察觉到。

如果新奥尔良被英国人占领了，会发生什么呢？

在新起草的公文中，任意一方占有的全部“领土、地区和领地”都将归还。无论科克伦中将的军队和杰克逊将军的军队作战结果如何，在根特签订的和约都会确保美国对路易斯安那州的所有权。不是吗？

然而，以法律的眼光看，或许有其他解释呢？英国人所坚持加入的“占有”这个词是否有更深层的含义呢？考虑到英国人从来不接受美国对路易斯安那的合法所有权——英国人向来将路易斯安那视为西班牙国王的合法财产，只不过被拿破仑据为己有，因此后来被非法转让给了美国——这份无限制的和约会引来争端吗？

而且，如果英国人夺取了新奥尔良，他们是否想要占有它？

所有美国人都不知道的是，被派往美国负责在新奥尔良大战中击败美国人的新任将军爱德华·帕克南，接到了明确的指示。英国战争大臣巴瑟斯特伯爵，给了帕克南明确的指示。即使帕克南听到和约签署的消息，巴瑟斯特伯爵命令道，“也不应停战，直到你接到和约正式被批准的消息，才能停战”。英国指挥官确实接到了继续战斗、夺取“这一地区的占有权”的明确指示。[1]

如果连亚当斯都没有意识到这点，那么帕克南的对手安德鲁·杰克逊又怎会知晓 5000 英里之外商定的和约所潜藏的巨大危险呢？他无法预知和约条款，就像无法在地震发生几天之前便预知地震来袭一样。但是杰克逊那非凡的直觉告诉他，守住新奥尔良——让它免于落入英国人之手——这对他深爱的国家意义重大。

英军逼近

科克伦中将让他的部队开始登陆，但他不得不小心谨慎。就在几天前，有两个人举着白旗前来，科克伦中将在“雷鸣号”上接待了他们。他们中的一人是名叫罗伯特·莫雷尔（Robert Morrell）的内科医生，他解释说，他们是代表帕特森将军前来的。莫雷尔想照料受伤的美国水手，他的同伴托马斯·希尔兹（Thomas Shields）是一位事务

[1] Earl Bathurst to Edward Pakenham, October 24, 1814.

长，想要和科克伦中将商谈释放琼斯上尉和其他俘虏的事情。

科克伦怀疑他们两个是间谍。

科克伦中将向这两个美国人仔细询问了新奥尔良的相关情况，他们马上深信不疑地对他说，杰克逊的军队是一支庞大有力的力量，“无数西部的步兵都聚集在他的旗帜下”。[1]

在目睹了 8 月 24 日华盛顿外美国民兵的悲惨失败后，科克伦一直对美国人的作战能力十分怀疑。数千名缺乏训练的农民和店主在面对英军冲锋的时候，四散奔逃，躲避从天而降的爆炸的火箭。

但是科克伦也在质问自己：他的部队所面对的是一支 2000 人规模的军队——还是像他们所说的，是一支为数 2 万人的大军？尽管这种可能性让他感到担心，但他更怀疑是否真的有这么一支庞大的力量存在。不论如何，他都不允许这两个人离开舰队，向杰克逊报告他们所看到的关于他的舰队和军队的情报。

科克伦告诉他们，“在战斗结束，新奥尔良命运已定之前”，他们哪儿都不能去。[2] 他们会是皇家海军的客人，在远离战场的护卫舰“戈登号”（HMS Gordon）上等待战争的结果。

科克伦决定从豌豆岛上派出他麾下的两名军官，去执行一个间谍任务。

他和部队指挥官约翰·基恩将军商量这件事。12 月 20 日，皇家海军的罗伯特·斯宾塞船长（Captain Robert Spencer）和陆军军需官约翰·佩蒂中尉（Lieutenant John Peddie）前往比安弗尼河，那是从

[1] Walker, *Jackson and New Orleans*(1856), p.111.

[2] Thomas Shields and Robert Morrell to Daniel T.Patterson,January 14, 1815, 重印于 Latour, *Historical Memoir*(1816,1999), p.219.

博恩湖通往新奥尔良市郊的河道，他们的任务是确定科克伦的计划路线是否是军队登陆的最佳路线。

第二天，两人侦察比安弗尼河归来，并带来了好消息。在比安弗尼河上游不远处有一个渔夫村，是一个由十几座小茅屋组成的小规模定居地。探明情况后，两人就上了岸。斯宾塞和佩蒂雇了两个西班牙裔渔民作为向导，他们常在上游的新奥尔良贩鱼，对那一地区非常熟悉。斯冰塞和佩蒂穿戴着蓝色上衣和油布帽子，伪装成当地人的样子，渔民们划船带他们向内陆行进了几英里，他们便趁机侦察沿途地形。令人惊讶的是，他们没有看到哨兵，于是两人上岸，走上了通往城市的大路。他们欣赏了一番密西西比河的景色。在距新奥尔良不到6英里的地方，两人还尝了尝这条大河的河水。

两人回到豌豆岛后，告诉科克伦，在比安弗尼河登陆的计划是“完全可行的”，因为比安弗尼河畅通无阻，而且非常可笑的是——这里竟毫无防备（“敌人在那个地区没有哨兵”）。[1] 比安弗尼河大概有100码宽，深约6英尺。除了带来军队可以在比安弗尼河上岸的消息，两人还出色地超额完成了任务，他们带回来十几个对博恩湖非常熟悉的渔民。这些渔民将成为英国驳船的领航员。

一个万无一失的计划正在形成。

---

[1] Keane, “A journal of the Operations Against New Orleans,” 重印于 Wellington, *Supplementary Despatches*, vol.10(1863), p.395.

比安弗尼河

科克伦下达了行动的命令。12 月 22 日，基恩将军的第一批军队登船。先遣部队是一支轻装步兵旅，由第 4 步兵团、第 85 轻步兵团和身着绿色制服的第 95 来复枪团组成。它的指挥官是威廉·桑顿上校（Colonel William Thornton），他因 8 月份在华盛顿的巨大胜利而名声大噪。

除了正规部队，桑顿还带上了装备火箭炮的火箭炮兵。一支配备了两门 3 磅野战炮的炮兵小队也将一同前往，还有一个由工兵、工程师组成的连——负责修路和搭桥。另外两个携带重装备的旅也会随后跟上。

上午 10 点，第一批驳船出发了：远征军先头部队 1600 多人正在前往新奥尔良的路上，在长时间的划行后，他们在夜晚进入了比安弗尼河。

英军观察到美国的哨兵就驻守在渔夫村前方半英里处，在夜幕的掩护下，一队英军步兵秘密潜入，突袭并制服了美国哨兵。他们中没有人能逃回新奥尔良，警告杰克逊英军正在路上。

第二天早晨，在几个小时的休息过后，英军继续前进，由桑顿指挥的先头部队负责引导在比安弗尼河上游及其延展部分马赞特河（Bayou Mazant）航行的驳船队列。当到达河流的源头后，他们发现水比想象中的要浅，于是士兵们不得不从一艘驳船走到另一艘驳船，就像跨过一座不稳定的船桥那样，登上了陆地。工兵们前去开道，在必要的地方，搭建起跨越河流的临时桥梁。英国军队凭借着高达 7 英尺的芦苇做掩护，向他们的目的地进发。

起初，行进速度很慢，但是在走了大约 1 英里后，松软潮湿的沼泽地变为覆盖着柏树的坚硬地面。在前方 1 英里处，一片旷野映入眼帘。

数十年来，农民们开垦了密西西比河沿岸的沃土。堤坝和水渠使土地的耕作成为可能。沿河分布的种植园灌溉良好，能够出产价值很高的农作物。现在，这样一份宝贵的财产径直坐落在英国人前进的道路上——但是桑顿却没有意识到，那是杰克逊的哨兵的一个驻地。

在桑顿上校的命令下，一个连的士兵呈扇形散开，包围了维勒尔种植园的主要房舍。种植园的主人雅克·维勒尔将军和他的路易斯安那州民兵在警戒海岸线的其他地方；他的儿子加布里埃尔（Gabriel）则待在家里，负责杰克逊委派的监视比安弗尼河的任务。当英国人匍匐接近时，他正站在房屋的阳台上，抽着一支雪茄。他和他的弟弟正谈得起劲，没有看到第一批英军正在穿过橘树林靠近房屋。

当他看到英国人的时候，已经晚了。他试图逃跑，但是英国人很快就占领房屋，抓住了他并轻松制服了他指挥的 30 名民兵组成的连队。

这里距新奥尔良仅有 7 英里了，只需要再沿着基恩将军所说的一条“还不错的道路”轻松地行进两个小时，就能到达新奥尔良。[1] 尽管桑顿上校表示抗议，认为他们应该立即对美国人发动攻击，但是英军还是扎营了。在驳船上度过了彻夜未眠的长夜后，他们希望能休息一整晚。数月以来一直在酝酿的入侵计划，可以等到明天再实施。这是他们犯下的第一个重大错误。

[1] Ibid., p.397.

冒险出逃

尽管维勒尔少校成了一名俘虏，被关押在自己的房屋里，但是他拒绝听任命运的摆布。尽管他被英国人严密监视起来，但还是看到了机会，并开始行动起来。他成功接近了一扇窗户，然后跳到地面上，打倒了外面几个惊讶的英国士兵。他跑到田地边缘的栅栏那里；伴随着砰砰的射击声，子弹嗖嗖地从他的头上呼啸而过，他毅然跳过了栅栏，消失在密集的柏树林中，英国人无法找到他。

这个逃跑的俘虏知道很多人都在追赶他，但是他很熟悉家乡的地形。他飞快地跑进树林深处，奔向一棵他童年时代就很熟悉的大树。他想爬到高处，用密集的枝叶隐藏自己。但是当停在这棵缠绕着西班牙苔藓的大橡树下时，他听到了一声熟悉的呜咽声。突然他发现，在他的脚下，蜷伏着他的猎鸟犬，它忠实地跟随着它的主人。

加布里埃尔·维勒尔没时间了——他能听到正在靠近的英国搜索者互相应答的声音——但他立刻发现他的狗会出卖他。他狠下心来，用一根大木棍猛击这只狗，杀了他那友好的“背叛者”。在掩埋了它的尸体后，他爬到树冠上，行进中的英国人没有找到他。

那天早晨晚些时候，英国人确认他已经逃脱了，于是返回种植园。维勒尔成功逃脱。苏格兰人乔治·格雷格心情低落地说道：“我们知道，我们登陆的消息传得会比我们行进的速度还快。”[1]

---

[1] [Gleig], *Narrative of the Campaigns of the British Army*(1821), pp.277-78.

“英国人就在下游”

1814年12月23日下午1点30分，杰克逊正在他的客厅里工作，突然听到阵阵马蹄声。三个人疾驰到皇家大街106号的门廊，他们说自己有重要情报给杰克逊将军。

杰克逊让他们进来。

“先生们，你们带来了什么消息？”杰克逊在他的座位上问道。

气喘吁吁的加布里埃尔·维勒尔几小时前刚从英国人手中逃脱，就借了一匹马，和他的两个邻居疾驰到杰克逊的指挥部。尽管维勒尔说着法语，但当另一个人翻译他的话时，他吸引了杰克逊的全部注意力。

“英国人……就在城市下游9英里处……维勒尔（指加布里埃尔）被抓了……但逃了出来。”

终于，杰克逊得到了他想要的消息。漫长的等待结束了。世界上最强大的军队终于入侵了路易斯安那州海岸，几周以来，杰克逊都在猜测英军会在哪里、在什么时候发动攻击，现在杰克逊终于清楚了。他一拳捶在面前的桌子上，同时站起身来。

他喊道：“以上帝的名义，他们别想待在我们的土地上！”

杰克逊召来了他的参谋人员，下令上酒，接着他举着酒杯，感谢维勒尔带来的消息。然后他转向了自己的军官和副官们。

他简短发言：“先生们，英国人就在下游，我们今晚必须战斗。”[1]

---

[1] Walker, *Jackson and New Orleans*(1856), pp.150-51; see also James, *Life of Andrew Jackson* (1933), p.820n55.

他的声音很平和，举止镇定自若，但是大家都清楚他那坚定的决心。命令很快就传向四面八方。街上响起阵阵鼓声，3门人炮齐声鸣放，向城市发出战争号召。

卡罗尔将军和他的部队被派往比安弗尼河的上游方向。城市北面，由克莱伯恩州长指挥的路易斯安那州民兵负责守卫贯穿让蒂伊平原的大道——因为杰克逊认为英国人会从数个方向发动攻击，他不想腹背受敌。同时，爱德华·利文斯顿向海军中校帕特森转告杰克逊的命令，让“卡罗来纳号”起锚前往下游。

杰克逊将亲自带领攻击部队，这包括美国第7和第44步兵团、克里奥尔人的营、乔克托人以及一支自由民军团，再加上海军陆战队和炮兵连。杰克逊将带领这支为数1600多人的部队向南进发。这支部队将前进6英里，到达罗德里格斯运河（Rodriguez Canal），与科菲的骑兵旅和密西西比龙骑兵会合。

第一阶段的作战计划筹备妥当，杰克逊着手回复他从新奥尔良市的一位妇女那里收到的来信，这封信代表所有妇女的心声。她们因听闻英国人逼近的消息而惊慌失措，因此询问杰克逊，如果城市遭到攻击，她们应该做什么。

杰克逊指示他的一名副官：“和女士们讲，不要担心。没有任何一个英国士兵能够攻入这座城市，除非他们从我的尸体上跨过去。”[1]

接着他就吃了一小份米饭，然后在沙发上舒展他那瘦高的身躯，闭眼睡了个午觉。[2] 漫长且未知的夜晚在等待着他，不过在这之前，

[1] Walker, *Jackson and New Orleans*(1856), p.161.

[2] Ibid., p.157.

疲倦的将军要休息几分钟。傍晚时分，城市的部队会抽调一空——杰克逊会带领他的军队，参加一场夜间战斗。驻扎在 9 英里之外的英国人，将会迎来一些意想不到的造访者。

CHAPTER 10

The First Battle of New Orleans

第十章

新奥尔良的第一场战斗

威灵顿的勇士们发现，他们并不擅长和我们在森林中作战，在那里他们必须在齐膝深的水中战斗。

——美军少校阿尔塞纳·拉卡里埃·拉图尔

当维勒尔飞奔至杰克逊的指挥部时，英国人正在盘算准备发动攻击的位置。科克伦中将仍然待在比安弗尼河口的渔夫村，与此同时，基恩在维勒尔的宅邸设立了他的军队指挥部。先驱部队走过这座住宅，然后向右一转，抵达了不远处的一条大路。部队在这里停下来，他们看到远处有更多的种植园。在通往新奥尔良的道路上，那些平坦、干燥的带状土地上都排列着这种大型种植园。

尽管这片地区点缀着一些果树，但主要农作物是甘蔗。注入海湾的水渠和北部的沼泽地灌溉着土地，虽然现在看起来只是一片脏兮兮的褐色土地，但是今年它让这些挥着镰刀的奴隶和种植园监工获得丰收。它一边紧邻沼泽地，南部则靠近密西西比河，这个地点看起来很利于防守，也是一个在进攻之前暂时停留的好地方。基恩的人将枪放在触手可及的地方，在旷野上扎营，在这里，他们可以摆开铺盖卷，用于过夜。

正如乔治·格雷格描述的那样，堤坝（levee）是“一块高耸、牢固的土堤，类似于荷兰的堤防（dyke），也能和荷兰的堤防起到相似的作用”——因为他们扎营的地方比另一面的水平面要低，所以堤坝能有效地保护他们的营地。[1] 穿越这片陌生地带的旅程让英国人疲惫不堪，于是他们派出哨兵，在长 1 英里的营地周围设置了警戒哨。侦

---

[1] [Gleig], *Narrative of the Campaigns of the British Army*(1821), p.279.

察部队四散开来，进行侦察；一些人回来的时候还带着他们自己从废弃的小屋和养鸡场里找到的食物，如火腿、奶酪、葡萄酒和其他东西。同时，其他士兵拆除了附近用有树脂的柏树做的栅栏来生火。随着阵阵烟尘盘旋着升入天空，有人从河里打来了水。

基恩将军记述道，士兵们在“经历了船上那漫长而封闭的生活后，都很疲倦”，于是他们开始做晚饭。[1]

因为很快就会有两个旅的增援部队在他后方的比安弗尼河登陆，基恩将军打算在这里等待豌豆岛上所有增援部队到达后再行动。一些士兵利用这个温暖的下午，在河里梳洗起来。但平静祥和的氛围被暂时打破了，下午 3 点多一点儿，随着一声军号响起，士兵们争先恐后地拿起了枪。然而几分钟后，他们又听到警报解除的声音。原来，几个美国骑兵被英国人发现了，但是他们很快跑掉了——据哨兵报告，在英国先头部队向他们射击的时候，他们中的一人受了伤。

平静的气息再一次降临在营地。明天英国人就会继续前进，但在寒冷的 12 月的夜晚，他们选择围坐在营火边取暖，这比他们在过去一周里的境况要舒适得多。

英国人信心十足，科克伦中将和基恩将军已经下令部队向种植园围栏上张贴传单，宣布他们的到来。传单上写道：“路易斯安那人！请在你们的房屋里保持镇静，你们的奴隶仍然属于你们，你们的财产也将得到保护。我们只和美国人作战！”[2]

---

[1] Keane, “A Journal of Operations Against New Orleans,” 重印于 Wellington, *Supplementary Despatches*, vol.10(1863), pp.396-97.

[2] Parton, *Life of Andrew Jackson*, vol.2(1861), p.84.

英国人自信地认为，新奥尔良的人们最近才被划归美国管辖，不会有什么爱国情感，因此他们能轻易地分裂和征服新奥尔良。

交火！

晚上 7 点多一点儿，基恩安排在堤坝顶上巡逻的哨兵就观察到在密西西比河上停着一艘船，正好在英军火枪射程以外。之前英国人一直很放松，镇定自若，甚至他们中间时常传来阵阵笑声，但是现在，这种轻松的气氛忽然变得紧张起来。

尽管在对岸的衬托下能够隐约看出这艘船的轮廓，但它没有表明身份，这会是皇家海军派来援助他们的巡航艇吗？

还是敌人的船只呢？

它卷着帆，停在那里一动不动。在岸上的英国人向船上打招呼，却没有得到回应。于是他们尝试向空中鸣枪，但水面上还是鸦雀无声。没有任何回应。

当站在堤坝上的英国士兵听到水花四溅的巨响时，他们还没弄清这声音是怎么回事。但是在“卡罗来纳号”上，100 名船员中的每一个人都知道这是怎么回事。他们将巨大的重物抛入了大海——那个声音是船首锚撞击密西西比河水面的声音。

当船锚撞到水底后，海军准将帕特森的人拉紧了锚链。这艘 89 英尺长的船缓慢地抢风调向，它的船首对准了从大海而来的水流。它平稳地停在那里，一切准备就绪，它的右舷和岸边平行，距离岸边有几百码远。

在这宁静的夜晚，美国纵帆船成了一座浮动的炮台。它配备了 3 门 9 磅长管炮和 12 门 12 磅臼炮。它停在一个绝佳位置，能够向对手炮弹齐发。炮手们小心翼翼地“根据英军的营火瞄准射击目标，如此多的地标和烟火，使得美国人能够据此调整他们的炮口”。[1]

晚上 7 点 30 分，岸上的哨兵听到了低沉而洪亮、用英语发出的喊声，这个人的呼喊声在水上回荡。

“现在，以牙还牙，以眼还眼，给他们来下狠的！”[2]

下一刻，炮口迸发的明亮火光照亮了这艘船的轮廓。伴随着雷鸣般的炮声的是一阵阵葡萄弹爆裂的声音。精确瞄准的炮弹击中了英军的营火，燃烧的木材和余烬飞射开来，锅罐四散在地面上。大炮的轰击“就好像是闪电击中了惊慌失措的部队”[3]，人们纷纷被击倒在地，其他人在睡梦中受伤或死去。

宁静安详的夜晚，瞬间就变成了一场浩劫。英国士兵匆忙拿起他们的武器，望向天空，又面朝大海，此时，敌军战舰仍继续对他们的营地进行着有规律的、精准的炮击。

地面攻击

英国军队在堤坝后找到了隐蔽处，他们用火枪进行回击，但并没有给美国战舰带来什么损坏，“卡罗来纳号”上的大炮仍在向他们的

[1] Cooke, *Narrative of Events*(1835), pp.190-91.

[2] Ibid.

[3] Ibid.

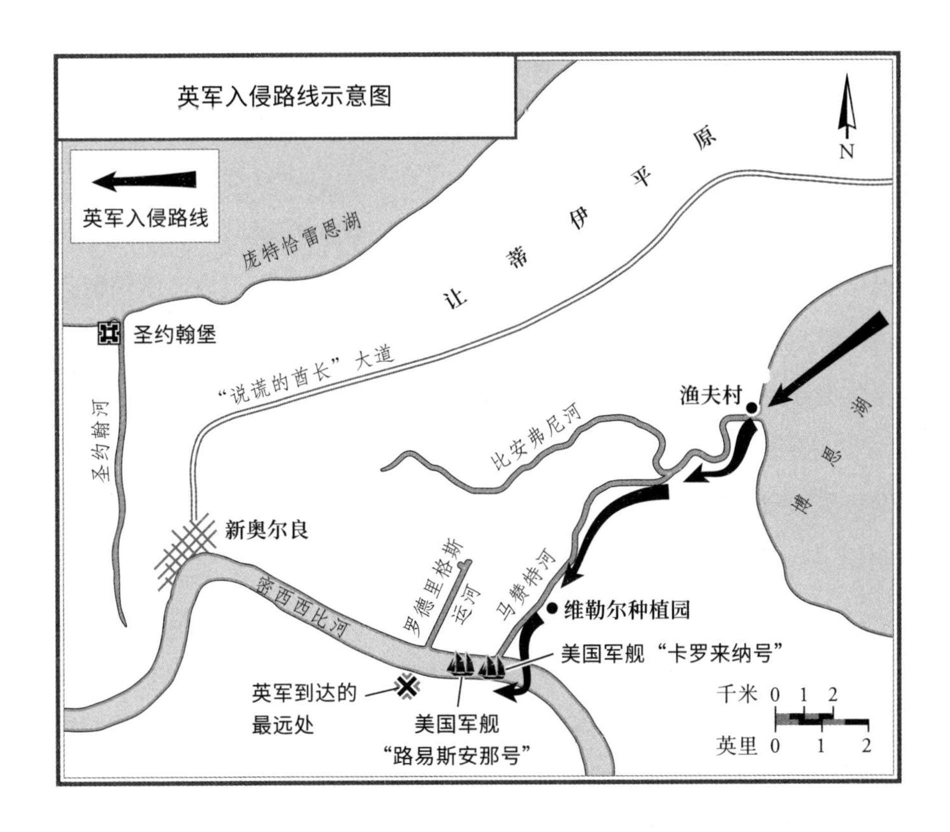

营地发射致命的炮弹。一些士兵开始熄火并拖拽伤员，但他们无法掩护自己，保证自己的安全。英国炮兵向“卡罗来纳号”方向发射了一些火箭，但是这些火箭也没能对“卡罗来纳号”造成损坏。

在 10 分钟的炮轰后，“卡罗来纳号”的火力有所减弱——但是安德鲁·杰克逊的第二波奇袭就要开始了。

英军士兵趴伏在堤坝后面，听到附近的哨兵用火枪预警；在这里，由于没有月光来照亮攻击者，先头部队“将每棵树都当成了美国人”。[1]

---

[1] [Gleig], *Narrative of the Campaigns of the British Army* (1821), p.286.

当零星的炮击声转变为急促的射击声时，英军上下感到十分惊慌。他们开始意识到美国人发动了另一次突袭，不过这次攻击不是从海上来，而是从陆地上来。

杰克逊的主力部队已经沿河行进至罗德里格斯运河；到达这里后，根据杰克逊的命令，他们在不到 500 码外的英国哨兵眼皮底下悄悄行进，然后形成了与河流垂直的一条战线。两尊铜铸野战炮准备就绪，部队就在此静待“卡罗来纳号”开始炮击。

现在轮到他们进攻了。杰克逊命令部队朝惊慌失措的英军前进，炮兵则用他们的 6 磅炮开始了致命的射击，炮弹在被围的英军营地炸开。

杰克逊派出科菲的田纳西州骑兵部队，与比尔的来复枪队和密西西比龙骑兵一道，到他的左翼。这支庞大的部队还包括皮埃尔·拉菲特和一些巴拉塔里亚海盗。[1] 这支第二梯队绕开维勒尔种植园后方的沼泽，一听到主战线上的枪响声，科菲的先头部队就发起进攻，突入了英国人右翼的后方。

这种战术是杰克逊钟爱的钳形战术。英军已经被美国人逼得退无可退，这令英国人十分惊恐。格雷格报告称，他们感觉“敌方的步枪射击出一个半圆形的火焰，整个天空都被照亮了”。[2]

对于久经沙场的英国军队来说，这不算什么新鲜事。桑顿上校命令他的手下投入战斗，两个营的英军士兵向迎面而来的美国人发动了冲锋。很多人被子弹打倒在地，但是他们仍然突入了美国人的阵线。

---

[1] Davis, *Pirates Lafitte*(2005), pp214-15.

[2] [Gleig], *Narrative of the Campaigns of the British Army*(1821), p.286.

他们发现了美军大炮所在的位置，于是对其发起猛攻，他们打伤了牵引大炮的马匹，还打翻了一尊大炮。但是负责保卫炮兵阵地的美国海军陆战队铭记着杰克逊将军的话，发起了向英军的冲锋。

他对他们喊道："不惜一切代价保护大炮！我的战士们。"[1]

看到眼前这一幕，杰克逊策马冲入战斗。他"冲入手枪的射程内，身处枪林弹雨之中……激励着海军陆战队"。战斗是如此激烈，以至于杰克逊的一名军官质疑将军是否应该将自己"暴露在如此猛烈的火力下"。[2] 但是杰克逊仍然拿着枪奋勇冲锋。

与此同时，科菲将军为了"让他的人更加自由和精准地使用来复枪"，命令他们下马攻击英国人的右翼。[3] 这些出色的神枪手射出的子弹是致命的，夜晚漆黑一片，使得这些子弹更为可怕。比尔的来复枪队加入科菲的部队，对英国人进行火力压制。

枪炮火力压制住英军后，美国人随即借着夜幕的掩护冲入了英军营地。枪口喷出的焰火在黑夜中闪烁，即使距离很近，黑夜和枪口冒出的烟雾也使得双方无法分清敌友。在混乱中，双方遭遇友方火力而喊出的"不要开火，我们是你们的友军！"[4] 的声音不绝于耳。

为了避免射中自己人，步兵们短兵相接，刺刀对刺刀、剑对剑地展开搏杀。英国人用他们的枪当作棍棒，而田纳西州人则毫不犹豫地挥舞着战斧和猎刀。在一片漆黑的夜色下，军官们失去了对下属部队

---

[1] Walker, *Jackson and New Orleans*(1856), p.171.

[2] Latour, *Historical Memoir*(1816,1999), p.83.

[3] Thomson, *Historical Sketches of the Late War Between the United States and Great Britain*(1817), p.351.

[4] Cooke, *Narrative of Events*(1835), p.195.

的控制，很快，黑夜中的战斗就成了每个人的单打独斗。格雷格报告说："没有人知道前方发生了什么，除非受伤后士兵自己能立刻站起来，否则其他人不可能给同伴提供支援，因为实际上，战线已经不复存在了。总而言之，场面完全是一片混乱。"[1]这场攻击行动给英国入侵者以不小的打击：正如桑顿上校所说的，"美军对我们营地大胆的袭击行动，是美国式战术的一个新特征"。[2]

当战斗进入第二个小时，云层渐渐散去，一轮弦月的幽光投射到战场上。起初，月光照在美国进攻者们的身上，给了英国人以决定性的优势。但是很快，低雾弥漫这条河流，再次降低了能见度。最终，快早上 9 点的时候，情况逐渐恶化，杰克逊命令他的人从战场上撤退。这一晚上，他们已经做得够出色了。尽管局部的小规模战斗还持续了一段时间，但是大多数美国人返回上游，停在运河附近的种植园，英国人则退回了他们的营地。

清点死者

第二天早晨，双方的军医尽其所能，开始抢救伤者。杰克逊的突袭使美军遭受了严重的损失：24 人死亡，115 人受伤，74 人失踪和被俘。但是敌军的伤亡更大：根据英军资料显示，伤亡高达 500 余人。在大约 1 平方英里的战场区域内，景象惨不忍睹，即使是像乔

---

[1] [Gleig], *Narrative of the Campaigns of the British Army*(1821), p.292.

[2] 引自 Groom, *Patriotic Fire*(2006), p.141.

治·格雷格这样参加过对法战争的老兵也被这残酷的杀戮所震惊。“不仅伤员的惨状令人胆战心惊，死者的面容也凝固着最野蛮、最可怕的表情……这场战斗是近距离的肉搏战……可以看到英国士兵和美国士兵的刺刀都刺在对方的身体里。”[1]

大多数美国伤兵被带回新奥尔良，英国伤兵则在已经建立起临时战地医院的维勒尔种植园进行治疗。医生们对伤兵进行截肢和包扎，士兵们将死者掩埋。等英国伤员康复到足以走路时，他们会登上驳船，然后被带回舰队。营地里的床位很快就会被填满，更多的伤兵会陆续到达。

与杰克逊将军临时拼凑的军队首次交锋的结果令基恩将军感到震惊。美国人深入英国营地；英国人败退了。虽说英国人后来赢了回来，但是如果杰克逊没有下令撤退，会发生什么呢？基恩不敢相信，也不愿意相信，不到 2000 人的美国军队，竟能给他那支大体上同等规模的军队以如此大的打击，于是基恩在他的战斗报告中夸大了美国军队的数量，他给出的美军数量是实际的两倍。

皇家海军的威胁正逐渐减弱；美国人守住了。这场战斗暂缓了英国人前进的步伐，而且美国人向他们的敌人证明了他们有能力和世界上最强大的军队作战。在战斗开始前的几个小时里，那些曾在华盛顿郊外与美国民兵对阵过的英国人，在看到这附近的美国军队后，觉得他们“没有一点儿警觉”。“我们对他们太轻视了，根本不害怕他们的攻击。”[2] 十几个小时后，他们被这些在安德鲁·杰克逊统率下的美国

---

[1] Ibid., p.294.

[2] [Gleig], *Subaltern in America*(1833), p.219.

军队所震惊，认为他们是高水平的对手。

杰克逊麾下的部队大多缺乏实战经验；在那天之前，这些整编到一起、毫无经验的民兵、正规军、志愿军组成的混合部队从未并肩作战过。然而美国军官和他们的人马似乎有着众多危险的军事技能，他们的主动性、战略思维、决心和战斗技巧都令英国人猝不及防。他们中的很多人是出色的神枪手，枪法非常精准，在短兵相接的战斗中，美国士兵也十分出色。

最重要的是，安德鲁·杰克逊证明了他是一个可以信赖的人。在仅仅 5 个小时的时间里，他就制定了一个海陆联合突击计划，集结了一支分散的、不同兵种的军队，在没被敌人察觉的情况下将他们带到了敌人营地，让英国军队陷入几乎完全混乱的状态。然后他带着他的人悄然溜走，就像他们来时那样。

英国人这才发现自己的对手具有如此大的潜力，于是他们意识到，他们需要谨慎行事——这意味着，美国人再一次为自己赢得了宝贵的几个小时甚至数天的时间，用来在他们的新营地附近掘壕固守，建立一道坚固的防御线。

在距离英国人不到 2 英里的地方，杰克逊决定坚守阵线，阻止英国人向新奥尔良进军。

1814 年 12 月 24 日

在大洋彼岸，情况则完全不同，英美和平特使在同一天于比利时的根特进行了会晤。谈判团队在平安夜当天下午来到查尔特勒街（Rue des Chartreux）昔日的一座修道院里，在此签署一份和平和约。

这份和约实际上没有解决什么问题，其本质只是一份停战协议。和约第一款规定：“在英国和美国之间，应该有坚定和普遍的和平。”但是，令人惊讶的是，像强征美国水手和扰乱美国贸易这样导致美国对英宣战的关键问题，和约中却只字未提。

亨利·克莱认为这是一个“糟透了的和约”，但是他也像其他人一样，希望战争早日结束。

美国方面的和约副本将会被装在一个皮制的小公文盒里，跨越大西洋；由于途中暴风雨天气的延误，它需要花 38 天的时间，才能到达纽约。1815 年 2 月 14 日，这份和约才送达位于华盛顿的麦迪逊总统办公室。对于新奥尔良来说，和平的消息来得更迟了，以至于这期间双方遭受的人员伤亡根本无法避免。同等重要的是，只有在两国首都的政府批准和约后，和约条款才能完全生效。

因此，新奥尔良市和路易斯安那州领土的未来——还有很多人的性命——悬而未决。沉重的压力继续压在杰克逊将军的肩头。现在他已经知道了英国人所采取的攻击路线，他的任务就是建立一道坚固的防御线。

CHAPTER 11

The Defensive Line

第十一章

防御线

确实，敌人就在我们的海岸上，威胁着入侵我们的领土，但同样确定无疑的是，只要我们团结起来，鼓足力量，得到上帝的庇佑，我们就能在每个方面都战胜他们。

——安德鲁·杰克逊

“我希望敌人今天会感到极度受挫。”杰克逊在夜战的第二天早晨说道。[1] 即便如此，随着英国增援部队在比安弗尼河和马赞特河陆续登陆，一场反击战似乎不可避免。

但是会在什么时候？

美国情报人员报告说，目前为止，英国人还没有移动。但是杰克逊不能干等着——一分钟也不能浪费——他要确保周围的人不能无所事事。

前一天晚上从战场撤退、向新奥尔良前进的时候，军队穿过了周围的几个种植园。凌晨 4 点，杰克逊下令部队在罗德里格斯运河停下，这里位于英军前线维勒尔种植园上游 2 英里处，离新奥尔良不到 6 英里。

这将是杰克逊修建防线的地方——在路易斯安那州泥沙淤积的土地上，他将在这里建立一道胸墙以防御敌人的进攻。“卡罗来纳号”会从河上提供炮兵火力的支援，而且，在早晨这段时间内，它还会得到它的姊妹舰“路易斯安那号”的增援。海军准将帕特森麾下有一支成分混杂的队伍——船上有美国人、葡萄牙人、挪威人、西班牙人、希腊人、意大利人、德国人、阿拉伯人、印度人和瑞典人。正如帕特森致海军部长的报告中写的那样，“路易斯安那州的船员都是从新奥尔

[1] Andrew Jackson to William Claiborne, December 24, 1814.

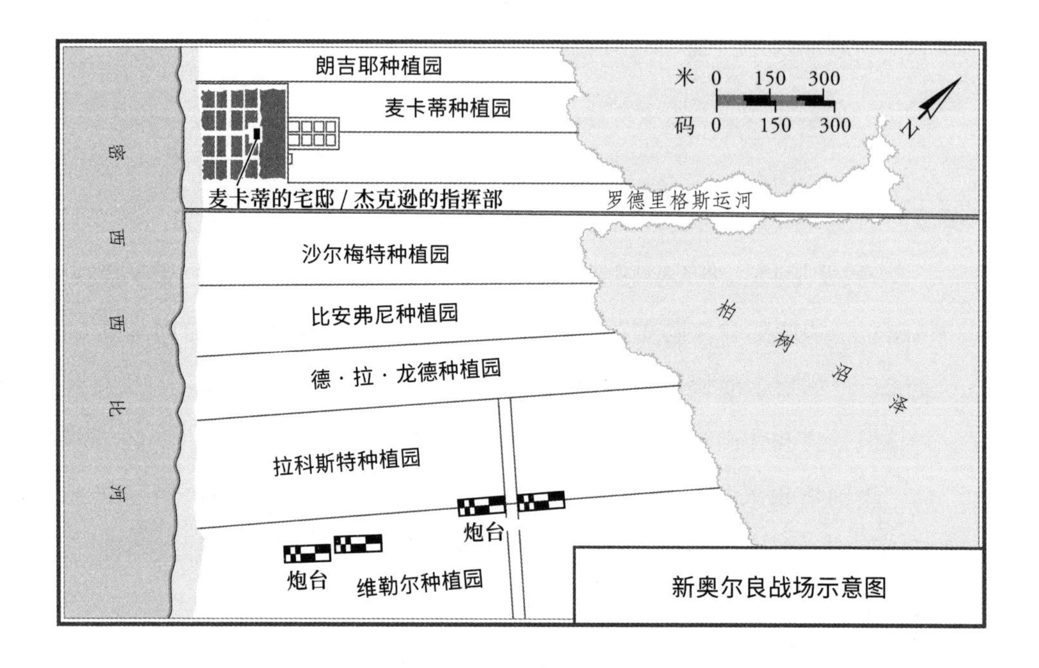

良的大街上招募来的，由各个国家的人组成（英国人除外）”。[1] 也就是说，这支力量并不是只包含美国人，而是由不同种族的人构成的。

杰克逊将军将奥古斯丁·麦卡蒂（Augustin Macarty）的宅邸作为他的指挥部。这座大房子建在防洪堤上，主要的住宅区高出密西西比河泛滥平原整整一层楼。从宅邸周围的门廊可以俯瞰东边仅 100 码远的罗德里格斯运河。在运河的另一边坐落着另一个种植园，它是克里奥尔人沙尔梅特（Chalmette）家族的财产，在这里，大约 200 英亩的旷野都被用于种植甘蔗。杰克逊拿着望远镜，从麦卡蒂家那陡峭

[1] Daniel Patterson to the Secretary of the Navy, December 29, 1814, 重印于 Latour, *Historical Memoir* (1816,1999), p.233.

的屋顶窗向外看去，坐落于更远处的比安弗尼种植园和德·拉·龙德（De La Ronde）种植园的英军营地一览无余。

杰克逊命令密西西比骑马来复枪排和路易斯安那州龙骑兵排，在两军之间的无人地带巡逻。剩下的人则负责掘战壕。

附近有一条废弃的水磨动力水流（曾为一座锯木厂提供动力），即所谓的罗德里格斯运河，其实是没有水的。这条沟渠约有 4 英尺深，20 英尺宽，南北走向，位于麦卡蒂种植园边界处。它的战略价值在于，它从河流边缘的堤坝一直延伸至旷野远端的沼泽地，角度近乎垂直，而沼泽地又遍布丛林，几乎无法穿越。

杰克逊咨询了他的首席工程师阿尔塞纳·拉卡里埃·拉图尔少校，对方熟知这里的土质和地形地貌。拉图尔同意杰克逊的看法：一旦这里的杂草和淤泥被清除，可以将河水引入罗德里格斯运河，将其作为一条壕沟，一个阻挡敌军来袭的障碍。而且可以在运河朝向新奥尔良的一侧建起胸墙，在运河后的堡垒中，美国士兵和大炮都能得到掩护。

杰克逊下达命令，征用了附近的每一把铁锹。到了早晨，浓雾消散，杰克逊的人已经开工了，他们每人拿着一把铁锹，和来自附近种植园的奴隶一起干活。他们从战线后面向东移动，建立了一个堤坝，用从附近的栅栏那里取得的木桩，来防止堆积的土落入壕沟内。其他人负责挖一个闸沟，把河水引入运河。杰克逊还下令在堤坝上开挖更多的沟渠，将河水引入两军之间的空地。杰克逊认为，如果让英国人在泥泞的土地和积水中行进，就能延缓他们的攻击速度。[1]

---

[1] *Historical and Archaeological Investigation at the Chalmette Battlefield*(2009), pp.48-49.

军队轮班干活，从圣诞节的早晨一直干到晚上。这会是一项漫长的工程，需要一天或者两三天的时间来完成。但是没人知道他们还有多长时间。

杰克逊亲自监督工作进度。他骑在马上，总是出现在挖壕的现场，时刻警觉着，并且拒绝片刻的休息。雷切尔的一个侄子是田纳西州民兵的上尉，他很快注意到这几日高度紧张的工作，给杰克逊将军的身体带来的损害。他在家书中写道："杰克逊叔叔现在看起来非常糟糕，他身体损耗得厉害。"[1]

虽然杰克逊的身体备受折磨，但是他的精神仍然强大。当一名英国俘虏向他说，科克伦中将已经立下誓言，会在新奥尔良享受圣诞晚餐时，杰克逊厉声回应道："也许会这样吧，但是我会拥有主持那场晚宴的殊荣。"[2]

伦敦的圣诞礼物

在战线的另一侧，英国人需要振作一些。寒冷、潮湿的天气给暴露无遗的英国士兵以沉重的打击，对于他们来说，这是他们在驳船上的艰辛旅途之后的又一劫难。

此时"卡罗来纳号"和"路易斯安那号"上时常传来隆隆的炮声，仍然威胁着英国人的性命。即使是在圣诞节这天，英国军队仍十分警惕来袭的实心弹和榴霰弹。正当一群军官享用着用他们日益减少

[1] John Donelson, 引自 Parton, *Life of Andrew Jackson*, vol.2(1861), p.102.

[2] Walker, *Jackson and New Orleans*(1856), p.213.

的补给品制成的圣诞晚餐时，他们听见了一声尖叫。这些人匆忙跑到他们用餐的小房子外面，看到一名士兵受了致命的炮伤。格雷格报告说：“尽管他腹部以下的部分几乎被切成两半，这个可怜的人仍苟延残喘地活了将近一个小时。”[1]

危险无时不在。任何冒险进入两军之间无人区的人，都会成为目光敏锐的美国狙击手的目标，一旦夜幕降临，暴露在外的英国人就会遭到美国骑兵时常打了就跑的火力袭击和乔克托人的偷袭。五十几个配备了战斧的印第安人和装备了长管来复枪的田纳西州民兵队一道，偷偷接近并杀死英国哨兵。英国人认为这种行为是不文明的，但确实十分有效。正如一名英国军需官报告的那样，入侵者被剥夺了“大量用于舒适休息的时间”。[2]

接着，在圣诞节下午两点，英国人收到了一份提振士气的礼物。美国人仍在这片即将成为战场的土地的另一头挖掘战壕，但是派驻前线的美军哨兵突然听到从英国人的营地里传来震耳欲聋的欢呼声。当手枪射击和大炮齐鸣的声音传来时，每个人都警觉起来。

英国人要进攻了吗?

其实他们是在庆祝。在英军营地里，一个名字从一支部队传到另一支部队：高贵的少将爱德华·帕克南爵士已经抵达了。这一令人兴奋的消息一传开，英国人的士气即刻高涨起来。

对于英国士兵来说，内德·帕克南是他们中的一员。他在西班牙和法国的战场上证明了自己。尽管他生来就是高贵的伯爵之子，但他从不惧怕置身险境。在协助打败拿破仑的战役中，他身先士卒，率军

[1] [Gleig], *Narrative of the Campaigns of the British Army*(1821), pp.301-2.

[2] Surtees, *Twenty-Five Years in the Rifle Brigade*(1833), p.356.

冲向敌军队列，多次证明了自己的勇气；他击溃了一支法国部队，这使他赢得了“萨拉曼卡英雄”（Hero of Salamanca）的绰号。他在战斗中多次受伤，包括脖子上的两次枪伤。据说，第一次枪伤让这位传奇战士的头只能歪着；多年以后的第二次枪伤让他的头正了回来，恢复了军姿。[1]

他不仅仅是一个幸存者，还是令人敬畏的威灵顿公爵的内弟，威灵顿公爵对他的领导能力大加赞赏。威灵顿这样评价帕克南：“当我告诉你们，他是我们中最棒的人的时候，这并非我对他的偏袒之词。”（“铁公爵”威灵顿自己不会去美国；他对那里战争的结果并无多大把握——他沉思过后说道：“我不指望我自己能在那里取得多大的成功。”另一方面他忙于巴黎的事务，在圆满地完成战争事务后，他被任命为英国驻法国大使。）但是在新奥尔良的郊外，爱德华爵士要证明一些新的东西：这场战役是他独立指挥的第一场战役，如果顺利拿下城市，他就会得到一张任命他为占领地区总督的委任状。[2]

在抵达后不久，他就亲自前去视察前线，观察当地的地形地貌和敌人的位置。他几乎立刻就对基恩将军和科克伦中将做出的决定产生了质疑；很快就变得火冒三丈，因为他意识到他接手的这个营地有多危险。

他和他的指挥部进退两难，这条狭窄的进攻道路被地形所限，一边是河流，另一边则是沼泽。前方有一支美国军队正在忙着挖掘壕沟，是死路一条。在他们身后，有一条很狭窄的撤退道路。补给的来源是舰队，停泊在 60 英里之外，只能用小型敞仓驳船给他们运送食

[1] Walker, *Jackson and New Orleans*(1856), p.201.

[2] Brands, *Andrew Jackson*(2005), pp.272-73.

物、人员和武器弹药。通讯非常困难。

总之，在帕克南看来，和美国人的第一场战斗给英国人带来了“不好的结果”，这是一个真正的“危险境地”。[1]

尽管如此，他还是有一项任务要完成：他要解救他的部队。他必须制定并执行一个可行的计划。他将自己带来的顾问们、基恩、科克伦以及他们的军官们召集到一起，开会研讨作战计划。

帕克南坐在维勒尔宅邸的会客室里——房子的主人正和他的路易斯安那州民兵一道，在战线另一侧等待着即将降临的战斗——帕克南直截了当地告诉他的属下们：“12 月 23 日那天，我们的部队就应该立即向新奥尔良进发。”他说，那次战败，是战略“失误”导致的。[2]如果他们当时继续进军，而不是选择在那里停留一个晚上，新奥尔良早已是他们的了。

基恩和科克伦将话题转移到 12 月 23 日的战斗上，试图将战斗描述成英国人的胜利。基恩声称他和部下守住了阵地，并且“击退”了进攻的美国人，美国人在攻击后，才“意识到，还是（从战场上）撤退更为明智”。

帕克南不同意基恩等人的说法。他将那晚的战斗视为一场彻底的“失败”。[3]

讨论的议题因此被带到了他们现有的位置上。

帕克南告诉他周围的军官，他正在考虑一次全面的撤退。他相信

---

[1] Cooke, *Narrative of Events*(1835), p.203.

[2] Remini, *Battle of New Orleans*(1999), p.89.

[3] General Keane to General Pakenham, December 26, 1814, 重印于 James, *Full and Correct Account of the Military Occurrences of the Late War*, vol.2(1818), p.531.

可以制定一个更好的计划。整个行动要重新规划。这支英国劲旅可以部署在其他地方，取得重大胜利的可能性也将会增加。

科克伦中将对此勃然大怒。

这位老练的海军老兵完全不能接受帕克南的提议，而且拒绝了帕克南的争论：他没有看到什么失败——远非如此。而且，帕克南认为他和他的部队、他的计划已经失败的评价让他极为恼火。

盛怒之下的科克伦向帕克南提出了挑战：他扬言，如果帕克南将军的军队不能完成夺取新奥尔良的任务，他的水手和皇家海军陆战队就将向美国人的防线发起猛攻，然后进军新奥尔良。

他言辞刻薄地嘲弄帕克南："你的士兵可以负责运送辎重。"[1]

一时间双方僵持不下。

帕克南被科克伦的暴怒吓了一跳，但是他清楚，他需要科克伦自愿合作。在这样的情况下，是不可能全盘推翻原计划的，而且他意识到，自己别无选择，只能让步。"卡罗来纳号"和"路易斯安那号"仍在继续向英国营地发射炮弹，帕克南只能尝试在困境中尽其所能。

他可以从摧毁"卡罗来纳号"开始。

令人震惊的突袭

12月27日，安德鲁·杰克逊三天以来第一次从充足的睡眠中醒来。接下来的一天很平静，他继续监督美方这边的掘壕工程，可到晚上7点

---

[1] Walker, *Jackson and New Orleans*(1856), p.212.

多，他发现英国人决定向美方发起炮击，这令他感到十分不安。

杰克逊急忙跑到麦卡蒂住宅顶层的屋顶窗。他发现英国人的炮击目标，既不是他的军队，也不是罗德里格斯运河的防线。相反，敌人的大炮在轰击“卡罗来纳号”。这艘战舰已经用炮火骚扰英军好几天了。

滚滚浓烟暴露了英军大炮的位置，它们位于堤坝下游的壕沟中。站在炮兵附近的就是爱德华·帕克南将军，他正亲自指挥着一支炮兵队。据杰克逊所知，他前一天还不在这里。而且这些大炮也是刚抵达战场的，与杰克逊的部队四天前面对的那些大炮相比，这些大炮炮身更长，射程更远。

一群军官和帕克南一起到达，其中一人是炮兵指挥官亚历山大·迪克逊上校（Colonel Alexander Dickson）。他被视为英国军队中最有能力的炮手，他曾是威灵顿的炮兵指挥官，和帕克南在西班牙的萨拉曼卡并肩战斗过。他一到前线，就立即接管了大炮。这些大炮由船只运送到海湾后，被英国人用马匹沿河边的道路托运，抵达前线。科克伦承诺之后还会有更大口径的大炮运达。到圣诞节那天为止，皇家炮兵手头拥有 2 门 9 磅炮、4 门 6 磅炮、4 门 3 磅炮和 2 门 5.5 英寸榴弹炮。

迪克逊和他的部队已经就位，准备摧毁“卡罗来纳号”。他们希望能隐藏自己的战略意图——同时也为了避免招致“卡罗来纳号”的火力袭击——在圣诞节夜幕降临后，大炮被带往堤坝。迪克逊上校下达指令，每两门大炮之间要间隔数百码的距离，在堤坝后方要挖掘战壕，以保护大炮免受回击火力的破坏。炮管高出地面，装载大炮的炮架底下铺着木板。这木板是从附近的栅栏上拆下来的，可以防止这些重型武器陷入松软的泥土。12 月 26 日黎明前夕，他们的工作接近完成，英军还收集了丰收之后散落在田野中的甘蔗秆，用它们将大炮伪装起来。在拂晓之前，英国人撤退了；他们还需要一天的时间才能开始炮击，因为他们所需的炮弹仍在运往海湾的途中。

日落后，英国人又回去干活了。他们为炮击做好最后的准备，凌晨 2 点，炮兵们点火，为 9 磅重的炮弹加热。炮兵们接到了指令：帕克南将军命令他们在黎明时分开火。

12 月 27 日早晨，杰克逊听到了英国大炮的射击声和轰鸣声，他即刻命令停泊在“卡罗来纳号”上游不到 1 英里远的“路易斯安那号”驶离英国大炮的射程。“卡罗来纳号”则用它的 12 磅炮进行回击，这是船上唯一一尊能从密西西比河远端的锚地打到英军位置的大炮。

当致命而精准的英军炮火开始给“卡罗来纳号”造成损坏时，杰克逊只能无助地看着。仅半个小时，一发炮弹就砸穿了“卡罗来纳号”的甲板，燃烧起像铁匠熔炉一般炙热的火焰。这颗炮弹深深嵌入船只的主舱、主帆操纵索的下方，船员们很难到达那里。炙热的炮弹很快被引燃，火焰迅速蔓延，几分钟的时间里，无法控制的熊熊烈火就从内部开始吞噬着这艘战舰。

更多的燃烧弹击中了“卡罗来纳号”。火光笼罩着船只，船员们别无选择，只能弃船。快上午 9 点的时候，火焰离甲板下的弹药库越来越近，船员们（其中有一些是拉菲特的海盗）抢先将船上的两尊大炮丢下船，然后费力地登上“卡罗来纳号”上的小艇发狂般地划向岸上。

当船舱里的火药爆炸时，几英里外新奥尔良的房屋窗子都被震得叮当作响。船只燃烧着的碎片被炸到天上，落入水中后嘶嘶作响，有些甚至能远远落到密西西比河对岸的土地上。接下来陷入一片短暂的寂静，灰尘和碎片继续如雨点般落下——然后美国防线上的士兵听到了英国人那边传来阵阵叫喊声和欢呼声。

接着，敌人继续开火，令安德鲁·杰克逊害怕的是，他观察到英国人掉转大炮，对准了最后一艘美国战舰。“路易斯安那号”尽管此时还在1英里以外的上游，但已经成了英国人的目标。

“路易斯安那号”的船员们已经扬起风帆，但受微风和密西西比河水流的影响，船无法快速行进驶向上游；而那是它唯一的逃脱路线。美国人和英国人都清楚，“路易斯安那号”败局已定——现在船的后甲板已被英军的炮火淹没，但是还有一种选择可以使“路易斯安那号”免受英国人炮火的打击。如果风不能把船带到安全的地方，那么只能靠人力划行。

“路易斯安那号”的驳船转向一侧，水手们在船桨旁边各就各位。似乎是为了显示他们任务的重要性，一颗炮弹猛撞在了静止不动的船上。

水手们把结实的绳子系在这艘30米长的单桅纵帆船上，然后用力划桨；其他人站在岸边的浅水区域，也使劲拉着绳子。但当绳索被拉紧时，这些驳船就像孩子们用力拉拽他们母亲的围裙带那样，努力将静止不动的“路易斯安那号”拖到安全的地方。

起初，母船一动不动。接着，缓慢而几乎难以察觉地，母船动了起来。尽管炮火袭击仍在持续，但幸运的是，桨手们成功地把“路易斯安那号”拖行了半英里，以使它远离英国人大炮的射程。

这次轮到美国人欢呼了，随着英军的炮火停歇下来，这一天的战斗结束了。

英国人的攻击

在英国人对帕特森的小舰队进行的攻击中，一艘船被炸毁，另一艘船被赶到射程之外。尽管那次行动让英国人对杰克逊的防线发动直接攻击的可行性大为提高，但是帕克南将军还是对敌人的兵力和位置缺乏足够的了解。美国狙击手和骑兵经常在两军之间的地区巡逻，这限制了英国人的侦察活动，帕克南清楚，他必须解决这个问题。

从英国人的位置看去，可以看到这些不怎么显眼的美国骑兵巡逻队，迪克逊报告说，他们“像穿着毯子一样”。美国志愿军没有统一分发制服，但是他们穿着羊毛衬衫和自制的裤子，戴着羊绒帽或浣熊皮帽。这些林中人留着长发，蓄着脏乱的胡须，拿着“长管滑膛枪或长管来复枪”。[1]

12 月 28 日，帕克南组织他的部队，前去“侦察敌人的位置，如果可行的话……就攻击敌人”。[2] 他想靠得更近，搞清楚杰克逊的军队规模，并试图削弱杰克逊的防卫力量。美国人仍需向久经沙场的帕克南将军证明自己。

寒冬清晨的浓雾刚散去，由基恩将军指挥的英军 4 个团就开始沿堤坝路行进。帕克南的副指挥官、和他一同抵达的塞缪尔·吉布斯（Samuel Gibbs），则率领另外 4 个团沿着沼泽边缘前进。两支部队都有炮兵支援，他们准备用臼炮和火箭轰击美国人。

---

[1] Dickson, “Artillery Service in North America in 1814 and 1815” (1919), p.98.

[2] Smith, *Autobiography*, vol.1(1902), p.228.

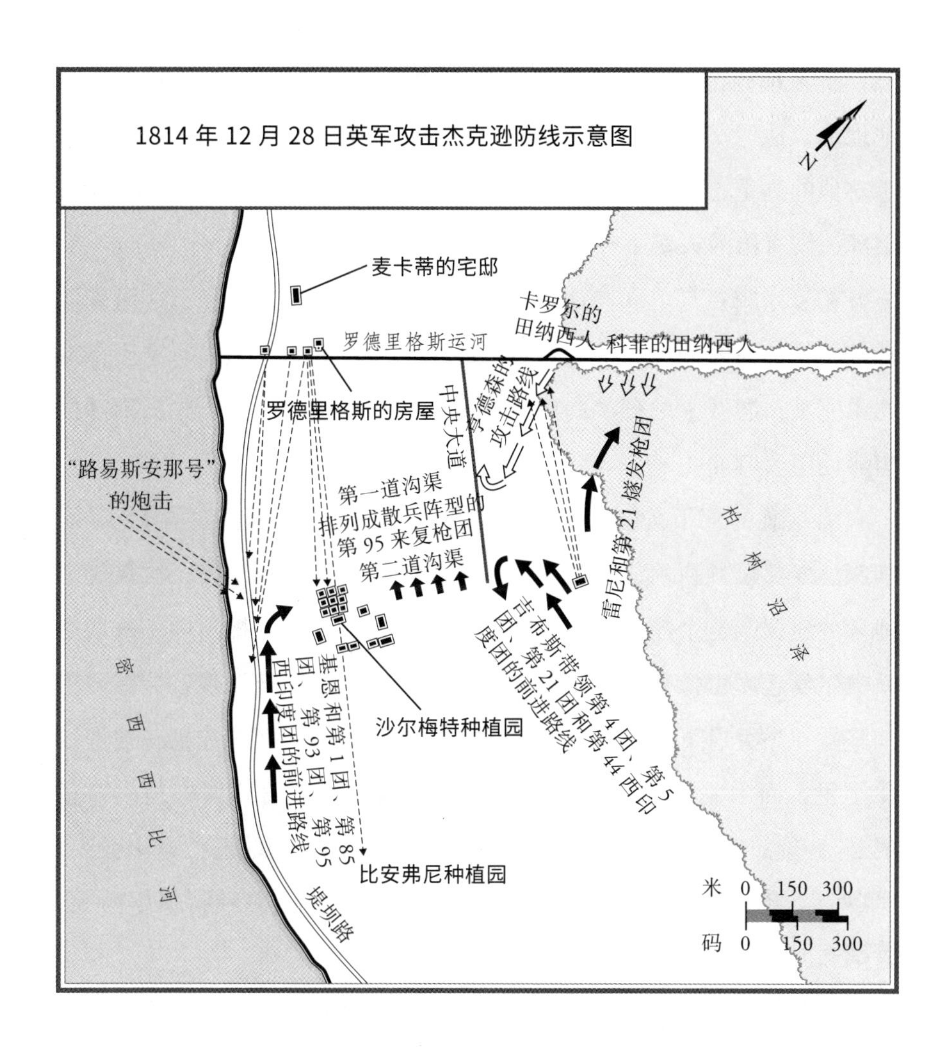

当英国人渐渐接近美国人的防线时，晴空中升起的太阳逐渐照亮了他们眼前的胸墙，有些地方足足有 5 英尺高。美国防线贯穿了从河岸到柏树沼泽之间的整片地区。几天前，爱德华·利文斯顿带让·拉菲特来视察防线时，这个海盗立即发现了这条防线的一个弱点。利文斯顿告诉杰克逊，“拉菲特认为，防线应该继续延伸，穿过第一片树

林，直至柏树沼泽，才能够给我们提供完全防护”。[1] 拉菲特熟知当地地形，他对军事战术的理解力，也给杰克逊留下了深刻的印象。出于对他的尊重，杰克逊立即按照他的建议行动起来，命令将防线深入沼泽，没有给敌人留下任何迂回防线的可乘之机。

帕克南骑在马上，和他的人一起行进，他惊讶地看到，在沿胸墙顶部修筑的简陋的垛口处，竟有至少伸出 5 尊大炮的炮口。这座堡垒还未完工，防线上的各处高度和厚度不一样，防线在靠近柏树沼泽的边界处向后弯曲。

杰克逊的部下为 4 个炮兵连修筑了堡垒。这里的地面满是湿泥和深达 3 英尺的积水，因此土地十分松软。杰克逊将军又一次接受了他人的建议，这个建议很有可能是由一个掘壕的奴隶提出的——取来新奥尔良仓库里储存的尚未装运上船的棉花，来填充泥地，让泥地更加坚硬。杰克逊下令实行这个措施，很快，用铁环捆扎的棉花被埋在泥土里，而木制的炮台就安置在泥土上面。其中两尊大炮是大口径的 24 磅炮。其中两名炮兵是那天早晨刚刚抵达战场的巴拉塔里亚人，“这些穿着红色衬衫、蓄着胡须、举止粗野、看上去一脸绝望的人，被烟和泥土弄得脏乱不堪”。[2]

当英国人接近时，空地上寡不敌众的美国哨兵向他们开火，但是很快他们就撤退了。帕克南的纵队继续向前行进，很快就到了距离罗德里格斯运河不到半英里的地方。行进的英国军队非常引人注目，他们身着红色、灰色、绿色和格子呢的鲜艳制服，依照鼓点声和军号声

---

[1] Edward Livingston to Andrew Jackson, December 25, 1814.

[2] Walker, *Jackson and New Orleans*(1856), p.226.

行进。对于这些初上战场的美国士兵来说，这是他们头一次亲眼见到强大的英国战争机器向他们走来。火箭在美军头顶上空爆炸，英国大炮向美国防线抛射炮弹和铁弹，这些纪律严明的英国“老兵们排成密集的队形，稳步向前，就如同在接受检阅一样”[1]。

当美国的炮手们开始还击时，他们瞄准得非常精准，格雷格报告：“很少有炮弹打得过远或过近，每颗炮弹都打到了我们队伍当中，造成可怕的破坏。”[2] 海军中校丹尼尔·帕特森和“路易斯安那号”上的人，将船停泊在密西西比河对岸，从侧舷发射的炮火沿着堤岸横扫向英国人的战线。既然敌人已经回到他们的射程内了，在接下来的几个小时里，船上的大炮便持续向英军开火，共计消耗了 800 发炮弹。

听到伤兵传来阵阵惨叫声，英军纵队犹豫不前，随后停止了前进。依照军官的命令，堤岸旁的士兵们躲到了沟渠里和高高的芦苇丛后，寻找任何可以掩护他们的东西。

在空地的另一边，沿着沼泽地行进的英军纵队进展更为顺利。他们必须面对美军左翼由科菲将军和卡罗尔将军率领的田纳西州部队的火力袭击，但他们在“路易斯安那号”的射程之外。

为了更好地了解当前的位置，帕克南下马步行前进，以便更清楚地观察美军的炮台和垛口。显而易见的情形是，他仅有的几门大炮并不足以面对如此强大的敌军火力。于是他向营地传令，即刻修筑土木工事，将他的大炮运送到前线来。

---

[1] Ibid., p.227.

[2] [Gleig], *Narrative of the Campaigns of the British Army*(1821), p.309.

与此同时，“路易斯安那号”继续轰击着靠近堤坝的英军部队，安置在堡垒上的地面火炮持续轰击英国人，重点打击英国人的小型炮兵阵地。

正当战斗如火如荼地展开时，杰克逊接见了一位不请自来的造访者，这个人从州长克莱伯恩那里带来了消息。

这个人告诉他，在新奥尔良，有关于投降的风言风语：市民们知道英国人正日益逼近，也知道他们近来发动了进攻，还有关于敌军庞大数量和军事实力的传闻。州议会中，也有人担心他不能在这场城外的激战中取得胜利。听到这里，杰克逊感到愈发不耐烦，他渴望拿起他的小望远镜，重新投入到眼前的战斗中。到最后，他终于受够了。

他斩钉截铁地说道：“给你那高贵的主人回复，就说是我说的，如果我不幸被打败……被迫从新奥尔良撤出，那他们会开一场温暖的会议。”[1]

“一场温暖的会议？”

杰克逊之后详细说明了他的意图。如果他不能保卫新奥尔良，那他就烧毁这座城市，占据河流上游的一个位置，切断英国人的补给线，以此把英国人赶出这个国家。简而言之，他不会让英国人胜利地开进任何一座他防卫的城市，也不容许任何对美国不忠的议员举起白旗。

说完这席话，他就回到了战斗中。

在英国人这边，帕克南意识到，他那为数不多的大炮已经失去作用了，因为他们已弹药告罄。美国炮手的射击技术十分高超，帕克南

---

[1] Andrew Jackson to John McLean, March 22, 1824.

看到他左翼的攻势在“路易斯安那号”密集火力的覆盖下，没有取得丝毫进展，于是卜令撤退。

英国士兵习惯了在战场上获胜，当撤退时，他们备感羞耻和愤怒。在美国猛烈的炮火面前，他们需要秘密撤退，这使他们士气低落。这场撤退行动直到天黑以后才完成，很多英国士兵只能躺在空地上，等待日落。他们进军的时候有多英勇，现在撤退的时候就有多羞耻。帕克南的部队缓慢地回撤到离美国防线 2 英里的地方，除了那尊最大的火炮，他们的营地已经超出了其他所有美军火炮的射程范围。

尽管这场攻击行动失败了——确实，内德·帕克南并没有带领他们赢得他们所期望的那种轻松的胜利——但是帕克南摸清了敌人阵地的相关情况。他决定把这些致命的美国大炮作为他的下一个打击目标。如果他想要成功攻破美国人的防线，就必须首先压制住他们的火炮，但他手上只有 4 磅炮、6 磅炮和 9 磅炮，于是他下令将两尊已经被拖运到维勒尔种植园的 18 磅炮带到这里，还下令把舰队上的 8 门大炮也运过来。

正当帕克南制定计划时，杰克逊在堡垒中心监督部下们安装了另一尊炮——一尊 32 磅炮。他很清楚，英国人会做好更充分的准备，实行反攻，而他也要蓄势待发。

炮战准备

三天的时间里，除了一些零星的小规模战斗，英国军队仍保持着和美国防线间的距离。杰克逊等待着敌人的下一步重大行动，虽说他的军队比帕克南的军队数量更少，但他们在土木工事后得到了更好的保护。然而，杰克逊不能容忍无所事事。

他的副官拉图尔少校注意到，尽管杰克逊是那么疲劳，“可以说，他所表现出来的能量正传播开来……这种能量传达给了整支军队……如果他下令要完成一件事……就会有一群志愿兵立即执行他的命令”。[1]

杰克逊的命令接连传向四方。由于最近抵达战场的民兵很多都没有武器，于是他下令新奥尔良全城搜寻他们所需的枪支弹药。在前线，这位威严的将军继续加固土木工事，挖掘工作仍然没有停歇。一名英国战线上的士兵报告：“我们能清楚地察觉到，在美军堡垒里，有很多人一直在干活，大部分是黑人……但是白人（我们推断是军队）也一直在忙着干活。”[2]杰克逊注意到，防线最远端、离沼泽最近的守军，面对帕克南前几天所率大军，在数量上远远寡不敌众，于是他派更多的人前去增援那一翼的力量，其中有很多田纳西州人和乔克托人。

杰克逊意识到他的主防线有被帕克南那庞大的军队攻破的可能，于是命令他的工程师在原有的防线后方，设计并建造两道第二防线：其中一条在罗德里格斯运河以西 1.5 英里处，另一条在距离新奥尔良仅有 2 英里的地方。杰克逊还在主防线上增加了更多的炮台，13 门大炮伸出防卫墙，它们当中既有沼泽附近的小型铜制臼炮，也有在防

---

[1] Latour, *Historical Memoir*(1816,1999), p.12.

[2] Surtees, *Twenty-Five Years in the Rifle Brigade*(1833), p.363.

线中央附近的大口径 32 磅炮。

杰克逊也没有忽视河对岸。在那里，一支由 150 名奴隶组成的队伍正在忙于修筑一条沿着运河的胸墙。帕特森准将麾下的人把“路易斯安那号”上的大炮——一尊 24 磅炮和两尊 12 磅炮——运往岸上，然后将它们安置在右岸的哨所中。在那里，大卫·摩根准将（Brigadier General David Morgan）和他麾下的 450 名路易斯安那州民兵正在努力加固土木工事。

但是英国人也很忙，新年伊始，他们正在准备实施一项新的战略。

寂静的行军

在新年前一天的傍晚，半数的英国军队几乎无声地行进着。他们穿过己方的前哨，在距离罗德里格斯运河仅 600 码的地方停下了。有两个团负责警戒，其余的士兵把枪堆起来，用他们随身携带的铁锹、镐和锤子开始干活。

速度是极为重要的：帕克南的部下正在建造新的炮台，在日出的光亮将他们暴露在美国人的眼皮底下之前，他们只剩下几个小时的时间了。当把土堆起来的时候，他们建造了一个缩小版的美国堤坝，在堤坝之后，他们的大炮可以得到掩护，科克伦中将的水手们则将 10 尊 18 磅臼炮和 4 尊 24 磅臼炮拖运到这里。他们从西普岛的舰队那里出发，划船运送沉重的大炮（大一些的大炮有 2 吨多重）上岸后，用本来用于运送桶装蔗糖的乡村马车，将它们拖到营地。现在他们用尽最后的力气，将这些铁制大炮和沉重的马车安放在新的土木工事后方。这些大炮随即瞄准了美国营地。

凌晨时分，天空放亮，美国哨兵紧张地注视着前方。杰克逊将军和他的部下在夜晚的黑暗中就听到了英国人干活的声音，他们都很急于看到敌人到底在干什么。但是早晨的到来并没有让一切变得明晰；浓雾弥漫，完全遮蔽了战场。

当浓雾渐渐散去之时，美国人愈发地害怕，他们有不祥的预感，英国人将发动一场进攻。从英国逃兵那里拷问得到的消息证明，帕克南已经调集了大量的援军。每个人都相信，等援军一到，他就会发动进攻，昨晚的声响可能是那些新来的部队在做准备。早晨 8 点左右，遮蔽在战场上的浓雾渐渐散去后，这不安的宁静就被震耳欲聋的炮声所代替。英军正在用他们刚带过来的火炮对美国防线开火。英国炮兵特意瞄准了麦卡蒂的宅邸，因为他们知道，杰克逊将军的指挥部就在那里。

炮弹击中了目标，随着空中的火箭发出阵阵尖锐的呼啸声，传来房子被炸毁的声音。拉图尔少校报告说："砖块、木材和家具的碎片，火箭和炮弹，飞向四面八方。"[1] 接下来的几分钟里，超过 100 枚铁弹、火箭和炮弹飞入种植园的房屋。"（房屋的门廊）被炸毁，这座房屋被彻底摧毁了。"神奇的是，没有人受伤，杰克逊按照他的惯例，迅速离开了——不是逃跑，而是去战斗。根据他的副官里德少校所说，"杰克逊第一时间出现在危难中……立即前往前线"，[2] 这是杰克逊的习惯。

[1] Latour, *Historical Memoir*(1816,1999), p.95.

[2] Reid and Eaton, *Life* (1817), pp.326-27.

在前线，英军的炮轰持续不断，杰克逊能看到敌人通宵劳动的成果：那里有 3 座新的炮台，新月形的炮台使得英国炮兵能在美国防线和密西西比河对岸炮火的打击下，得到较好的保护。英国人将 22 尊大炮安置在粗糙的木制炮台上，其中有 3 尊臼炮和 2 尊榴弹炮。为了快速安置大炮，英国人带来了他们在种植园洗劫的桶装蔗糖，将其作为沙袋的替代品。他们将木桶滚进炮台，然后竖立起来，这些木桶成了炮台顶部的防护墙。

杰克逊还看到另外一幅不祥的景象：在英国大炮后方大约 200 码的地方，站着身着鲜艳制服的英国步兵。两支英军纵队排成了战斗队形，分别在空地两边做好了攻击准备。看上去不太显眼的是第三支小规模的分遣队，他们藏在沼泽边缘的浓密树林中。[1]

杰克逊的部队除了期望他们的大炮能抵挡住英军入侵，几乎做不了什么。杰克逊的首席炮手一声令下——“开炮”——美国大炮很快就展开了反击。[2]

英军比美军拥有更多的大炮，但是他们处于平原海拔较低的位置，瞄准时有偏差，经常打得比目标要高，炮弹时常从美国防线上空飞过。大部分炮弹坠入堤坝松软的地面，没有造成什么损害，但是有一颗炮弹击中了一辆美国弹药车；爆炸声震耳欲聋，美军的炮击暂时停歇下来，远处的英国战线上传来了阵阵欢呼声。另一颗炮弹差点儿命中目标，擦伤了让・拉菲特同父异母的兄弟、炮兵指挥官巴拉塔里亚人多米尼克・尤（Dominique You），在包扎伤口之前，他就愤怒地

---

[1] Smith, *Autobiography*, vol.1(1902), n.p.

[2] Walker, *Jackson and New Orleans*(1856), p.257.

立下誓言："我会让他们付出代价的！"[1]

同时，杰克逊将军骑在马上，来回巡视着防线，激励着他的士兵们。他告诉他们："不要害怕这些火箭，它们只是给小孩子们提供消遣的玩具而已，"他让缺乏经验的士兵镇静下来，让有经验的老兵们重新振作起来。[2] 他的鼓舞奏效了，美国人守住了土木工事；虽说有几尊美国大炮被损毁了，但是英国人的炮击只给胸墙带来很小的破坏。事实证明，美国人的射击更加精准，在一个小时的炮战里，一些英军大炮就无法运转了。

在战线的另一侧，帕克南将军眼看着他的攻势渐渐减弱。盛糖的木桶不起作用；炮弹能够轻易地穿透它们，就好像木桶是空的似的。弹药供给不断减少，因此他的大炮放缓了攻势，接着变为无规律的炮击；最终，下午 3 点左右，英国人从战场上撤退了。帕克南在前一天夜里下达的书面命令中写道："当炮兵压制了敌人的火力，突破了敌人的工事后，接下来我们会夺取敌人的阵地……"[3] 但是那种情况并没有发生。英国人的大炮反而被打哑了；他们也没能在美国防线上撕开一个缺口。他们的攻击行动没能成功。

格雷格说道："我们撤退了，因此，我们不仅仅感到挫折和失望，从某种程度上来讲，也感到沮丧和不满，到目前为止，我们的所有作战计划都宣告失败。"[4] 英国士兵至此还没有取得任何战果，可以弥补这

[1] Remini, *Battle of New Orleans*(1999), p.109.

[2] Walker, *Jackson and New Orleans*(1856), p.257.

[3] Edward Pakenham, Orders, December 31, 1814, 重印于 Wellington, *Supplementary Despatches*, vol.10 (1863), p.398.

[4] [Gleig], *Narrative of the Campaigns of the British Army*(1821), p.318.

几天他们行军途中所受的苦难，更不用说长达几个星期的奔波劳苦了。

一个新的计划

英军的士气萎靡不振。撤退不是皇家军队的本性；但是，1815年伊始，在一周的时间里，威灵顿的老兵们已经被迫撤退了两次。在新年那天天黑后，他们只得艰难地将大炮拉回自己的战线，这加重了他们受到的耻辱。英国人的伤亡人数至少是美国人的两倍。

痢疾在英国人的营地中泛滥，粮食补给十分匮乏，这支军队已经耗尽了周边种植园的资源。这些人靠“生蛆的猪肉和饼干”[1]维持生计。咖啡的供应已经断绝。美国狙击手和大炮连续不断地骚扰着英军，逃兵率也节节攀升。这场围攻所需的时间远远比入侵者们预期的久，他们所期待的轻松、光荣的胜利并没有成为现实。

事实证明，安德鲁·杰克逊和美国军队是十分强大的对手，但是爱德华·帕克南爵士并未被吓倒。他曾对阵过欧洲最优良的军队，取得过具有决定性意义的胜利，为英国、威灵顿和自己赢得了巨大的荣耀。在美国的墨西哥湾沿岸地区，他的敌人只不过是由志愿兵组成的乌合之众而已。这支杂牌军队中既有衣着时髦的新奥尔良绅士，也有穿着“脏衬衫”、装备着“猎鸭枪”的人。而这群乌合之众的首领，只不过是一个衰弱的乡村律师而已，其唯一的军事威望就是打败了一些缺乏训练的印第安人。他确信自己仍能击败美国人，于是他召集军官，

---

[1] Walker, *Jackson and New Orleans*(1856), p.238.

开了一场简短的会议：内德有了一个计划。为了夺取新奥尔良，他的军队必须完成一件简单的事情：炸穿杰克逊的堡垒。要做到这一点，他解释道，这次，英军会用美军的大炮轰击美军，在美军快要撑不住的时候，英军投入比之前更强大的军队，向美军发起猛攻。

计划的关键是直接向西岸的美国防线发动攻击。一旦河对岸的大炮被他们控制了，他们就能掉转帕特森的大炮，对准杰克逊的军队，使美国人陷入西岸的大炮和帕克南的沙尔梅特炮台（Chalmette batteries）交叉火力的覆盖下。然后这支不断扩大的英军主力部队会发动迄今为止最大规模的攻势，攻破美国的土木工事。

要实现这个计划，就需要把海湾和博恩湖的船经由陆路运往密西西比河，因为在海湾和密西西比河之间没有水路相连接。帕克南提议借助圆木来滚动船只前进，但是科克伦中将建议用另一种方法：他的部下可以延伸从维勒尔运河到堤坝的水路。起初，帕克南对此表示怀疑，但最终他同意了科克伦的建议。

水路的挖掘需要花费数天的时间，1 月 2 日，全体士兵和水手都去干活了，每天轮四班，每班六个小时，轮流挖掘。1 月 6 日，星期五，挖掘工作终于完成。在美国人那边，人们手持铲子不懈努力，堡垒也日益增高。

就在同一天，更多的英国援军到达了，整整两个团的兵力加入军队，使这支军队人数超过了 8000 人，而且这些人都是精锐的士兵，这让帕克南备受鼓舞。帕克南麾下的一位将军称赞道："这样的两个团会改变帕克南将军当前不利的作战形势。这让我们欣喜若狂！"[1]

---

[1] Smith, *Autobiography*, vol.1(1902), p.233.

枪炮的弹药也运抵前线，一些弹药被装在增援步兵的背包里。配备弹药的工作正在进行：400 多人正夜以继日地打包火药和铅弹。入侵者们的脑海里，再次浮现出他们即将获得胜利，并在夺取新奥尔良后分享战利品的场景。

1 月 7 日，星期六，帕克南满怀信心地下达了命令。威廉·桑顿负责率领西岸的攻击部队。他们将乘坐船只，经由新近挖掘的运河，漂进密西西比河，他的两个团与 200 名水手和 400 名海军陆战队员一道，会在午夜时分登船。黎明时分，他和他的 1300 人将会登陆，然后俘获右岸的美国部队。

他们会发射一枚火箭，作为行动成功的信号，然后针对防御工事的主要攻击行动就可以开始了，从那里可以俯瞰罗德里格斯运河。帕克南有理由感到乐观。毕竟，他有世界上最优良的战斗力量，而且，如果他的侦察兵带来的消息属实，他在人数和火炮数量上都有极大的优势。他还缺些什么呢？他缺乏的是像安德鲁·杰克逊和美国人那样，愿意为胜利而奉献的精神。

纷乱前的宁静

1 月 7 日晚，杰克逊将军很早就休息了。几个小时前，从密西西比河那里抓获的战俘所提供的消息，使他得出一个结论：英国人即将发动攻击；几乎可以肯定的是，他们的攻击行动将在第二天黎明开始。

杰克逊自己透过望远镜，已经观察到了英国营地里的频繁活动。

拉图尔少校告诉他，英国人正在捆扎甘蔗秆、制造梯子，他们认为这些东西是用来越过壕沟、攀爬美国土木工事的。

过度劳累的杰克逊将军很清楚，几个小时的睡眠能让他更好地履行自己的职责：过去的这一周就像天气那样变幻无常，把人折腾得筋疲力尽。

就在1月1日的战斗之后不久，1月2日，好消息传来：大约3000名新征募的民兵（大多数来自肯塔基州）很快就会抵达前线，加入杰克逊那支熔炉般的军队。在这场战斗中，每个人都很重要。1月3日，就在杰克逊等待着肯塔基州人到来的同时，他写信给战争部长詹姆斯·门罗："我不知道英国人在计划着什么——他们有可能进一步加紧攻势，或者调兵派往他处。"[1]

1月4日，肯塔基州人抵达了，但是他们的装备十分简陋（10个人才配备不到1支来复枪），而且他们衣着单薄，穿过新奥尔良时，可以看到他们浑身发抖。杰克逊将军心怀沮丧地评论："在我这一生中，还从来没有看到过有哪个肯塔基州人，连一把枪、一副扑克牌和一壶威士忌都没有。"[2]

他预计到英国人还会发起另一场进攻，这让他对身边的每一个人都不耐烦起来。当发现事先约定好的从新奥尔良配发的弹药并没有如期到达时，他将负责武器弹药供给的克莱伯恩州长传唤过来，并警告这位胆战心惊的州长："我向上帝发誓，如果你不立即把弹丸和火药给我运过来，我就砍下你的脑袋，把它塞进大炮里。"[3]

---

[1] Andrew Jackson to James Monroe, January 3, 1815.

[2] Buell, *History of Andrew Jackson*, vol.1(1904), p.423.

[3] Nolte, Fifty Years(1854), p.219.

1月6日，他给肯塔基州人分发了枪支，并让他们据守罗德里格斯运河；其他人则增援第二道防线。

整整一个星期，杰克逊都在小心翼翼地部署他的军队。他挑选了正规军第7步兵团的430名士兵，命令他们驻防在他的右侧，紧挨着他们的是740名路易斯安那州民兵。接下来是第44步兵团，有240人，肯塔基州人（共计500人）和一路伴随他、人数最多的田纳西州军团（1600人）在最左翼。230名密西西比龙骑兵留守在后方，和其他混合部队一道填补左岸军队的防线。河这边的守军总计近5000人。河对面的部队大约1000人，包括一些肯塔基州和路易斯安那州民兵。[1]安德鲁·杰克逊麾下的军队汇集了不同肤色、不同信仰和不同民族的人，他们凝聚成一股战斗力量，一起创造了军事史上的奇迹。

除了两门大炮，其余大炮都已经被安置在土木工事中；只有一座仍未完工的新建堡垒坐落于主防线之前，其中安置了两尊6磅炮，美军可以从这里俯瞰堤坝路和土木工事的前方。另外11尊大炮——由6磅炮、12磅炮、18磅炮、24磅炮及大型的32磅炮组成的炮群，被安放在沿主防线每隔一段距离的炮台中。这些大炮由海军炮手、路易斯安那州民兵和巴拉塔里亚人操作。

这些堡垒本身花了两个星期才修建完毕，修建过程冗长乏味，十分艰辛，但它们仍看起来参差不齐，高度和守卫它们的战士一样多种多样。土墙底部有14～20英尺厚；它的高度则取决于它在防线的哪

---

[1] 资料表明，肯塔基州和路易斯安那州的民兵数量很多。见 Roosevelt, *Naval War of 1812* (1889), pp.225-26.

个位置，一般是离地面一人之高。在一些地方，堡垒仅有5英尺高，在另一些地方，则高达10英尺，堡垒坐落在4英尺深的、泥泞的运河上，这变相增加了堡垒的高度。

杰克逊下令，时刻都要坚守堡垒，不得松懈。1月7日夜幕降临之时，他骑马前往防线。他和他的部下可以听到敌人近在咫尺的锤击和挖掘的声音，但杰克逊与炮手、士兵、军官和步兵、志愿兵和正规军交谈，用话语鼓舞他们，通过下达命令和以身作则，以及他所知道的其他各种方法，让他的军队在身心上都做好准备，团结起来保卫新奥尔良。他设法召集的这支军队确实是不同寻常的：田纳西州人和肯塔基州人在左翼，印第安人和非洲裔的营队在中央，密西西比龙骑兵作为预备队，而来自不同地方的由正规军和民兵组成的混合部队布防在安置了大炮的防线上。

在吃过少许晚餐后，杰克逊坐在他的沙发上，想要休憩片刻。他的一些副官则躺在了地板上，身上还穿着制服，他们的枪和剑就带在身边。在前些天的夜晚，各个连队的士兵交替负责营地的值夜。但是在星期六的晚上，杰克逊下达命令，要求整支军队睡觉时都要把武器放到身边。

几个小时后，杰克逊在黑暗中醒来。现在是凌晨1点了，他在走廊那里听到了脚步声。

他问道：“谁在那儿？”

哨兵让一位信使进来，他携带着海军准将帕特森的信件。前一天晚些时候，帕特森站在维勒尔庄园的对岸，看到敌军正在用驳船拖运大炮。他认为他和他所在的西岸将会是英国人的攻击目标。帕特森要求杰克逊派遣援军到河对岸，以防英国人攻击那里。

杰克逊十分焦虑和不耐烦，他只考虑了一小会儿，就拒绝了帕特森的要求。时间紧迫，更多的援军无法及时到达帕特森那里了——而且杰克逊已经派遣了400名肯塔基州人增援帕特森和摩根准将，后者率领路易斯安那州民兵正驻守在西岸。帕特森所说的情况没有丝毫动摇杰克逊的看法，杰克逊坚定地认为，英国人只会在他防守的密西西比河的这一侧发动主要攻势，而不是在其他地方。

他告诉信使，“我没有多余的人可以派给他了”，[1] 帕特森和摩根只能靠自己了。杰克逊完全没有意识到自己刚刚做出了错误的决策，但他已经无法继续安睡了。于是，他对周围的副官发表讲话。

“先生们，我们已经睡够了，快起来，过不了几分钟，敌人就来了。”[2]

确实，敌人很快就来了，但不都是从杰克逊预计的那条路来的。

乌尔苏拉会修女

杰克逊具有一个帕克南所不具备的优势。当他和他的军官们整装待发时，在仅仅5英里外的地方，新奥尔良很多虔诚的妇女正跪着祈祷他和他的士兵们能拯救这座城市。

在新奥尔良，即将开战的消息已经家喻户晓。很多妇女——士兵们的妻子、姐妹或母亲——她们担心的不仅仅是她们所爱的人正准备

[1] Jackson's Manuscript Narrative, Library of Congress, 引自 James, *Life of Andrew Jackson* (1933), p.241.

[2] Parton, *Life of Andrew Jackson*, vol.2(1861), p.188.

和敌人战斗，她们同样担心，如果新奥尔良沦陷，这群英军暴徒将会蹂躏妇女和城市，这样的流言正甚嚣尘上。为了倾诉她们的声音和恳求，1 月 7 日晚，这些女性居民前往乌尔苏拉会修道院。

妇女们与修女在慰藉圣母教堂（Chapel of Our Lady of Consolation）中一同守夜。在那里，修女们将她们最珍贵的圣像移到了圣坛上一个显眼的位置。这是圣母（Our Lady of Prompt Succor）的一座木质雕塑。五年前，这座圣像从法国运来：圣母玛利亚穿着宽大的镀金长袍，头上戴着一顶巨大的皇冠，用她的双臂抱着耶稣。据说过去曾有另一座圣母玛利亚的圣像奇迹般地保护过修女们：在一场席卷新奥尔良的大火中，火焰熊熊燃烧，直逼修道院，但是当一位修女将圣母像移到窗户那里时，风向却突然改变了。修道院逃过一劫，成了这座城市里为数不多的几座在火灾中幸存的建筑之一。

现在，新奥尔良的人们盼望神赐予更多神迹。这座圣母像无言地注视着新奥尔良的修女和妇女们，她们用微不可闻的低语向她恳求："恳请战争之神赐予其保护者以力量，扭转他们与入侵者作战的局势。"[1]

夜间，越来越多的妇女涌向教堂。在教堂中，一些人哭泣着，一些人恳求神的干预。她们纷纷立下誓言，其中包括女修道院院长圣玛丽·奥利维尔·德韦赞（Sainte Marie Olivier de Vézin），她之前曾帮助过杰克逊，让乌尔苏拉会修女照料伤员。

在 1 月 8 日早些时候，她又立下一个誓言，这次她直接向上帝立誓。那是一个很宏大的誓言——如果美国人在今天的战斗中取胜，那

[1] Edward Livingston, 引自 ibid., p.228.See also Heaney, *Century of Pioneering* (1993), pp.237-38.

么在之后的每年，她们都将举行庄严的大型感恩仪式，来庆祝和纪念这一天。

过不了几个小时，结果就会知晓。

CHAPTER 12

Day of Destiny

第十二章

命运之日

这些美国来复枪手能够击中他们目所能及的松鼠的眼睛。

——佚名英国战俘

在美国防线中央的一根旗杆上，赫然飘扬着美国国旗。1815 年 1 月 8 日，问题来临了，在今天日落时分，这面国旗还能迎风飘扬吗？

爱德华·帕克南将军和杰克逊一样，前一天晚上也躺在床上休息了，但是他起得稍晚一些，早上 5 点才起。借着黎明前夜色的掩护，他和他的军队再次向美国防线进军；现在是黎明时分，东方的天空泛出几道红色的微光，他仔细聆听着。他就在沙尔梅特平原中部附近的位置，这位英国指挥官最想听到的声音，莫过于威廉·桑顿的大炮的炮声响彻在密西西比河上。

两天前，从维勒尔庄园新开通的水路就已经通到密西西比河了，威廉·桑顿和他的部下因此可以在前一天晚上开展计划中的行动。但是令帕克南极为懊悔的是，他很快就会得知，他所期盼的炮声延迟了；他也没有看见对岸发射的火箭，那是他们事先约定好的，如果成功突破帕特森的工事，桑顿就会向帕克南发送信号。

威廉·桑顿上校和他的整个任务都延迟了，事实上，延迟了很久。

这要归因于科克伦中将，他那暂时阻塞河流和海湾之间水域的行动失败了，导致大多数英国船只在运河上搁浅。靠近运河延长部分那一端匆忙建造的堤坝已经被打开了，从而使被阻塞的水流向博恩湖。这意味着，在大型驳船搁浅在运河的淤泥中之前，原计划由 47 艘船只组成的舰队中，只有少数几艘小艇到达了河流浅滩。皇家海军的水手们只能将更多船只拖到开阔的水面，但是只有不到三分之二的船只到达了，其中很多船因船体较小，才得以通过运河。最终，当桑顿的两栖作战部队出发的时候，只剩下不到500人了。

更糟糕的是，他们操作船只穿过这条临时修建的运河耽误了很长时间，比预计时间迟了8个小时。

帕克南镇定地下达发动主要攻击的命令，他的人已经准备就绪，作为一名经验丰富的军事战略家，他十分清楚，桑顿在水路的延误，对这场战役来说意味着什么。帕克南将军只得听天由命，他对他身边一位信得过的军官说道："桑顿的部队，将会在攻击行动中变得毫无作用。"[1]由于桑顿夜间穿过河流的行动延迟了，帕克南将军面临一个重大的抉择。是继续进攻，还是等待桑顿的部队突破敌军侧翼？

看到帕克南如此焦虑不安——也知道帕特森的大炮对今天战斗的成败是多么重要——他的副官哈里·史密斯（Captain Harry Smith）上尉建议赶在日出前迅速撤退。史密斯警告道："一旦被发现，我们立刻就会处于敌人的炮火之下。"他们也许还有时间来重整计划，来日再战。

但帕克南已经经历了几乎两个星期的延迟和挫败，所以他拒绝了这个建议。

他回答道："之前我已经两度拖延进攻，现在我们比先前更为强大。虽说现在进攻会损失更多的人，但是我们必须发动进攻。"

史密斯再次劝说帕克南推迟进攻，但是帕克南决心已定。

"史密斯，下令发射火箭。"[2]

---

[1] Smith, *Autobiography*, vol.1(1902), p.235.

[2] Ibid., pp.235-36.

随着一枚信号弹呼啸着划过天空，英军开始向前行进。

当安德鲁·杰克逊将军听到这第一枚火箭的嘶鸣声和爆炸声时，他说道："我相信那就是他们前进的信号。"第一枚火箭是从沼泽边缘朝向天空发射的，紧接着是第二枚，但这一枚是从战场的另一侧发射的。[1]

从早晨4点开始，杰克逊的士兵就被叫醒，他们武装起来，在工事后面做好了战斗准备。就像手枪射击声标志着赛马开始那样，他们顿时警觉起来，气氛剑拔弩张，美国炮兵站好，他们把炮弹烧得通红，随时准备开火。士兵们紧盯着堡垒外的战场。来复枪和滑膛枪都已经装填完毕。在那一刻，每个人的心跳都愈发快了。

但出乎美国人意料的是，他们仍旧看不到敌人。浓雾紧贴着地面，遮掩了即将到来的英国军队。

英国军队

帕克南在前一天晚上下达书面命令，将他在沙尔梅特平原的军队分成三个旅。

塞缪尔·吉布斯将军统率的英军右翼将发起主攻。先头部队是第44步兵团，这个爱尔兰团奉命从一座土堡中收集300捆甘蔗秆和16副梯子，这座堡垒就位于前往美国战线的中途。一到达运河，他们就会把甘蔗秆扔到沟渠中，然后竖起梯子。两个步兵团和三个来复枪连

---

[1] Buell, *History of Andrew Jackson*, vol.2(1904), p.12; Reid and Eaton, *Life*(1817), p.338.

负责保护纵队的右翼，使其免遭敌军的反击，并在第44团接近沟渠的时候为其提供火力掩护。如果一切进展顺利的话，吉布斯的大部队会跟进第44团。然后他们会踏着甘蔗秆穿过沟渠，爬上梯子，翻越工事，攻入之前牢不可破的美军防线，和美国军队短兵相接。

但是这一计划将会破产。不知是出于有意还是无意，第44团丢下了甘蔗秆和梯子，或许是因为他们意识到，全速奔向美国致命的火力网就是一个自杀性的任务。不拿着枪对准敌人，而是携带着梯子，会使他们成为杰克逊麾下那些出色神枪手的活靶子。

距离黎明还有半小时的时候，惊慌失措的吉布斯将军才发现这个错误。没有了梯子，吉布斯的人无法攀爬杰克逊的防卫墙。意识到这一点后，他立刻下令全团后撤大约500码，然后把梯子带过来，但是，当第一枚火箭的爆炸声响起的时候，这些带着沉重梯子的人仍远远落后于前卫的位置，而且他们行动“极为懒散，根本没有士兵应有的样子”。[1]

吉布斯将军看到这种情况后，十分恼怒，他对第44团的指挥官托马斯·马林斯（Thomas Mullins）怒吼，威胁要把对方吊在“那片沼泽里最高的树上”。[2]但是错误已经犯下，无法挽回，马林斯的致命错误也成了后世历史学家们争论的一个话题。[3]（回到英国后，马林斯受到军事法庭的审判；他被判有无视命令的罪责，但被免除了故意违抗军令的指控。）

无论动机为何，英国人攀爬美国工事的计划都失败了，而对于马

---

[1] Parton, *Life of Andrew Jackson*, vol.2(1861), pp.192-94.

[2] 引自 Groom, Patriotic Fire(2006), P.196.

[3] Reilly, *British at the Gates*(1974), p.296.

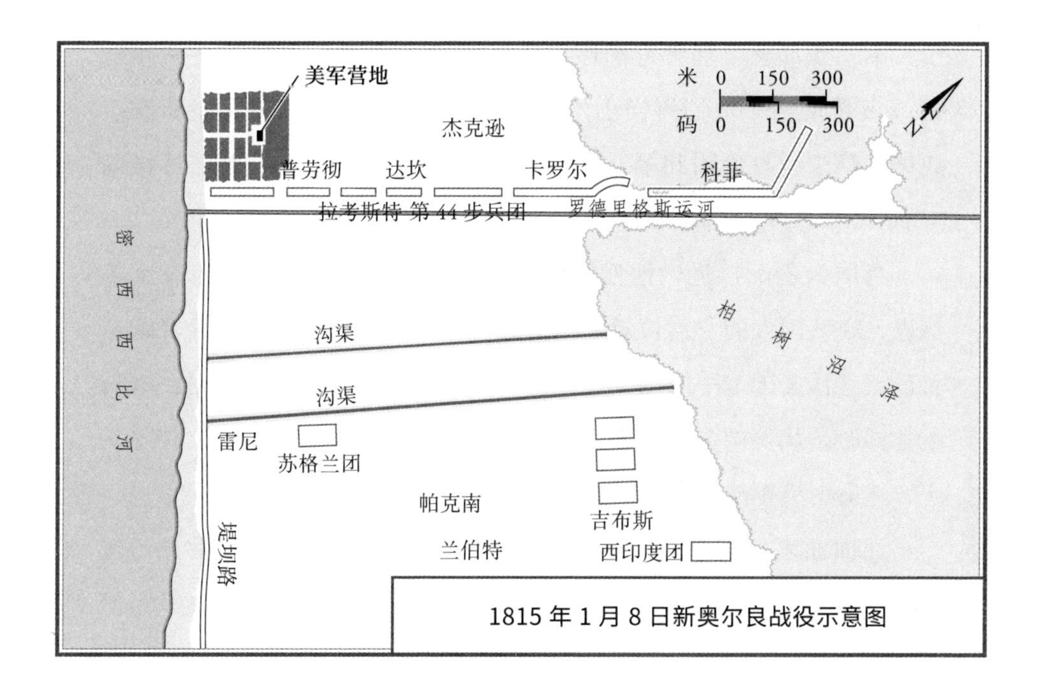

1815年1月8日新奥尔良战役示意图

林斯的部下来说，1月8日的失误带来的后果是极为惨重的。“在极短的时间里，第44步兵团就被枪炮火力扫荡殆尽，”军需官E.N.伯勒斯（E. N. Burroughs）记录道：“从没人用轻武器进行过这样的集体处决，也从来没有听说过这样的事情。”[1]

在另一翼，一支由罗伯特·雷尼中校（Lieutenant Colonel Robert Rennie）指挥的小型连队将会沿河岸前进。他们的目标是不惜一切代价，攻占杰克逊新修筑的前置堡垒。在帕克南的部队穿过平原的时候，堡垒中的两门大炮必须停止射击，这样才能确保英军在到达罗德里格斯运河和攀爬土木工事的时候，不至于遭到美军炮火的屠杀。

[1] 引自Carter, *Blaze of Glory*(1971), p.254.

第三支部队由基恩将军指挥，下辖第93苏格兰高地步兵团和第95来复枪团——他们将向土木工事中央前进。帕克南留在最晚抵达战场的第7燧发枪团和第43团那里，这支部队由约翰·兰伯特将军（General John Lambert）带领。

英国人逐渐接近，他们排成横队和纵队，依照军号声和鼓点声行进，在英国人的身形被辨别出来之前，他们鲜红的制服已经暴露了自己，这让美国炮手们测出了他们的距离。当杰克逊的士兵用大炮瞄准他们时，从美国军队后方传来了《扬基歌》的旋律。美国人欢呼三声，然后向英军战线进行了一轮射击。

迎面而来的英军仍在低低的浓雾中行进，突然，他们看见“炮弹撕碎了地面，互相交叉着飞过来，就像很多板球飞过空中那样弹跳起来”。[1]

确实，战斗已经开始了。

最血腥的行进

杰克逊将军从堡垒看去，整个战场一览无余。在他的左侧，一支大约60人的英军纵队正排成密集队形行进着，走出了沼泽附近的浓雾。天空突然被火箭的烟火照亮了，在战场的另一侧，一支更庞大的部队出现了，他们整齐划一地行进着。美国军官们从土木工事后方望去，发现沙尔梅特平原三分之二的地方顿时被意志坚定的敌人所占

[1] Cooke, *Narrative of Events*(1835), p.231.

据。这面由英国士兵组成的无情红墙正向他们袭来。

当英军向美军炮台冲锋的时候，英军第 21 团俯视着美国最大口径的 32 磅炮的炮管。乔治·格雷格和他的部下跑步向美国炮台冲锋，但在美军开火前，他们没能成功到达炮台的位置。美军的大炮里装满炮弹，那样的火力“足以把攻击部队全部歼灭”[1]。

尽管第 21 团陷入混乱之中，但是其后的部队仍继续推进。

在英军左翼，雷尼中校的部队快速前进，冲向了新月形的美国炮台。他们遭到美军枪炮火力的猛烈打击，其中一些火力来自河流另一侧帕特森那里，他们的大炮也开火了，尽管如此，英军还是迅速接近了自己的目标。雷尼带领着英国进攻者。他的小腿为弹片所伤，但那并没有阻止他继续前进。在一尊大炮开火后，他成功跳过了一个炮眼，然后对着他的士兵们呼喊道：“小伙子们，我们就要胜利了！”[2]

片刻之后，在未完工的炮台后方，雷尼倒下了，那里没有任何遮蔽物。一枚滑膛枪子弹射入他眉毛上方的头盖骨，卡在了他的脑袋里。他成了比尔上尉的来复枪队中狙击手的活靶子，杀死他的那批子弹也夺走了他身边一些人的性命。他连队中的一些人目睹了这里的险状，于是转身逃跑了。

当英国的主攻部队到达距离美国防线中部约 200 码的距离时，美国人的来复枪突然开火：敌人走进了“一片闪闪发光的焰火中”。[3] 在防线更远处，向前冲锋的英国士兵也陷入了同样密集的弹雨中。杰克逊的部队聚集在胸墙之后，轮流开火：一名士兵开火后就退到后面装

[1] [Gleig], *Subaltern in America*(1833), p.262.

[2] Walker, *Jackson and New Orleans*(1856), p.335; Cooke, *Narrative of Events*(1835), p.253.

[3] Cooke, *Narrative of Events*(1835), p.235.

填弹药，为下一名士兵腾出地方，继续向迎面而来的英军倾泻火力。一些来复枪手以最快的速度射击和装弹；另一些人则在胸墙上仔细观察战场，进行精确的瞄准，然后射击。[1]

杰克逊站在胸墙的高处望去，战场的情况一览无余，他审视着眼前的这场战斗，反复激励着他的士兵。

他喊道："拿好你们的枪，不要浪费你们的弹药。"

"用好你们的每颗子弹！"

"向他们开火，小伙子们，让我们今天结束这一切！"[2]

他就是美国人的精神支柱。

战斗还在继续，但是补给却即将用尽，然而他们还是士气高涨。杰克逊沿着防线巡视，他停在了由巴拉塔里亚人多米尼克·尤指挥的第 3 号炮台。这位矮个子、宽胸脯的海盗给杰克逊将军留下了深刻的印象。（杰克逊说道："如果有人命令我去攻击地狱之门，有多米尼克上尉做我的副官的话，那我一点儿也不担心结果。"[3]）

现在，尤的眼睛被空中的烟雾熏得浮肿起来，他站在一门不能开火的 24 磅炮旁边。

杰克逊质问道："什么！什么！我的上帝啊，怎么回事？你竟然停火了！"

尤看着杰克逊。他回答道："当然了，将军，当然了！这些炮弹毫无价值——它们只能用来打乌鸦，而不是英国人！"

---

[1] Anonymous, "A Kentucky Soldier's Account" (1926), 重印于 Hickey, ed., *War of 1812*(2013), p.671.

[2] Walker, *Jackson and New Orleans*(1856), p.327.

[3] 引自 Remini, *Battle of New Orleans*(1999), p.210.

杰克逊转向他的副官，在他的副官飞奔而去之前，他下令：“告诉军需官，我给他 5 分钟的时间，如果多米尼克再抱怨弹药质量不行，我就把他当作叛徒枪毙。”[1]

据一名肯塔基州来复枪手所说，在战斗开始后的几分钟里，“烟雾是那样浓密，以至于似乎所有的东西都被它遮盖了”[2]。但是这些林中人配备了 38[3] 口径的长管来复枪（枪管长 42 英寸），用致命的、精准的火力打击敌人。他们隐藏在浓密的柏树林中，装填弹丸和大号铅弹。他们的火力几乎从未间断过，一名路易斯安那州的商人向防线下方看去，发现“英军纵队的整个右翼都被这些隐蔽的来复枪手击倒了”。[4]

在猛烈的火力打击下，基恩将军纵队中的士兵纷纷倒下，基恩自己的脖子和大腿也受伤了，他被抬离了战场。他一离开战场，他的人就发生动摇，虽然兰伯特将军的部队前来增援，他们还是撤退了。[5]

一些英国军队已经到达了罗德里格斯运河，试图攀爬土制胸墙。但是他们发现，在这湿滑的泥土上，很难找到坚实的立足点，在没有梯子的情况下，那些攀爬的人发现柔软的泥土总是让他们滑下来。而胸墙上方，“火枪的致命火力导致……士兵和军官的严重伤亡”。[6]

这场宏大的战斗在广袤的平原上展开，但是对于英国老兵们来

---

[1] Gayareé, *Historical Sketch of Pierre and Jean Lafitte*(1964).

[2] Anonymous, “A Kentucky Soldier's Account” (1926), 重印于 Hickey, ed., *War of 1812*(2013), p.670.

[3]38 口径意为枪口直径为 0.38 英寸，折合 9.652 毫米。——译者注

[4] Nolte, *Fifty Years*(1854), p.221.

[5] John Lambert to Earl Bathurst, January 10, 1815, reprinted in Latour, *Historical Memoir* (1816,1999), pp.312-13.

[6] Cooper, *Rough Notes of Seven Campaigns*(1914), p.139.

说，他们的敌人似乎是隐形的。英国进攻者从下面看去，美国人好像“只将他们的脸露出堡垒外，仅把拿着燧发枪的手伸出胸墙，然后将子弹直接倾泻到我们头上”[1]。

即使对于一个在拿破仑战争中赢得过荣耀的老练步兵军官来说，这片战场仍旧十分宏伟：“炮击和火枪射击的回声是那么可怕……炮火雷鸣，如同天崩地裂；这是我听过的最可怕，也是最恢宏的声音。”[2]

“炮火的闪光就像从大地深处喷涌出来一样。”[3]

在英国人的右翼，吉布斯将军倒下了。吉布斯被抬离战场时，帕克南和他的参谋人员一道，从后方驻地火速奔往前线。这位总指挥官摘掉帽子，骑马进入战场。

在炮火的打击下，帕克南周围的人“纷纷倒下，或者像喝醉了的人们一样，蹒跚而行”。[4] 一些人还在前进，一些人正在撤退，但他们都响应着帕克南那绝望的激励。他对他们喊道：“好好想想，作为英国的士兵，你们不觉得羞耻吗！”[5] 当一颗火枪子弹射入将军的膝盖时，部队开始重新集结。当另一名来复枪手射死他的坐骑时，帕克南摔倒在地，尽管他的一条手臂因为枪伤而变得无力，但他仍要求一名下级军官给他提供坐骑。帕克南将军在一位副官的帮助下，才能骑上马匹，就在他试图在马鞍上坐稳时，一枚炮弹呼啸而来。

一枚致命的铁弹射入了帕克南的腹股沟。这次，他的脊柱被霰弹

---

[1] [Gleig], *Narrative of the Campaigns of the British Army*(1821), p.326.

[2] Cooke, *Narrative of Events*(1835), p.234.

[3] Ibid.

[4] Ibid., p.252.

[5] Parton, *Life of Andrew Jackson*, vol.2(1861), pp.196-97.

炸烂，他倒在了副官的怀里。

他也被抬到了后方，担架兵把他们的总指挥官放到空地中一棵大橡树下，这里刚刚超出炮火攻击的范围。被召来的军医对他的伤情无能为力，正在走向死亡的帕克南下达了最后一项命令。在约翰·兰伯特这位唯一还站着的英国少将耳边，帕克南低语道："告诉他……派出预备队。"

在离新奥尔良很近的地方，帕克南命丧黄泉，一个小时之内，他就在战场上安静地死去了。吉布斯将军尽管也处于极度痛苦之中，但他活到了第二天才死去，与帕克南一起加入阵亡名单。[1]

出人意料的是，在仅仅180多米外的地方，杰克逊的部队由于防护胸墙的保护，只遭受了很少的伤亡。在修道院里，修女们仍在祈祷着美国人能够打赢这一仗。

在西岸

帕克南最热切期望的，也是他唯一能指望的，就是河对岸的攻击行动，但是这一行动开始得太晚了。尽管战斗开始一个多小时之后，河对岸终于传来炮火声，但是帕克南再也听不到了。

在砰砰砰的火枪射击声后，紧随着隆隆的炮声，桑顿上校的部队正在进攻由摩根准将率领的路易斯安那州民兵驻守的前线。

---

[1] 关于帕克南之死有多种版本，在这些版本中，我们选择了兰伯特将军的记述——参见 John Lambert to Earl Bathurst, January 10, 1815, 重印于 Latour, *Historical Memoir*(1816,1999), pp.312-13; Parton, *Life of Andrew Jackson*, vol.2(1861), pp.196-98; and Walker, *Jackson and New Orleans*(1856), p.331.

桑顿的进攻已然远远落后于预定计划，加之他的桨手们无法对抗密西西比河强大的水流，桑顿的任务又被进一步延迟了。英国人乘坐船只刚一驶入河中，强劲的水流就将他们冲向下游，远远偏离预定登陆点。当他们到达对岸时，仍需要向北行进4英里，才能到达目的地——这是一段艰难的跋涉，与此同时，在河对岸的沙尔梅特平原上，战斗已经打响了。令桑顿和他的部下懊恼的是，他们能看到前方不远处，帕特森的大炮正不受干扰地向河对岸一批批进攻的英军肆意开火。

桑顿的士兵、水手和海军陆战队员们以前所未有的决心，向路易斯安那州民兵前卫驻守的胸墙发动了进攻。西岸的堡垒与俯视着沙尔梅特平原的护堤不同，对英国人来说，这里的堡垒并不是什么大的障碍。起初，美国人的炮火干扰了他们前进的步伐，但是桑顿发现美国人的右翼缺乏保护，于是命令他的部队从左翼推进，进攻美国人的右翼。许多美国民兵发现他们很快就会被打败，于是四散而逃。

在几百码外的地方，帕特森在他的堡垒里目睹了这一切，他意识到形势开始对他不利。在英国人攻到他这里之前，他命令他的手下钉死大炮。长钉被钉入每门大炮的炮口或者大炮后部的点火孔。在长钉被挪出来之后，大炮才能再次开火，而这是一个耗时且费力的过程。在钉死了大炮后，美国人撤退了。

西岸的战斗结束了；现在，英国人控制了阵地。然而，在这里没有完全的赢家：桑顿在战斗中负伤，而帕特森毫发未损地撤退了。英国人虽然夺取了大炮，但是这些大炮已经变得毫无用处——从今以后，杰克逊布防在罗德里格斯运河的部队都不会遭到帕特森大炮的轰击了。在河对岸，降临在帕克南将军部队身上的悲剧还没有结束，这场战斗只不过是个开始。

兰伯特少将仍然站在那里，他阴差阳错地成了新奥尔良战役的最高指挥官。他亲眼见到帕克南投入战斗的几个团被杰克逊的火力撕成碎片。他的两个团在那天早上充当预备队，因此几乎毫发未损。但是他清楚，他会为这场巨大的失败承担责任，于是他现在开始计划给自己找退路。在接下来的几个小时里，他没有采纳科克伦中将的建议，而是命令桑顿放弃他辛苦打下的西岸，加入英军主力部队。

白旗

正午时分，杰克逊看到英国人举着一面白旗来到他面前，整个平原的大炮沉寂下来。战斗的结果已经毫无疑问，杰克逊回到他位于麦卡蒂的宅邸的指挥部。在回去之前，他和他的参谋人员一道，巡视了整条防线，在每支部队的驻地都做了片刻停留。他对士兵和军官们说着“赞扬和感激的话语”。在他的部队看来，他是那么兴奋、激动和放松，是一位自豪的胜利者。[1]

敌人的信使要求停战，好让他们掩埋死者。停战协议的签署人是兰伯特将军——杰克逊还不知道这个名字——但是这两个人很快就停战条款达成了一致意见。

尽管停战协议的签署是战斗正式结束的标志，但早些时候，在美国土木工事的左翼，一场更为辛酸的投降仪式发生了。一些肯塔基州来复枪手注意到有人挥舞着一面白旗。当喊话声传来的时候，肯塔基

[1] Walker, *Jackson and New Orleans*(1856), p.340.

人停止开火，喧嚣的火枪射击声逐渐停息下来。在这寂静的氛围中，一阵清风吹散了枪支冒出的浓烟，然后美国人看到了那个持白手绢的人。那是一名英国军官，他手持的剑或木棍上系着一面临时制成的三角旗。一些人根据他肩上的肩章，辨认出他是一名少校。

他跨过胸墙，然后很快就被一群美国人围了起来。其中一个“满身都是尘土和弹药”的田纳西州士兵，要求他交出佩剑。这位敌军军官有些犹豫，直到一名美国军官命令他，“交出你的佩剑”，他才照做了。

第二天早晨，英军的代表双手拿着武器，将他的佩剑交给了一名身份低微的美国士兵，还彬彬有礼地向对方鞠了个躬。[1]

至此，沙尔梅特平原上的每一个人都知晓谁是新奥尔良战役的胜利者了。

血腥的战场

当远处传来大炮的阵阵怒吼声时，聚集在教堂的新奥尔良妇女们仍在祈祷。教堂的大门像往常一样对居民们敞开，但是今天早晨，据说教堂正在为“浑身颤抖的妇女们”[2]举行大弥撒。她们因远处战斗传来的炮声而恐惧不已。

一位城中的女士写道：“大炮的声响……就像一阵阵巨大的惊雷

---

[1]Anonymous, “A Kentucky Soldier’s Account” (1926), reprinted in Hickey, ed., *War of 1812* (2013), p. 672.

[2] Arthur, *Story of the Battle of New Orleans*(1915), p.239.

声。”她和她的邻居们惊恐地听着远处传来的可怕声响。“我们准备好逃跑了……如果英国人获胜了……我们就会丢掉性命。”[1]因此，一些人来到教堂双子塔下方的长凳上寻求精神安慰。祈祷仪式由教长威廉·杜伯格（Very Reverend William Dubourg）主持，他是圣路易大教堂的名誉主教。他向教堂里集体祈祷的市民和虔诚的乌尔苏拉会修女举行了弥撒圣祭，所有人都在祈祷杰克逊将军和他在沙尔梅特平原的部队能够获得胜利。根据事后描述，正当弥撒进行到一半时，一名信使突然闯进教堂，高喊道“我们胜利了！”[2]这是否是上帝对民众们祈愿的回应呢?

在沙尔梅特平原，枪炮声停息了。早在前线传来任何正式消息前，大获全胜的消息就已经沿着河岸传向上游，传遍了相邻各家。新奥尔良的人们跑到街上；远处的炮火声被人们的欢呼声淹没。一名信使从战场抵达城市时骑着一匹看上去筋疲力尽的马，他匆匆忙忙地跑来跑去，要求医生、药剂师和任何有马车的人都赶往战场。那里有很多伤兵需要照料，他们人数太多，以至于数都数不过来，其中大多数是英国人。[3]

而在罗德里格斯运河这边，据一名士兵说，这场景就是“一片血海”。数以百计的英军倒在了去年收割后的甘蔗茬上。确实，难以计数的英军尸体和垂死的士兵匍匐在沙尔梅特平原上，地上留下很多的血迹。一些地方的尸体是如此之多，以至于在大约 200 码的距离内遍

[1] Mrs.Henry Clement, 引自 Clement, *Plantation Life on the Mississippi*(1952), pp.135-36.

[2] Heaney, *Century of Pioneering*(1993), p.238.

[3] Walker, *Jackson and New Orleans*(1856), pp.346-47.

地尸骸，几乎无法落脚。[1]

从死者的阵列可以看出英国人的攻击线路。在战场中部附近发生了最严重的大屠杀，另一些被屠戮的士兵的尸体表明，英军在堤坝附近和沼泽发动了攻击。

在战地医生开始他们的救治工作前，已经有成排成堆的尸体摆在那里了。有些尸体没有脑袋，另一些尸体缺胳膊少腿。这些毫无生气的脸庞就是恐惧的写照；死人的表情凝结了，有些人尖叫着，有些人哭喊着。奇怪的是，还有些人看上去是在微笑。

在尸体之中，传来各种各样的动静。伤兵们呻吟着、大叫着，请求医生的帮助，诧异的美国人从堡垒向外看去，发现数以百计的英国人站了起来，那些“在我们第一轮火力打击下倒地的人，看上去只是像被划伤了”[2]。一些懦夫逃离了英国战线；另一些人投降了。在晚些时候，杰克逊说道：“在那天之前，我从来没有过如此宏大和可怕的复活死者的想法。”[3]

尽管关于战斗伤亡的记述有多种版本，不管是在那周写成的，还是在那个月、那个世纪或数十年后写成的相关著述，都没有确定准确的伤亡数字，但是人们都认定伤亡数字惊人的高。根据一位英军步兵上尉的记述：“在几分钟内，3 名将军、7 名上校、75 名尉官……总计 1781 名军官和士兵倒下了。”[4] 一些人的记载夸大了伤亡人数——基恩将军报告有 2030 人伤亡，其他的资料表明有 3000 人伤亡。杰克

[1] Anonymous, “A Kentucky Soldier's Account” (1926), 重印于 Hickey, ed., *War of 1812*(2013), p.673.

[2] Parton, *Life of Andrew Jackson*, vol.2(1861), pp.208-9.

[3] Ibid., p.208.

[4] Cooke, *Narrative of Events*(1835), p.239.

逊一开始向门罗估计英军伤亡1500人，后来他将数字修改为2600人。

1月8日，美国人在沙尔梅特平原上的损失很少，总计有十几人阵亡，更多的人在西岸以及接下来几天里的小规模战斗中被杀。但毋庸置疑的是，对于英国人来说，这场战斗是一场巨大的灾难。杰克逊将军的土木工事和他那混杂的部队守住了防线。新奥尔良不再惧怕英国人的入侵了。

这场战役对于国家来说意义更为深远。杰克逊将军突破万难，为美国保住了密西西比河河口。在泥泞的土木工事中央，旗杆上迎风飘荡的星条旗依然俯瞰着沙尔梅特平原，而英国人没能触碰它分毫。

杰克逊将军那支民族成分混杂、老少兼具的军队由不同社会阶层、不同行业的人构成，他们联合起来，完成了拿破仑未能完成的事情：摧毁世界上最强大的战斗力量。要感谢杰克逊在军事上的天赋、他那无懈可击的计划和他那强劲的领导能力，使美国在它的青年时代获得了最为重要的胜利。

CHAPTER 13
The British Withdraw

第十三章
英国人撤退

仅仅七个星期之前，我们满怀信心地出发，坚信能够赢得荣耀，但结果我们却垂头丧气、情绪低落地返回了。

——乔治·格雷格
《英国军队在华盛顿和新奥尔良的战役记述》

杰克逊将军并没有心存侥幸。他站在麦卡蒂宅邸的屋顶，向鹰一般地注视着英国人的营地，根据他的命令，美国炮兵向英国营地持续发射实心弹和臼炮炮弹。他想让英国人知道，美国人没有放松警惕，而且有着坚定的决心。

杰克逊计划对受挫的敌人发动地面攻击，但是问题来了，从他们的堡垒后方主动出击，与一支庞大且训练有素的英国军队作战——而且还是在开阔的平原上，能有多大的胜算？他和他的参谋们商议过后，决定还是不要进行这样的战斗，假如他们这么做了，只能激怒敌人，让对方重新发动进攻。[1]

杰克逊从密西西比河下游 60 英里的圣菲利普堡接到消息，科克伦中将的 5 艘炮艇正要轰击这座堡垒，这证实了英军将会再次发动攻击的担忧。美国炮手成功将英国船只逼退到了加农炮的射程之外，但是英国人仍用远程臼炮轰击着堡垒。英国人仍对新奥尔良有所图谋，这似乎毋庸置疑，但是在 9 天非决定性的炮击（英国人发射了超过 1000 枚炮弹，只杀死 1 人，打伤 7 人）之后，1 月 17 日晚，科克伦的舰队驶离了。圣菲利普堡虽然满是弹痕，但是仍完好无损。[2]

杰克逊本可以为敌人的陆上部队准备一个陷阱。如果兰伯特将

---

[1] 如果想看到商议过程的详细记述，参见 Nolte, *Fifty Years*(1854), pp.224-25, and Parton, *Life of Andrew Jackson*, vol.2(1861), pp.234-36.

[2] Brown, *Amphibious Campaign*(1969), p.160, and Reid and Eaton, *Life*(1817), p.361ff.

军的军队不打算前进，那就会从沙尔梅特平原撤退。他们在逐次登船前，会经由狭窄的道路从沼泽地前往海岸，此时手持长管来复枪的美国林中人可以用猛烈的火力打击受挫的敌人。这会延迟他们穿过博恩湖的行动。但杰克逊写信给詹姆斯·门罗，说那似乎是一种不必要的“下流行为”[1]。

最终，他的耐心见效了。1 月 19 日，他一醒来就发现“敌人突然拔营撤离了”[2]。英国人仍燃着夜里的营火，这让美国哨兵误以为，一切都像往常一样。然后，在午夜时分，这支军队悄无声息地撤离了，他们在泥泞中行进了一整夜，沿着比安弗尼河撤往渔夫村。他们又耗费了 9 天的时间，沿着小溪修缮路基，用芦苇和树枝加固泥泞的沼泽。

最终，英国人真的撤走了，就连已故的帕克南将军也撤离了。他被取出内脏，浸入一个盛着朗姆酒的大木桶里，这位英国指挥官的遗骸开始了返乡的旅程。阵亡的帕克南将军将会被埋葬在爱尔兰距都柏林几英里远的米斯郡（County Meath）的家族墓穴中。

与帕克南自己、英国议会、科克伦中将和其他人的意愿相悖的是，帕克南将军永远无法成为路易斯安那的总督了。

新奥尔良的庆祝

杰克逊踏上归程，返回那座他所拯救的城市。1 月 20 日，他率领军队来到新奥尔良的中心地带，这是近一个月以来他第一次回新奥尔良。

---

[1] Andrew Jackson to James Monroe, January 19, 1815.

[2] Ibid.

据一名副官记载道，街上满是“老弱妇孺，他们每个人都喜上眉梢，脸上洋溢着感激之情——看着自己的父亲、兄弟、丈夫、儿子们……他们刚刚击败了想要征服和灭亡这个国家的敌人”。[1]

新奥尔良的士兵和其他防卫者在返回城市时受到了热烈欢迎，正如杰克逊的副官里德少校看到的那样，“凯旋的场景激起了他们最细腻的情感”[2]。人们因战场上双方伤亡的显著差距而愈发感到宽慰：英国人死伤超过 1000 人，但是只有很少的美国人成为寡妇和孤儿。

正如杰克逊所说的那样，他作为一个有着朴素宗教信仰的人，希望向“万物之主”致以谢意。他写信给新奥尔良大教堂的杜伯格神父（Abbé Dubourg），请求杜伯格组织一场“公众感恩仪式”，来“感谢上帝那重大的神迹，让我们的军队在抗击敌人的战斗中取胜”[3]。

1 月 23 日，市民们再一次在阿姆斯广场上聚集起来。这里是新奥尔良的一座主广场，人们在这里建起了一座凯旋门，并装饰着常青树的枝条和鲜花。密集的人群挤满了街道和附近的堤坝。一个新奥尔良民兵营在通往大教堂入口的路上列队。人们挤满了阳台和窗户，俯瞰着广场。18 名少女在凯旋门到教堂的路上列队，她们每个人代表美国一个州。她们穿着白色的连衣裙，戴着蓝色的面纱，拿着旗子和篮子。每个人都在等待凯旋将军的到来。

一阵礼炮的齐鸣宣告了他的到来，他骑马出现在众人面前，这时，人群中传来了震耳欲聋的欢呼声。

杰克逊下马，走到凯旋门下方凸起的地板上。两名女子给他戴上

---

[1] Latour, *Historical Memoir*(1816), p.197.

[2] Reid and Eaton, *Life*(1817), p.367.

[3] Andrew Jackson to Abbé Dubourg, January 19, 1815.

了一顶桂冠。杰克逊通过一条撒满鲜花的道路，向大教堂入口走去，在那里他见到了身着神圣法衣的神父和教团其他成员。人们为这场仪式专门创作了一首颂诗，伴随着郎朗颂词，他们步入教堂。颂诗的最后一联赞美道："你的威名将被人们永远铭记 / 牙牙学语的婴儿也会说出你的名字。"[1]

杜伯格神父欢迎杰克逊的到来，并对这位他称之为城市"拯救者"的人致以谢意。他将杰克逊比作乔治·华盛顿；他是第一个将杰克逊与华盛顿比肩的人，却非最后一个。这座大教堂只能容纳 1 万人，那些被允许进入教堂的人看到杰克逊在管风琴音乐的伴奏下，坐在了圣坛附近的座位上。在诵唱"赞美颂"（Te Deum）之后，感恩仪式接近尾声，在杰克逊谦逊地接受荣誉和花冠时，人们点亮了 1000 支蜡烛。杰克逊告诉寂静的人群："我以那些勇士的名义接受它……他们应该得到祖国所授予的桂冠。"[2]

仪式结束后，人们陪同杰克逊回到他的指挥部，但是就在这之后，他听说了在战斗前夜，修道院的修女们整晚为他们进行祈祷的事情，于是他拜访了乌尔苏拉修道院，感谢那些为他们祈祷的人。[3] 他说道："承蒙上帝护佑，指引我统率这些英勇的部队，让我们取得了战争史上光辉的胜利之一。"[4]那一夜，杰克逊暂停了宵禁，新奥尔良的庆祝活动一直持续到黎明。

---

[1] Arthur, *Story of the Battle of New Orleans*(1915), p.236.

[2] Andrew Jackson's reply to the Reverend W.Dubourg,in Reid and Eaton, *Life*(1817), p.407.

[3] Heaney, *Century of Pioneering*(1993), p.239.

[4] 引自 Drez, *War of 1812*(2014), p.347n252.

未完成的事业

尽管到处洋溢着胜利的气息，安德鲁·杰克逊仍十分警觉。正如他的副官里德少校所说的那样，“尽管（敌人）已经撤退了；但形势对他们仍然有利，而且他们还控制了周边水域，有能力在短时间内卷土重来”[1]。为了有备无患，杰克逊命令正规军的步兵部队留在罗德里格斯运河，田纳西州民兵和肯塔基州的来复枪手驻防在维勒尔种植园的登陆点附近。

英国人可能会另寻目标。杰克逊在一封信中提道：“我不知道他们是否会进攻射手堡，但你要做好充分准备，时刻警戒——科克伦中将十分恼怒，兰伯特将军异常疯狂；在这种情况下，他们可能会采取一些疯狂的行动。”[2]

杰克逊的预感完全正确：英国人盯上了射手堡。

对于科克伦中将而言，战争还未结束，因为根特的使者还没有到达美国海岸。而射手堡就坐落在海岸上。去年9月份时，一支小型海军部队没能拿下射手堡，但是现在，科克伦中将麾下有60艘战舰和上万名士兵。这支大军如今已归兰伯特将军统率，他们登船后，这支舰队于1月27日出发了。

目的地：莫比尔湾。

相比新奥尔良，射手堡只是次要目标，但英国人不想错过这个重振军威的机会。兰伯特将军想要消除在沙尔梅特平原战败后，在他的

[1] Reid and Eaton, *Life*(1817), p.365.

[2] Andrew Jackson to James Winchester, January 30, 1815.

部队中那显而易见的“消极情绪”[1]。

2 月 8 日，星期三，科克伦的舰队在离射手堡几英里远的地方卸下了 3 个团，共计约 5000 人。尽管堡垒的美国指挥官威廉·劳伦斯上校命令他的大炮向英国人开火，但是也未能阻止英军的登陆行动：到了星期六那天，4 门 18 磅炮、2 门 6 磅炮、2 门榴弹炮和 8 门臼炮的炮口对准了射手堡。英国人准备就绪了。

然而，在开火之前，哈里·史密斯上尉举着休战的旗帜来到美国堡垒，带来了他的指挥官兰伯特将军给劳伦斯上校提出的要求。

兰伯特给出的信息简单明了：交出你的要塞。

劳伦斯从他那极其易燃的木制堡垒望向这支强大的敌军部队，他要求给他些时间来考虑。他说自己需要两个小时的时间，来考虑投降事宜，如果他拒绝兰伯特的要求，那他就需要疏散堡垒里的妇女和孩子。在之前的 3 天里，他只能无助地注视着堡垒外强大的英军。他麾下只有 360 名士兵，他根本没有胜算。

劳伦斯除了投降，别无选择。选择战斗无异于是在一场不可能取胜的战役中浪费士兵的性命，他麾下的军官们也支持他的决定。1815 年 2 月 12 日中午，劳伦斯和他的士兵，连同 20 名妇女和 16 名孩子走出了射手堡，他们放下武器，将堡垒交给了英国人。

当杰克逊听说投降的事情后，他告诉门罗，他对这场堡垒交接仪式感到羞辱。射手堡未发一枪一弹就投降了，更为糟糕的是，射手堡的投降为英国人进入莫比尔湾、围攻莫比尔开辟了道路。

射手堡投降的消息让杰克逊及时回忆起，数月之前，他就预见到

---

[1] [Gleig], *Narrative of the Campaigns of the British Army*(1821), p.349.

英国人可能从莫比尔进军。现在看来，他最害怕的事情就要发生了。这是否意味着英国人要开始新一轮的进攻了？

然而，在几个小时的时间里，势头转好，第二天，英国护卫舰“坚毅号”（HMS Brazen）驶入视野。这艘船刚刚穿越大西洋，带来了《根特和约》的相关消息。科克伦和他的将军们受命停止敌对行动，准备返回本国。

但对于杰克逊来说，直到他确切知道停战和约签约之后，这场战斗才算结束：他可不会相信科克伦中将的话。

和平的缓慢步伐

1815 年 2 月 14 日傍晚，一位携带着皮制公文盒的信使抵达了詹姆斯·麦迪逊在华盛顿租住的房屋。麦迪逊急忙打开铜制锁具，里面有一叠厚厚的文件。

亨利·克莱附上的一封信对和约内容做了解释。盒中有很多谈判过程中起草的意见书，还有至关重要的《根特和约》，已经签字密封，非常正式。和约内容十分简明（只有十一条），和约开端，是其最基本的主张：“英美间，应保持坚定、普遍的和平。”

麦迪逊先生即刻将和约文件递交给了参议院。在召集起来的参议员面前，和约被大声宣读三遍，令一些参议员备感困惑的是，和约对两年半前引发战争的两个主要原因，即英国强征美国水手和英国对美国中立贸易的破坏，竟只字未提。也没有提及密西西比河航行权。尽管如此，国会还是提出了有关这份和约的关键问题——“参议院会接受和批准这份和约吗？”——投票的结果是和约被批准，35 人投了赞成票，无人反对。2 月 17 日，第二份和约副本从伦敦抵达华盛顿，这份副本上有英国摄政王的签字。

美国政府的决策者们终于松了一口气：麦迪逊先生的战争结束了。

然而，在 1000 英里外新奥尔良皇家大街的指挥部里，杰克逊将军仍然在等待停战的消息。流言并非没有传到他那里——2 月 19 日，一份从伦敦报纸上剪下的消息表明，战争已经结束了——但是，在从华盛顿那里得到官方消息之前，他拒绝放松警惕。爱德华·利文斯顿和科克伦中将就战俘交换问题进行进一步协商，从“坚毅号”返回指挥部后，报告杰克逊“坚毅号”带来了和约的消息，即便如此，杰克逊仍怀疑那只不过是“英国人的诡计”。[1]

对许多城里人来说，新奥尔良的英雄开始变得像一名狱卒，他仍在一些地方实行严格的戒严令。尽管对战争的结果感到满意，商人们对杰克逊将军仍然对贸易进行严格的控制表示不满。民兵们想要退役，重返他们的公民生活，尽管他们再三恳求，杰克逊仍固执己见，坚持认为他需要得到战争部长的正式通知，才能解除他们的役务。

然而，一位女士的来访，使杰克逊的紧张情绪有所缓解。

克里克人酋长威廉·韦瑟福德的投降给了杰克逊最后一次回家的机会，从那时算来，他已经有 9 个月没有回过家了。而雷切尔也推迟了她去年 12 月计划前往新奥尔良的旅程，那时英国人已经兵临新奥尔良城下。1 月 8 日，当雷切尔得知美国人获胜的消息后，她感到彼

---

[1] Andrew Jackson address, February 19, 1815, 重印于 Latour, *Historical Memoir*(1816), p.xc.

此已经分离太久了。尽管冬天的旅程十分危险，但是杰克逊夫人与其他田纳西州军官的夫人们还是向新奥尔良出发了。

几周后，杰克逊将军欢迎他妻子的到来。在他们漫长的婚姻生活中，他总是为彼此的分离而感到痛心不已。她和他们的养子、杰克逊十分溺爱的小安德鲁一同抵达。这一刻让杰克逊感到由衷的欣喜。

对于雷切尔来说，她的到来不仅仅是和自己心爱的人的一次重聚：雷切尔之前没有到过比纳什维尔更大的城市，新奥尔良让她大开眼界。杰克逊一家人成了爱德华·利文斯顿和他那时髦妻子的客人。路易斯·利文斯顿十分喜爱真挚质朴的杰克逊夫人，尽管她的客人穿着过时，皮肤也因丈夫不在时料理种植园而被晒得发黑。

雷切尔说道，杰克逊一家人成了城市“各大舞会、音乐会、戏剧、歌剧等相关活动”宴请的贵宾，即便如此，雷切尔承认，“我们也只出席了不到一半的活动”[1]。而在这些活动中，他们参加了一场庆祝乔治·华盛顿生日的大型舞会。

2 月 22 日的庆祝活动在法国交易所（French Exchange）举行，三天以来，这里一直在为这盛大的夜晚做准备。到处都是鲜花和彩灯，彩灯照亮了彩绘玻璃的图案。一个人读道：“杰克逊与胜利同在。”杰克逊走上前观看装饰，注意到了这些字。他高兴地问道：“为什么不写上‘老胡桃树和胜利同在’？”[2]

晚餐过后是一场舞会。当这位英雄用胳膊挽着雷切尔翩翩起舞时，人们惊呆了，在一些旁观者看来，这座城市的救星和他的夫人是

[1] Rachel Jackson to Robert Hays, March 5, 1815.

[2] Nolte, *Fifty Years*(1854), p.238.

如此的不协调。21 年前嫁给杰克逊的那位身材苗条、宛若少女的离异女子，如今随着岁月的流逝，变得非常结实圆润；而营养不良的杰克逊却看起来比之前更憔悴、更消瘦了。

在一位因杰克逊拒绝撤销戒严令而感到懊恼的克里奥尔绅士看来，这一幕暗含讽刺意味。“这两个人体形迥然有异，杰克逊将军身材高挑，形容枯槁，骨瘦如柴，而将军夫人却是一个矮胖的人，他们俩像半醉的印第安人一样在彼此的对面摆动着，在《我能爬上橡胶树》（*Possum up de Gum Tree*）这首曲子的疯狂旋律下，努力创造着春天的氛围，这一情景十分引人注目。”[1]尽管这一场景看上去有些滑稽，但是城市里的女士们筹集捐款，购买了一些珠宝，赠予受人爱戴的杰克逊夫人。

在 1815 年 3 月 8 日那天，杰克逊收到了和约被批准的“确切证据”，他终于放下心来。他随即解散了路易斯安那州民兵。3 月 13 日，在正式通告下达后，他向卡罗尔将军和科菲将军下达命令，让他们两人带领所属部队即刻返乡。他还向他们致以谢意和赞赏。

他在致辞中这样说道：“再见了，战友们。你们的将军对你们的感激之情是微不足道的，但是整个国家的自由人都会感激你们——世界都会为你们喝彩。”[2]

新奥尔良的英雄终于能够荣归故里了。4 月初，在一小群忠诚军官和士兵的陪同下，杰克逊和雷切尔开始了向北返乡的缓慢旅程。他们在沿途的纳奇兹和其他城镇受到了热情的款待，当他们接近纳什维

[1] Ibid., pp.238-39.

[2] Andrew Jackson address, March 14, 1815.

尔时，更多的志愿兵前来护送胜利者和他的夫人。州里的政治家们希望能分享杰克逊刚刚树立起来的荣耀和声望，计划再举办一场宴会，但是杰克逊想要去的地方是他的隐居地。

当崇拜他的民众将他送回家后，他对朋友和邻居们发表演说，受到了热烈欢迎，然后他就此告别。在过去的 18 个月的大部分时间里，杰克逊一直是一位异乡人、一位战士、一位远离家乡的旅客，时间已经给他造成了不良影响。他看上去比以前更结实了，可能有 6 英尺 1 英寸高，145 磅重。[1] 尽管饱受战争的折磨，但他那湛蓝的眼睛仍和以往一样敏锐，身形也仍旧笔直。

在离开家乡的几个月里，他已经习惯于向人们发表演说；虽说他在田纳西州期间作为地方政治家和法官的经历，也许为他之后的伟业做好了准备，但正是新奥尔良战役的磨炼让他不仅仅成为一位公众人物，还成了一位国家名人，他的名字和成就在整个国家的报纸上、酒馆中饱受赞美。

但是回到他的家乡纳什维尔，对他来说意义非凡。他告诉人们：“你们的友情和敬意，是对如此大的牺牲和努力的最好补偿。”

杰克逊之前呆板、咄咄逼人的修辞风格，已经变为一种聪慧长者的格调。在那种风度下，他受到了热烈欢迎，他向人们说明这一刚刚结束的事件意味着什么。

他继续说道：“美国的儿女们已经证明了，侵略者要征服为了保卫他们所珍爱的一切而战斗的自由人，是不可能的。从此以后，我们会受到那些低估我们的实力，对我们极尽侮辱和冒犯的国家的尊敬。

[1] Reid and Eaton, Life (1817), p.392.

我们与生俱来的特性会继续发展，直到我们从最年轻、最弱小的国家，成为世界上最强大的国家为止。”[1]

安德鲁·杰克逊赢得了一场彻底的胜利。这一次，是英国人血流成河，落荒而逃，而美国则毫发未损。他向华盛顿的政治家们证明了自己的能力。一场有可能以国家分裂而告终的战争，以美国英雄安德鲁·杰克逊所带领的一支军队打败英国人而终结。感谢这位伤痕累累的孤儿，使得美国永远不会再遭到外国势力的入侵，他打败的敌人，将来会成为美国的一个盟友。

杰克逊将军的战争

回到1812年夏天，一位联邦党评论家轻蔑地将这场战争冠以“麦迪逊先生的战争”的绰号。[2] 反对麦迪逊的联邦党人不想迈入战争泥潭，当战争爆发后，他们就用这一绰号来玷污他。但是在1815年，因为和平的到来和杰克逊取得的巨大胜利，这类玷污之词很快消散了。新闻报道提供了一些帮助：在2月和3月，《奈尔斯周刊》(*Niles' Weekly Register*)说出了很多美国人的心声，这份报纸的专栏上写道：“过去的6个月，是共和国历史上最值得骄傲的时期，我们向全人类证明，尽管威灵顿的军队所向披靡，号称是‘征服者中的征服者’，我们却有征服他们的军事能力。”此外，该周刊的编辑还得出结论：“谁不是美

[1] Parton, *Life of Andrew Jackson*, vol.2(1861), pp.330-31.

[2] John Lowell, “Mr.Madison's War,” in Boston *Evening Post*, July 31-August 10, 1812.

国人呢？共和国万岁！……被压迫者最后的避难所！在胜利女神的怀抱中，我们签署了这份和约！”[1]

新奥尔良胜利的光辉遮蔽了华盛顿公共建筑被焚毁造成的耻辱；一段时间之后，当这段记忆逐渐变得模糊，国家对战争的回忆会集中在安德鲁·杰克逊身上。麦迪逊先生的战争会变为杰克逊将军的战争。杰克逊因重塑美国的荣耀而被世人铭记。

战争结束了。据律师弗朗西斯·斯科特·基回忆，这场战争中最美好的时刻，是美国战舰赢得的一系列海战，火箭发出的红光照亮了巴尔的摩巨大的美国国旗。当然，最为重要的是新奥尔良战役的胜利，它给美国人带来了一种新的国家认同感。在欧洲，特别是那些英国人中间，出现了一种新的认识，那就是不能再把美国人看成是他们的穷亲戚。人们不由得对一个站起来保卫自己、对抗大英帝国的民族产生深深的敬意。乔治·格雷格曾将美国称为“一个无须认真对待的对手”[2]，但是美国的军事力量——无论是正规军还是民兵，无论是陆军、海军或者海军陆战队——都成了不可小觑的力量。

安德鲁·杰克逊将军将一大群外行人整合成一支专业军队，而且战胜了一支比他们更久经战阵、在人数上是他们两倍的军队。他在12月23日发动的突袭是一场绝妙的军事行动。这次行动令英国人措手不及，为他和新奥尔良的守军赢得了必要的时间。他还集结了他那有限的海军资源，从密西西比河上袭扰英军。他策划出一个出色的防御策略，表现出非同寻常的约束力和纪律性。他以麾下士兵作为来复

[1] *Niles' Weekly Register*, February 18 and March 14, 1815.

[2] [Gleig], *Narrative of the Campaigns of the British Army*(1821), p.374.

枪手的优势来部署他们，扬长避短。他的战术迫使帕克南将军那支训练有素的军队不得不直面美国人的优势兵力。

尽管杰克逊缺乏正规的军事训练，但他仍然证明了自己是战争中最具才能的将军。值得注意的是，他也是一个有能力鼓舞其他人去完成他们职责的人。那种信心和决心，预示着未来他会在政治领域中崛起。虽说他既是一位将军，也是一位政治家，但他所追求的目标却是恒定的，因为他始终以国家利益为己任。

杰克逊不是一个复杂的人，但是他拥有一种不寻常的自信。他是个性情中人，有时会怒火中烧。他也并不是一个光会啃书本的人；他的母亲生前曾指望他能够成为一名神职人员，可这个愿望早早就破灭了。他的聪明才智不是从书上学来的；他按照直觉和经验行动。他只相信必要的真理：对国家的义务（起初是对州的义务，但是在路易斯安那州发生了改变他一生的事件，这种义务转向了国家）；对上帝的义务；对家庭的义务，不仅是包括他的亲戚的狭义的家庭，还包括他的邻居、他视为兄弟姐妹的人、那些投票给他的人以及他给予关怀的孩子。

杰克逊对共和国毫不动摇的信仰和对民主价值观的本能，有助于解释为什么后世史学家会将他执政的时期称为“杰克逊时代”。

尾声

EPILOGUE

英雄归来：1840 年 1 月

正如《圣经》中上帝选中基甸（Gideon）来完成他的意志一般，安德鲁·杰克逊也是被上帝选中的人。

——威尔伯特·S. 布朗（Wilburt S. Brown）
《西佛罗里达和路易斯安那州的两栖战役》，1969 年

当 1839 年即将过去时，安德鲁·杰克逊面临一个抉择。他收到一份邀请：还有几周就是新奥尔良战役 25 周年纪念日了——活动的组织者称之为“25 周年纪念活动”——他所拯救的城市邀请他参加那次巨大军事胜利的庆祝活动。

毫无疑问，这位老人备感荣幸；他承认自己“为拯救新奥尔良牺

牲了财富和健康”。[1] 他认为，对于美国历史来说，1 月 8 日与 7 月 4 日美国独立日同样重要，而且他在胜利中扮演的角色，很可能是最让他引以为豪的。尽管他已经作为美国第七任总统（1829—1837 年），为国家服务了两个任期，主导了他那个时代，在急剧变化的时代浪潮中，引导着国家的走向，但杰克逊自认为是一个平凡的人。

但是长途跋涉前往新奥尔良，对他来说似乎是个问题。

一方面，他的健康状况不容乐观。因为周期性的肺出血，他差点儿丢掉性命，这导致他不得不在床上度过了总统任期的最后五个月。（1806 年决斗时，那颗击中他的铅弹仍留在他的肺部。）在这样一场漫长的冬季旅程中，他害怕在马上的颠簸给自己的健康状况带来威胁。

还有另一个问题，尽管他声望很高，且拥有大量地产，但是他没有足够的资金了。他向与他同名的侄子安德鲁·杰克逊·多纳尔森（Andrew Jackson Donelson）吐露道：“我已经身无分文了。”在几年的时间里，他的种植园都经营惨淡，再加之小安德鲁挥霍无度，成为他的一大负担。但是无论健康状况和境遇如何，他都是一个极富自尊心的人。他说道：“我不能容忍向别人借钱的行为，或者像个乞丐那样出行。”[2]

72 岁的杰克逊已经风华不再——但这次重返这座新月形城市的机会，确实让他回想起了当年那些光辉岁月。新奥尔良战役中那些高大的土木工事令他欣喜若狂；那是他更喜欢被人叫作“将军”，而不是叫作“总统”的原因之一。

[1] Andrew Jackson to Andrew Jackson Donelson, December 10, 1839.

[2] Ibid.

打败英国人，这让他得到了华盛顿政坛的重视，1815 年 2 月，国会为他打造了一枚勋章——上面有他身着高领制服的肖像——来纪念他那“辉煌的成就”。几乎一夜之间，他无意中成了国家名人，他的名声远远超出新奥尔良和西南一隅。在费城的国家文化中心，一位版画家制作了一幅纪念性的版画作品；画中，杰克逊眉毛拱起，在高高的前额之上，他的头发竖立起来，那盛气凌人的表情，在整个大陆都清晰可见。杰克逊将他的信件和其他文件交给约翰·里德少校，以便于里德少校写一部关于战役的记述。尽管在《安德鲁·杰克逊的一生，美国少将的生涯》（*The Life of Andrew Jackson, Major General in the Service of the United States*）一书写成之前，里德就去世了，但是这本书仍然在 1817 年出版了，被署以里德和约翰·亨利·伊顿（John Henry Eaton）的名字。这本书最真实地还原了杰克逊在 1812 年战争中的经历。

自新奥尔良战役以来，已经过去了 25 年，杰克逊亲眼见到了美国发生的剧变。曾经不受人欢迎的詹姆斯·麦迪逊总统，在第二次独立战争过后，成了一位受人敬重的总统。正如波士顿的一家报纸在 1817 年詹姆斯·门罗总统的就职典礼后所报道的那样，麦迪逊的继任者门罗将把美国带入欣欣向荣与美好的“感觉良好的时代”[1]。杰克逊预言过西部的繁荣，西部的迅速发展，带来了土地的增值、急剧的人口增长和大量新兴城市的出现。新的州加入了联邦，包括印第安纳州、密西西比州、伊利诺伊州、亚拉巴马州和密苏里州。对外贸易和航运也日益繁荣。

---

[1] *Columbian Centinel*, July 12, 1817.

在战后不久，杰克逊还做着他的本职工作。他在击败克里克人后已经为移民开辟了一大片领地。1818年，根据门罗总统的命令，他驱逐了塞米诺尔人，从西班牙人手中夺取了西佛罗里达，然后担任了佛罗里达州的州长。杰克逊已经成为该地区最重要的领导人。1823年，作为田纳西州的国会参议员，杰克逊被选为总统候选人。在1824年的大选中，尽管他在4位候选人中得票最多，但只获得了未超过半数的最多票数，这意味着将由众议院确定总统人选。最终，约翰·昆西·亚当斯获胜。这场选举让杰克逊十分心酸：另一位候选人，《根特和约》的前谈判代表亨利·克莱转而支持亚当斯，因此，不久后他就被任命为国务卿。

1828年的大选与之前不同，因为选举人资格发生了变化（大部分州取消了选举人的财产限制，使得选举人数量增加到原来的4倍），这一年的大选以杰克逊的胜利而告终。他知道平民们想要什么，而且他的胜利似乎早已注定：1815年，杰克逊的朋友爱德华·利文斯顿多次对他说，自己曾对很多人说过："将军，你就是那个人。你日后一定会是美国的总统。"[1] 仅仅12年后，利文斯顿的预言就变为现实。

安德鲁·杰克逊远不是唯一一个被战争改变命运的人。爱德华·利文斯顿也因战争而平步青云。他在战后先后成为路易斯安那州众议员（1823—1829年）和国会参议员（1829—1831年）。他和杰克逊将军之间的友情是长久的，在杰克逊的总统任期内，他成了杰克逊的心腹，担任过国务卿（1831—1833年）和美国驻法国公使（1833—1835年）。

---

[1] Hunt, *Memoir of Mrs. Edward Livingston*(1886), p.52.

托马斯·哈特·本顿原本是杰克逊田纳西州民兵部队中的下属，也是1813年枪战中杰克逊的对手，那次枪战曾使杰克逊受到重创.在杰克逊的总统任期内，他作为来自密苏里州的参议员（同时也是杰克逊宝贵的盟友），在政坛中崭露头角。

相反地，威廉·克莱伯恩州长仍和他那不同种族的选民们维持着一种紧张的关系。他在1817年去世，年仅42岁。

一些在杰克逊麾下服役的军人已经在军中崛起了，但是另一些人则在泥潭中挣扎着。丹尼尔·托德·帕特森由于在新奥尔良战役中立下战功而被晋升为舰长。在一段时间里，他统率着传奇的“宪法号”（USS Constitution）战舰[在麦迪逊先生的战争期间，这艘护卫舰获得了“老铁壳”（Old Ironsides）的绰号]。他于1839年去世，那时他是华盛顿海军船坞（Washington Navy Yard）的指挥官。

托马斯·艾普·凯茨比·琼斯仍留在美国海军，在遇到海军逃兵赫尔曼·梅尔维尔（Herman Melville）后，他在美国文学领域有了一定的知名度。梅尔维尔在《白鲸》（1851年）中，尊称他为“海军准将J”（Commodore J）。

民兵将军威廉·卡罗尔重返公民生活，他曾两度被选为田纳西州州长。约翰·科菲则重返房产投机领域，还经常和他的朋友安德鲁·杰克逊合作。

杰克逊手下最不受人喜欢的巴拉塔里亚海盗，已经凭借他们高超的炮术赢得了他人的尊重和赞赏，杰克逊在新奥尔良战役后下达的命令也承认了这一点：“杰克逊将军不得不给予这些在他指挥下表现出色的海盗以热情的赞誉……拉菲特兄弟表现出了同样的勇气和忠诚，杰克逊将军还向他们承诺，政府会对他们予以表彰。”[1]1815年2月，他们得到政府的赦免，但是他们的生活仍举步维艰。让·拉菲特重新开启了他的海盗生涯，他终于在西班牙属得克萨斯的加尔维斯敦（Galveston）港口获得了一个新的行动基地。拉菲特在一场海战中受伤，于1823年去世，但他的传奇故事广为流传：这个海盗会激发小说家和剧作家们的想象。他的兄弟皮埃尔，也再一次成为海盗，以古巴和墨西哥之间的一座岛屿为基地进行活动。1821年，他死于发热，被埋葬在尤卡坦（Yucatán）半岛东北部一座修道院的墓地里。

一些当年和杰克逊在印第安人战争中并肩作战的人如今名利双收。萨姆·休斯顿一直深受爱戴，并赢得了田纳西州州长之位。之后他向西前往得克萨斯。在那里，他成了短命的得克萨斯共和国（Republic of Texas）的总统，后来，在得克萨斯州加入联邦后，他又成为得克萨斯州州长。

戴维·克罗克特成了一名美国众议员，之后死于阿拉莫（Alamo）。在死前，他完成了他那充满趣味又颇具民俗色彩的著作《戴维·克罗克特和田纳西州的故事》（*A Narrative of the Life of David Crockett, of the State of Tennessee*, 1834）。在马蹄湾战役过后10年，威廉·韦瑟福德去世——他曾是与杰克逊旗鼓相当的红棍克里克人首领，被称为“红鹰”（Red Eagle）——他成了一名种植园主、一名养马人，拥有300名黑奴，居住在米姆斯堡附近的一个农场里。[2]

在大洋彼岸，与已故的帕克南和吉布斯将军不一样，约翰·兰伯

---

[1] Andrew Jackson, “General Orders,” January 21, 1815.

[2] Griffith, *McIntosh And Weatherford*(1988), p.252.

特爵士和约翰・基恩爵士活着回到了欧洲。他们参加了威灵顿公爵再次击败拿破仑的战斗，这次是1815年6月18日的滑铁卢战役。之后，兰伯特和基恩在牙买加任职，管理殖民地政府。兰伯特于1847年去世，那时他已经是一名上将了。但是基恩在印度服役后才被授予贵族头衔，他于1844年去世，那时已经获封男爵爵位。

1824年，当亚历山大・福瑞斯特・英格利斯・科克伦从皇家海军退役时，已经是普利茅斯海军司令部的指挥官。1832年，他死于巴黎。

威廉・桑顿上校后来晋升为中将，在1836年，他获得了骑士称号。他一直为幻觉所困扰——这可能是他在多年前头部受伤造成的后果——因此，在1840年，他开枪自杀了。尼古拉斯・洛克耶上校从他在博恩湖所受的创伤中恢复过来，之后他在皇家海军服役了很长时间。1847年，他死在由自己指挥的“阿尔比恩号”（HMS Albion）战舰上，时年65岁。

1815年1月8日，那些为胜利而祈祷的乌尔苏拉会修女们，在炮火停息后从圣像前站起身来，随时准备救助来到修道院的伤员。她们照料的伤员不只来自肯塔基州和田纳西州，还有英国士兵。作为一名见习女修士，圣安吉尔・约翰斯顿修女（Sister Sainte Angèle Johnston）因天真善良而被她的病人铭记于心。大多数修女只说法语，而安吉尔修女则是巴尔的摩人，是为数不多的说英语的人。一名伤兵对另一名伤兵说道：“在这儿等着，直到修女过来……她能理解你，给你想要的东西。”[1]

---

[1] Heaney, *Century of Pioneering*(1993), p.239.

在战后的那几年里，乌尔苏拉会修女仍信守着修道院院长奥利维尔·德韦赞对上帝许下的诺言。每年的 1 月 8 日，修女们都会举行一年一度的感恩弥撒，纪念圣母和新奥尔良战役。这一传统延续至今。

牢记新奥尔良战役

在战役之后几个月乃至几年的时间里，英国人一直对新奥尔良的巨大失败耿耿于怀。科克伦和基恩是战败的主要责任人——威灵顿认为，通过博恩湖发动攻击十分不明智，这与他一直信奉的作战原则，即军队必须时刻与它的补给基地保持联系相悖。威灵顿还认为，科克伦贪图战利品的想法，使其军事判断和准备出现了失误。

在美国人这边，军事史学家在争论比安弗尼河是如何向英国人敞开的（1815 年，军事法庭召开会议，宣布加布里埃尔·维勒尔无罪）。人们反复提起这一案例，如果科克伦中将和基恩将军听取了桑顿上校在 1814 年 12 月 23 日的建议，那么杰克逊的军队将会不堪一击。桑顿请求他们即刻前往新奥尔良，就像之前在华盛顿时那样——如此一来，杰克逊就可能会在新奥尔良战役中被击败。这样的假设不胜枚举，但是关于这个问题，永远无法得出定论了。

杰克逊未能有效地保卫西岸，引发了另一个假设，很多军事史学家相信，如果稍有不慎，帕特森的阵地就会丢失，而这可能导致美军惨败。

一些分析人员指出英国人失败的原因是缺乏隐秘性：他们对美国人的攻击行动并不是突袭。分析人员将其归因于英国人口风不紧，以及杰克逊对情报网的布置和利用。同样地，围绕部队的数量，专家们也争论不休：英国人的作战兵力是5000人、6000人还是9000人？或者更多？美国人的兵力肯定更少，但是美国人有多少兵力，也没有统一的数字。

最后，尽管每个人都知道——不管当时还是现在——杰克逊都是一位风云人物，他站在土木工事上迎来了自己的光辉时刻。他准备好战斗至最后一人，甚至不惜牺牲自己的性命，他还准备在新奥尔良落入英国人手中之前，将其付之一炬。

他做了一系列在评论者们看来极为明智且意义深远的决定：他命令部队急行军至彭萨科拉；他采用灵活的方法保卫新奥尔良；他在12月23日的突袭；他在突袭后由进攻转入防御；他在决战之前做的这些决定，让他屹立于罗德里格斯运河之上，而且在1815年1月8日过后，他还安然无恙地坐镇在他的堡垒之后。

另一方面，他的顽固不化，使得他在沙尔梅特平原的大捷后与新奥尔良的人们逐渐疏远。而且他没有任命一位副指挥官：假如他在12月23日的交火中丧生，其他人能将他的军队凝聚在一起吗？凭借威吓以及父爱般的关怀，杰克逊恩威并举，他那专心致志的领导作风让他赢得了军队的忠诚。尽管火箭铺天盖地而来，他们还是会英勇地战斗，而不去冒触怒“老胡桃树”的风险。

根据大多数教科书中的记述，学生们的感觉是，1812年战争以平局而告终。而且，以《根特和约》的利弊而言，正义女神的天平似乎找到了平衡，或多或少，双方都扯平了。没有领土易手；英国人也没有就强征水手问题做出回应；世界重回和平的商业贸易状态。

但是杰克逊将军更为明白：他拯救了新奥尔良；如果他没能成

功，他的祖国在战后历史中的地位会大为不同。

将军的最后一站

在这所僻静的住宅中，安德鲁·杰克逊过着隐居生活，他年老体衰，极少出门，而且尽量避免在公众面前抛头露面。他和他的家人担心普通感冒——和随之而来的咳嗽——会危及他的生命。但是杰克逊将军那不曾磨灭的决心仍然熊熊燃烧着。1839 年 12 月，他下定决心，无论是他那虚弱的身体，还是窘迫的财务状况，都不能阻止他去往新奥尔良，参加新奥尔良战役胜利 25 周年纪念活动。

他有一个更远大的目标：他认为这次的旅程能推动美国的民主事业。正如他和总统马丁·范布伦（President Martin Van Buren）所说的那样，“我这一生就是为了建立和稳固我们共和国的体制而活，如果能开拓民众的视野，让他们看到民主制度的益处，我不惜为之牺牲。”[1]

杰克逊以棉花作为抵押获取贷款，以支付这趟旅程的开销；他不得不踏上这次旅程。

平安夜，在侄子多纳尔森少校的陪伴下，杰克逊坐在一辆马车上，离开了纳什维尔。道路十分崎岖，在一些地方，道路为积雪所覆盖，他们需要 4 天的漫长旅程，才能走完 200 千米，到达坎伯兰河河口。在那里，杰克逊登上了开往俄亥俄河的“加勒廷号”（Gallatin）

[1] Andrew Jackson to Martin Van Buren, December 23, 1839, 引自 Remini, *Andrew Jackson and the Course of American Democracy*(1984), p.456.

蒸汽客轮。

如果可以的话，杰克逊一定会带上雷切尔，但是12年前，1828年的大选带来的压力让他付出了沉重的代价。夫妻二人饱受诟病，在投票选举前，雷切尔对她的一个朋友说道："我宁愿在上帝的殿堂中做一名守门人，也不愿住在华盛顿了。"那场艰难的选举之战结束后没几天，雷切尔·杰克逊就被上帝带走了，她因左臂、肩膀和胸部的极度疼痛而备受折磨。突然，这场总统选举就蒙上了杰克逊为爱人哀悼的悲痛之情。

"加勒廷号"冒着蒸汽向南驶去。这艘船以艾伯特·加勒廷（Albert Gallatin）的名字来命名，加勒廷参加过《根特和约》的谈判，后来担任过约翰·昆西·亚当斯总统的驻圣詹姆斯法庭大使。杰克逊注意到，在他的一生中，他的国家已经发生了很大的变化，正在从一个农业为主体的社会，逐步转型为以工业为基础的社会。新技术的出现意味着杰克逊可以乘坐定期往返的蒸汽船从纳奇兹回家，在1813年春天，这是不可思议的。现在，有超过1000艘蒸汽船定期往返于密西西比河上，让旅途变得更快捷、可预期、更为舒适。

1月8日，星期三，早晨，杰克逊将军和他的随行人员按照原定计划抵达了新奥尔良。护航的船队增至5艘蒸汽船，10点钟时，杰克逊上岸了，尽管他年老多病，但还是给围观的大约3000名民众留下了深刻的印象。

他没有戴帽子，那显眼的一头灰发，让他看起来比他自我感觉中更加精神饱满，在前往熟悉的阿姆斯广场的路上，他坐在马车中向人们致敬。几个小时里，他受到人们的热烈欢迎，参加了大教堂的宗教仪式，向人们发表演说，和保卫这座城市的军官们重聚，还观看了烟花表演。

尽管杰克逊已经筋疲力尽，取消了预定前往沙尔梅特平原的计划，但在那天，就连他的政治对手们都不得不为他欢呼。一家对杰克逊持反对意见的报纸报道："让我们忘掉他是个政治家的事情，来欢迎这位'新奥尔良的英雄'和这个国家英勇无畏的保卫者的到来。"[1]

如果说新奥尔良战役造就了杰克逊——正如他所做的那样，他接受了挑战，可以说这是杰克逊人生中最重要的事情——但他也为国家做出了巨大贡献。他不只是拯救了新奥尔良，使它免受英国人的侵略，还保卫了整个联邦。

安德鲁·杰克逊挡在了帕克南通往新奥尔良的路上，如果他没能成功，那么整个墨西哥湾沿岸地区就会落入西班牙人或英国人手中。

在新奥尔良的庆祝活动结束后，杰克逊返回他在"维克斯堡号"（Vicksburg）上的特等舱，然后这艘蒸汽船开始了驶往上游的旅程。回到隐居处后，杰克逊又在此生活了5年多，于1840年6月8日安详地去世了。一年后，雕刻家克拉克·米尔斯（Clark Mills）受命建造一座杰克逊骑马姿态的雕像。1853年，这座12英尺高的雕像建成，杰克逊骑在一匹扬起前蹄的骏马上。这座雕像至今还屹立在杰克逊广场（Jackson Square），也就是以前阿姆斯广场的中央（人们为了纪念杰克逊的丰功伟绩，将其改名为杰克逊广场）。

他遗产众多，但就像1812年战争和新奥尔良战役那样，都饱受争议。拯救新奥尔良让安德鲁·杰克逊成为国家的英雄，当他的祖国还在为乔治·华盛顿的去世而哀悼时，他继承了这位伟人的衣钵。华

[1] *Nashville Union*, January 22, 1840.

盛顿将军率领美国人打响了对英国人的第一枪——但是安德鲁·杰克逊在新奥尔良取得的胜利，保全了他的祖国通过艰苦奋斗才赢得的独立地位。

鸣谢

ACKNOWLEDGEMENTS

就像一些通过了解我故乡的历史，从而开始爱上美国历史的人那样，我非常欣赏那些学者、研究人员和历史爱好者的热情，他们所研究的人物和事件，塑造了其所在的世界的某个角落或是某个国家。这本著作也不例外。路易斯安那州和田纳西州的人们帮助我们重构了新奥尔良战役和安德鲁·杰克逊这个角色，这是他们奉献精神的绝佳证明。

没有艾德里安·扎克海姆（Adrian Zackheim）领导的哨兵（Sentinel）的出色团队的努力，就不可能有这本书。他再次证明了他是一个极有远见，又对生动有趣的故事富有鉴别力的人；能在他的指导和专业意见下完成这本书，实在是万分荣幸。威尔·魏瑟尔（Will Weisser）是一位出色的执行人，他为我们在哨兵出版的每一本图书都提供了助力，他的加入是必不可少的，对此我们深表谢意。布丽娅·桑德福（Bria Sandford）同样是我遇到的十分出色的人之一，我有幸与之共事。她杂务缠身，但如此繁杂的工作完全没有打乱她的步伐和笑容。

她和蔼可亲，意志坚定，给人带来欢笑和动力；经过许多冗长痛苦的团队讨论后，她对书的标题提出了建议，终于解决了这一关键问题，从而让这个故事按照它原本的样子发展下去。

鲍勃·巴奈特（Bob Barnett）是我们最棒的代理人。他声望很高，是行业中最值得尊敬的人——这是当之无愧的。他不仅仅是这本书的代理人，还切实地关怀它的进展和成功，从某种程度上来说，他的关怀已经超越了简单的商业交易范畴。他经常对我的工作提出建议，这让我一直很敬畏他，也十分感激他。他竭尽所能的支持，让每本书都尽善尽美。

和备受赞誉的作家唐·耶格（Don Yaeger）合作是一件很棒的事情，他的幽默、天赋和经验让这本书变得更好、更为有趣。同样感谢唐的长期合作伙伴蒂芙妮·耶克·布鲁克斯（Tiffany Yecke Brooks）。没有她那难以置信的帮助，这本书不可能是现在这个样子。（在我看来，这是最惊人的秘密，唐说，蒂芙妮喜欢历史，胜过喜欢体育。）

这个课题的研究工作量相当庞大——一手史料、二手史料和实物资料都是必要的，而且我们还要亲自考察许多地方。令我十分感激的是，我们受到一位又一位历史学家的祝福，他们以惊人的热情和谦逊的智慧，回应了我们对相关资料的请求。在新奥尔良，世界一流的历史学家道格拉斯·布莱克里（Douglas Brinkley）向我们分享了他那渊博的学识，还带我们拜访了新奥尔良历史纪念馆的专家，带我们去了让·拉菲特国家历史公园的游客中心。也感谢罗恩·德雷兹（Ron Drez），他与其他美国人一样，付出了很多努力，让美国历史变得生动有趣。非常感谢罗恩·查普曼（Ron Chapman），他花了大量的个人时间，带我们穿越沙尔梅特战场，还带我们游览了市区。他的热情、学识和著作《新奥尔良战役：一场为了木材的战争》（*The Battle of New Orleans: "But for a Piece of Wood"*），都对我们有所帮助，让这个故事变得生动有趣。

在田纳西州，我要特别感谢汤姆·凯隆（Tom Kanon）。他是田纳西州州务办公室里一位极有才华的档案管理员。他的指导十分必要，帮助我们全面地了解杰克逊这个人物。此外，感谢在安德鲁·杰克逊隐居处，即安德鲁·杰克逊夫妇故居（Andrew and Rachel Jackson's home）的全体工作人员，他们十分热情，乐于助人，而且极富有学识。我要特别感谢玛莎·马林（Marsha Mullin），她是博物馆副馆长和总策展人。为了保存杰克逊的遗产，她做了很大的贡献，且为人谦逊，学识渊博，令人叹服。感谢她如此宝贵的见解，同时她也向我们展示了南方人的热情好客。

也感谢休·霍华德（Hugh Howard），他那渊博的学识一直令我叹为观止，感谢他所提出的建议和指导，让我们开始创作这部书，并让我们在时常看似无穷无尽的资料中不至偏离主线。

任何书籍成功的关键都是宣传和销售，通常这一重任落在了乔治·乌里贝（George Uribe）及其书客公司（Guestbooker）的肩上。乔治和杰出的维多利亚·德尔加多·奇兹姆（Victoria Delgado Chism）负责宣传工作，他们不辞辛劳的努力，使《托马斯·杰斐逊与的黎波里海盗》（*Thomas Jefferson and the Tripoli Pirates*）这本书大获成功，名列《纽约时报》畅销书榜单。他们过去所取得的成功，为他们后续的成功做了铺垫。

整个福克斯新闻大家庭在支持我的课题工作和帮我进行书籍

重要信息的扩散上，都做得很出色。特别是当今创建和运营福克斯新闻频道的人。特别感谢鲁珀特·默多克（Rupert Murdoch）、苏珊娜·斯科特（Suzanne Scott）、杰伊·华莱士（Jay Wallace）和杰克·阿伯纳西（Jack Abernathy），他们支持我对美国历史的热情，还为本书的出版做了一个小时的电视特别节目。感谢约翰·芬利（John Finley）将如此出色的团队整合在一起，这支团队包括布莱恩·加夫尼（Brian Gaffney）、詹宁斯·格兰特（Jennings Grant）和凯莉·弗莱利（Carrie Flatley），他们为电视节目的播出做了贡献。我还要特别感谢保罗·格斯特（Paul Guest）和阿曼达·米伦坎普（Amanda Muehlenkamp），他们两人是社交媒体专家，他们夜以继日，不辞辛劳地宣传这本书。毫无疑问，没有律师队伍，什么事也做不成，我对他们在背后默默无闻的帮助表示感谢，尤其感谢戴安娜·布兰迪（Dianne Brandi），这位一直让我们处处符合规范的杰出律师。

在这本书出版的过程中，斯蒂夫·杜斯（Steve Doocy）和安斯利·厄尔哈迪特（Ainsley Earhardt）是我重要的伙伴，安斯利在出版这本书的同时，还要负责童书的写作和宣传。非常感谢他们两人对我课题的支持。

我的两档节目——电视节目《福克斯与朋友们》（*Fox & Friends*）和广播节目《布莱恩·吉米德秀》（*The Brian Kilmeade Show*）节目组的全体人员对我的支持令我十分感动。每天都和这么出色的人一起共事，这让我万分荣幸，他们经常改变预定的日程安排，好让我能够推动和宣传我的课题。副总裁劳伦·派特森（Vice President Lauren Petterson）每周有 30 个小时的既定工作安排，但还在工作之余指导我，他是如何能在百忙之中做到这一点的，令我备感惊奇。感谢加文·哈登（Gavin Hadden），你是一名积极、爱国的歌手。我还要感谢另外几位明星电视制片人一直以来对我的支持：肖恩·格罗曼（Sean Groman）、布莱恩·塔利（Brian Tully）、A. J. 霍尔（A. J. Hall）、安德鲁·默里（Andrew Murray）、劳伦·培可夫（Lauren Peikoff）、克里斯·怀特（Chris White）、凯莉·麦克纳利（Kelly McNally）、凯莉·梅（Kelly May）、斯蒂芬妮·弗里曼（Stephanie Freeman）和李·库什尼尔（Lee Kushnir）。

在广播电台，我在采访、特别节目和广播节目之间经常需要灵活变通，支持我的团队极为有耐心，而且非常专业。这支团队由艾莉森·曼斯菲尔德（Alyson Mansfield）领导，她作为我的合作制片人，在广播之外也给予我很多帮助；而埃里克·奥尔宾（Eric Albeen）、彼得·卡塔林纳（Peter Caterina）和亚伦·斯皮尔伯格（Aaron Spielberg）则让广播节目变得更好。

最后，要感谢我的妻子和孩子们，我对他们感激不尽。我的妻子道恩（Dawn）是世界上最有耐心、给予我最大支持的女人，我知道这本书夺走了我和家人在一起的时间。我永远感激她，她在我为本书调研、写作和旅行期间，愿意承担更多的责任，在书籍写作期间，这相当于承担了第二份全职工作。布赖恩（Bryan）、柯斯顿（Kirstyn）和凯特琳（Kaitlyn），我由衷地感激他们对我的理解和对这部著作的热情。希望他们有一天能像我一样幸福，有一个自己的家庭，能够鼓励他们去追求自己感兴趣的东西，鼓舞他们的热情。

本书讲述的是在危急时刻，四分五裂的社会力量团结在一起，整合了他们的技能、勇气和精神来保卫祖国的故事。我实在想不出更合时宜和更重要的信息了。杰克逊确实起了表率作用，但是这些普通公民——士兵、民兵、平民、法外之徒——他们的努力帮助杰克逊实现了他的愿望。尽管他们说着不同的语言，来自不同的民族、不同的国家、不同的种族、不同的社会阶层，甚至还有数不清的其他差异因素，但是这些保卫新奥尔良的人意识到，团结的力量比分裂的力量更强大。这个故事是美国人愿意忽视各自差异，团结一致，保卫本国美好自由的绝佳例证。在美国历史上，可能没有比这更好的时刻，来诠释我们国家的座右铭了，那就是“合众为一”（*E pluribus unum*）。

延伸阅读

FOR FURTHER READING

这本书里讲述的故事在之前已经被讲述多次了，尽管各种记述不尽相同，比方说参战部队数量有多少、日期不一致和很多不同的细节。为了尽可能准确地讲述这个故事，我们非常谨慎地从原始资料出发，引用和引证当时在场人的记述。在这些人之中，安德鲁·杰克逊的记述尤为重要。你们会看到，杰克逊自己的记述引用的最多，除非我们做了特别的说明，我们经常引用他两个主要版本的书信集。

在整本书中，你会发现一些由许多历史人物补充的记述。尽管这些引文是通过原始资料引用的，但奇怪的拼写方式、大小写和标点——这些书写规范在 1815 年还没有统一的标准——为方便 21 世纪的读者阅读，我们将其做了修订。

Adams, Henry. *History of the United States of America During the Administrations of James Madison*. New York: Charles Scribner's Sons, 1890.

________. *The War of 1812*. Edited by Major H. A. DeWeerd. Washington, DC: Infantry Journal, 1944.

Adams, John Quincy. *Memoirs of John Quincy Adams, Comprising Portions of His Diary from 1795 to 1848*. Vol. 3. Philadelphia: J. B. Lippincott, 1874.

Aitchison, Robert. *A British Eyewitness at the Battle of New Orleans: The Memoir of Royal Navy Admiral Robert Aitchison, 1808–1827*. Edited by Gene A. Smith. New Orleans: Historic New Orleans Collections, 2004.

Ambrose, Stephen. "The Battle of New Orleans." In *To America: Personal Reflections of an Historian*. New York: Simon & Schuster, 2002.

Arthur, Stanley Clisby. *The Story of the Battle of New Orleans*. New Orleans: Louisiana Historical Society, 1915.

Bassett, John Spencer. *The Life of Andrew Jackson*. Garden City, NY: Doubleday, Page, 1911.

Benton, Thomas Hart. *Thirty Years' View*. 2 vols. New York: D. Appleton, 1854.

Brands, H. W. *Andrew Jackson: His Life and Times*. New York: Doubleday, 2005.

Brooks, Charles B. *The Siege of New Orleans*. Seattle: University of Washington Press, 1961.

Brown, Wilburt S. *The Amphibious Campaign for West Florida and Louisiana, 1814–1815*. Tuscaloosa: University of Alabama Press, 1969.

Buell, Augustus C. *History of Andrew Jackson: Pioneer, Patriot, Soldier, Politician, President*. 2 vols. New York: Charles Scribner's Sons, 1904.

Carpenter, Edwin H., Jr. "Arsène Lacarrière Latour." *Hispanic American Historical Review*, vol. 18, no. 2 (May 1938), pp. 221–27.

Carter, Samuel, III. *Blaze of Glory: The Fight for New Orleans, 1814–1815*. New York: St. Martin's Press, 1971.

Channing, Edward A. *The Jeffersonian System*. New York: Harper & Brothers, 1906.

Claiborne, John F. H. *Life and Times of Gen. Sam. Dale, the Mississippi Partisan.* New York: Harper & Brothers, 1860.

Clay, Henry. *The Papers of Henry Clay.* Vol. 1. Lexington: University of Kentucky Press, 1959.

Clement, William Edwards. *Plantation Life on the Mississippi.* New Orleans: Pelican, 1952.

Cooke, John Henry. *A Narrative of Events in the South of France, and of the Attack on New Orleans, in 1814 and 1815.* London: T. & W. Boone, 1835.

Cooper, John Spencer. *Rough Notes of Seven Campaigns in Portugal, Spain, France and America During the Years 1809-10-11-12-13-14-15.* Carlisle, UK: G. & T. Coward, 1914.

Crawford, Michael J., ed. *The Naval War of 1812: A Documentary History.* Vol. 3. Washington, DC: Naval Historical Center, 2002.

Crété, Liliane. *Daily Life in Louisiana: 1815–1830.* Baton Rouge: Louisiana State University Press, 1978.

Crockett, David [Davy]. *A Narrative of the Life of David Crockett, of the State of Tennessee.* Philadelphia: E. L. Carey and A. Hart, 1834.

Davis, William. *The Pirates Lafitte: The Treacherous World of the Corsairs of the Gulf.* Orlando, FL: Harcourt, 2005.

Dickson, Alexander. "Artillery Services in North America in 1814 and 1815." *Journal for the Society of Army Historical Research,* vol. 8, no. 32 (April 1919), pp. 79–112.

Dictionary of American Biography. New York: Charles Scribner's Sons, 1928–58.

Drez, Ronald J. *The War of 1812, Conflict and Deception: The British Attempt to Seize New Orleans and Nullify the Louisiana Purchase.* Baton Rouge: Louisiana State University Press, 2014.

Eaton, John Henry. *Memoirs of Andrew Jackson, Late Major-General and Commander in Chief of the Southern Division of the Army of the United States*. Boston: C. Ewer, 1828.

Fernandez, Mark. "Edward Livingston, America, and France: Making Law." In *Empires of the Imagination: Transatlantic Histories of the Louisiana Purchase,* edited by Peter J. Kastor and François Weil. Charlottesville: University of Virginia Press, 2009.

Gallatin, Albert. *The Writings of Henry Gallatin*. Vol. 1. Philadelphia: J. B. Lippincott, 1879.

Gayarré, Charles. *Historical Sketch of Pierre and Jean Lafitte: The Famous Smugglers of Louisiana*. Austin, TX: Pemberton Press, 1964.

_______. *The Story of Jean and Pierre Lafitte*. New Orleans: Press of T. J. Moran's Sons, 1938.

[Gleig, George Robert]. *A Narrative of the Campaigns of the British Army at Washington and New Orleans*. London: John Murray, 1821.

_______. *A Subaltern in America; Comprising His Narrative of the Campaigns of the British Army, at Baltimore, Washington, &c. &c., During the Late War*. Philadelphia: E. L. Carey & A. Hart, 1833.

Griffith, Benjamin W., Jr. *McIntosh and Weatherford, Creek Indian Leaders*. Tuscaloosa: University of Alabama Press, 1988.

Groom, Winston. *Patriotic Fire: Andrew Jackson and Jean Laffite at the Battle of New Orleans*. New York: Alfred A. Knopf, 2006.

Hatcher, William B. *Edward Livingston: Jeffersonian Republican and Jacksonian Democrat*. Baton Rouge: Louisiana State University Press, 1940.

Heaney, Jane Frances. *A Century of Pioneering: A History of the Ursuline Nuns in New Orleans, 1727–1827*. Edited by Mary Ethel Booker Siefken. New Orleans: Ursuline Sisters of New Orleans, Louisiana, 1993.

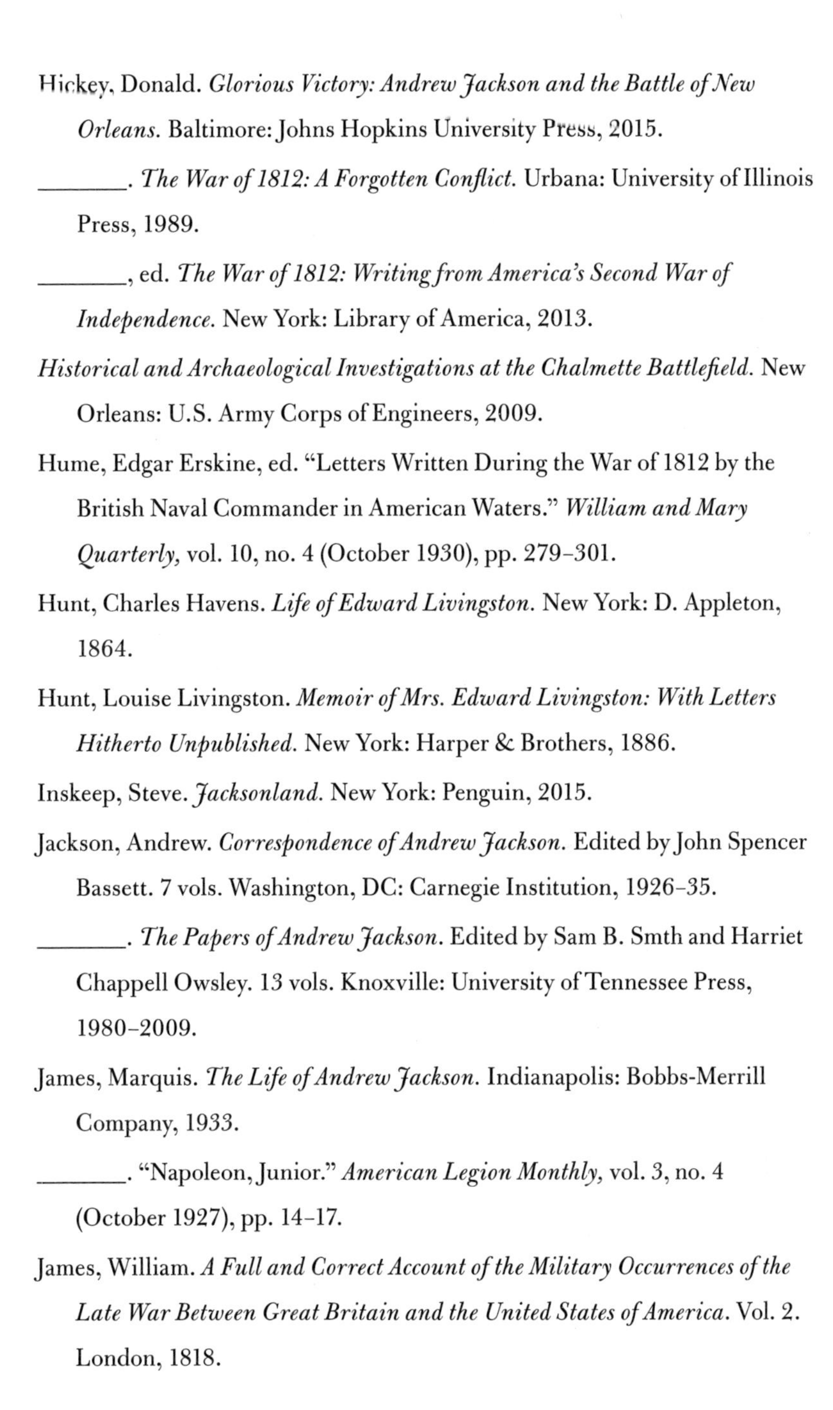

Hickey, Donald. *Glorious Victory: Andrew Jackson and the Battle of New Orleans*. Baltimore: Johns Hopkins University Press, 2015.

________. *The War of 1812: A Forgotten Conflict*. Urbana: University of Illinois Press, 1989.

________, ed. *The War of 1812: Writing from America's Second War of Independence*. New York: Library of America, 2013.

Historical and Archaeological Investigations at the Chalmette Battlefield. New Orleans: U.S. Army Corps of Engineers, 2009.

Hume, Edgar Erskine, ed. "Letters Written During the War of 1812 by the British Naval Commander in American Waters." *William and Mary Quarterly*, vol. 10, no. 4 (October 1930), pp. 279–301.

Hunt, Charles Havens. *Life of Edward Livingston*. New York: D. Appleton, 1864.

Hunt, Louise Livingston. *Memoir of Mrs. Edward Livingston: With Letters Hitherto Unpublished*. New York: Harper & Brothers, 1886.

Inskeep, Steve. *Jacksonland*. New York: Penguin, 2015.

Jackson, Andrew. *Correspondence of Andrew Jackson*. Edited by John Spencer Bassett. 7 vols. Washington, DC: Carnegie Institution, 1926–35.

________. *The Papers of Andrew Jackson*. Edited by Sam B. Smth and Harriet Chappell Owsley. 13 vols. Knoxville: University of Tennessee Press, 1980–2009.

James, Marquis. *The Life of Andrew Jackson*. Indianapolis: Bobbs-Merrill Company, 1933.

________. "Napoleon, Junior." *American Legion Monthly*, vol. 3, no. 4 (October 1927), pp. 14–17.

James, William. *A Full and Correct Account of the Military Occurrences of the Late War Between Great Britain and the United States of America*. Vol. 2. London, 1818.

Kanon, Tom. *Tennesseans at War, 1812–1815.* Tuscaloosa: University of Alabama Press, 2014.

Kouwenhoven, John Atlee, and Lawton M. Patten. "New Light on 'The Star Spangled Banner.'" *Musical Quarterly,* vol. 23, no. 2 (April 1937), pp. 198–300.

Lafitte, Jean. *The Journal of Jean Lafitte.* New York: Vantage Press, 1958.

Landry, Stuart Omer. *Side Lights on the Battle of New Orleans.* New Orleans: Pelican, 1965.

Langguth, A. J. *Union 1812: The American Who Fought the Second War of Independence.* New York: Simon & Schuster, 2006.

Latimer, Jon. *1812: War with America.* Cambridge, MA: Belknap Press of Harvard University Press, 2007.

Latour, Arsène Lacarrière. *Historical Memoir of the War in West Florida and Louisiana in 1814–15: With an Atlas*, 1816. Reprint edited by Gene A. Smith. Gainesville: University Press of Florida, 1999.

_______. *Historical Memoir of the War in West Florida and Louisiana in 1814–15: With an Atlas*, 1816. Reprint, with an introduction by Jane Lucas de Grummond. Gainesville: University Press of Florida, 1964.

Lossing, Benson J. *Pictorial Field-Book of the War of 1812.* New York: Harper & Brothers, 1868.

McClellan, Edwin N. "The Navy at the Battle of New Orleans." *Proceedings of the United States Naval Institute*, vol. 50 (December 1924), pp. 2041–60.

Mahon, John K. "British Command Decisions Relative to the Battle of New Orleans." *Louisiana History: The Journal of the Louisiana Historical Association,* vol. 6, no. 1 (winter 1965), pp. 53–76.

_______. *The War of 1812.* Gainesville: University of Florida Press, 1972.

Martin, François-Xavier. *The History of Louisiana from the Earliest Period*. 2 vols. New Orleans: Lyman & Beardslee, 1827–29.

Morazan, Ronald R. *Biographical Sketches of the Veterans of the Battalion of Orleans, 1814–1815*. Baton Rouge, LA: Legacy Publishing Company, 1979.

Morriss, Roger. *Cockburn and the British Navy in Transition: Admiral Sir George Cockburn, 1772–1853*. Exeter, UK: University of Exeter Press, 1997.

Nolte, Vincent. *Fifty Years in Both Hemispheres; or, Reminiscences of the Life of a Former Merchant*. New York: Redfield, 1854.

Owsley, Frank Lawrence, Jr. "Jackson's Capture of Pensacola." *Alabama Review*, vol. 19, July 1966, pp. 175–85.

_______. "The Role of the South in the British Grand Strategy in the War of 1812." *Tennessee Historical Quarterly*, vol. 31, no. 1 (spring 1972), pp. 22–38.

_______. *Struggle for the Gulf Borderland: The Creek War and the Battle of New Orleans, 1812–1815*. Gainesville: University Press of Florida, 1981.

Pack, James. *The Man Who Burned the White House: Admiral Sir George Cockburn, 1772–1853*. Annapolis, MD: Naval Institute Press, 1987.

Parton, James. *Life of Andrew Jackson*. 3 vols. New York: Mason Brothers, 1861.

Patterson, Benton Rain. *The Generals: Andrew Jackson, Sir Edward Pakenham, and the Road to the Battle of New Orleans*. New York: New York University Press, 2005.

Pickett, Albert James. *History of Alabama, and Incidentally of Georgia and Mississippi, from the Earliest Period*. 2 vols. Charleston, SC: Walker and James, 1851.

Powell, Lawrence N. *The Accidental City: Improvising New Orleans*. Cambridge, MA: Harvard University Press, 2012.

Prentice, George D. *The Biography of Henry Clay.* New York: J. J. Philips, 1831.

Reid, John, and John Henry Eaton. *The Life of Andrew Jackson, Major-General in the Service of the United States.* Philadelphia: M. Carey and Son, 1817.

Reilly, Robin. *The British at the Gates.* New York: G. P. Putnam's Sons, 1974.

Remini, Robert V. *Andrew Jackson and His Indian Wars.* New York: Viking, 2001.

———. *Andrew Jackson and the Course of American Democracy, 1833–1845.* New York: Harper & Row, 1984.

———. *Andrew Jackson and the Course of American Empire, 1767–1821.* New York: Harper & Row, 1977.

———. *The Battle of New Orleans.* New York: Viking, 1999.

Roosevelt, Theodore. *The Naval War of 1812.* New York: G. P. Putnam's Sons, 1889. Royall, Anne. *Letters from Alabama on Various Subjects.* Washington, 1830.

Smith, Gene A. "Arsène Lacarrière Latour: Immigrant, Patiot-Historian, and Foreign Agent." In *The Human Tradition in Antebellum America,* edited by Michael A. Morrison. Wilmington, DE: Scholarly Resources, 2000.

Smith, Harry. *The Autobiography of Lieutenant-General Sir Harry Smith.* Vol 1. London: John Murray, 1902.

Smith, Z. F. *The Battle of New Orleans.* Louisville, KY: K. P. Morton, 1904.

Stagg, J. C. A. *Mr. Madison's War.* Princeton, NJ: Princeton University Press, 1983.

Surtees, William. *Twenty-Five Years in the Rifle Brigade.* Edinburgh: William Blackwood, 1833.

Tatum, Howell. "Major H. Tatum's Journal While Acting Topographical Engineer (1814) to General Jackson, Commanding 7th Military District." In *Smith College Studies in History,* vol. 7, edited by John Spencer Bassett and Sidney Bradshaw Fay. Northampton, MA: Department of History of Smith College, 1922.

Thomson, John Lewis. *Historical Sketches of the Late War, Between the United States and Great Britain.* 4th ed. Philadelphia: Thomas Desilver, 1817.

Updyke, Frank A. *The Diplomacy of the War of 1812.* Baltimore: Johns Hopkins Press, 1915.

Vogel, Steve. *Through the Perilous Fight: Six Weeks That Saved the Nation.* New York: Random House, 2013.

Walker, Alexander. *Jackson and New Orleans.* New York: J. C. Derby, 1856.

Wellington, Field Marshal Arthur Wellesley, Duke of. *Supplementary Despatches, Correspondence, and Memoranda.* Vol. 10. London: John Murray, 1863.

Windship, John Cravath May. "Letters from Louisiana, 1813–1814." Edited by Everett S. Brown. *Mississippi Valley Historical Review,* vol. 11, no. 4 (March 1925), pp. 570–79.

Woodward, Thomas S. *Woodward's Reminiscences of the Creek, or Muscogee Indians*, 1859. Reprint, Tuscaloosa: Alabama Book Store, 1939.